U0067433

如果奇蹟從未降臨
一位心理學家教養自閉兒的掙扎與甘甜

Special Children, Challenged Parents:

The Struggles and Rewards of Raising a Child with a Disability /Revised Edition

羅伯‧納喜福（Robert A. Naseef） 著

吳怡慧 總校閱

吳怡慧、張陳慨麗、陳冠杏、Esther Dawen Yu 譯

Special Children, Challenged Parents

The Struggles and Rewards of Raising a Child with a Disability

Revised Edition

Robert A. Naseef

Originally published in the United States of America by Paul H. Brookes Publishing Co., Inc.

Copyright © 2001 by Paul H. Brookes Publishing Co., Inc.

Complex Chinese Edition Copyright © 2024 by Psychological Publishing Co., Ltd.

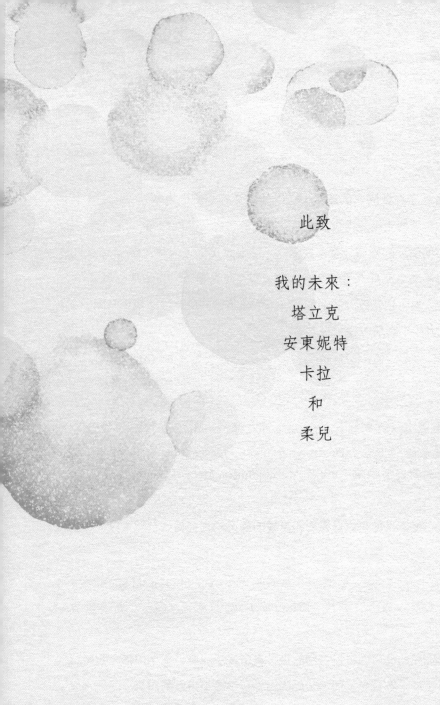

此致

我的未來：
塔立克
安東妮特
卡拉
和
柔兒

〔好評推薦〕

「本書帶領讀者經歷許多層次的感受，它既觸動你的心靈，也教導你的心智。納喜福博士拒絕提供讀者過於簡化的答案，他能夠擁抱內在一切矛盾而衝突的經驗：喜樂與傷痛、悲傷與祝福、失落及恩賜。誠如他從兒子塔立克身上所學到的功課，我在此也邀請所有的身心障礙者家庭、專業人員、這些家庭的朋友們，來與這本書共度一段『地板時間』，將會幫助你浸潤其中，有所收穫。」

——比爾・蓋文塔（Bill Gaventa）
小兒科助理教授
社區與教會會友支援組織
《宗教、失能與健康期刊》（*Journal of Religion, Disability & Health*）副主編
柏格斯發展障礙中心（The Boggs Center on Developmental Disabilities）
羅伯特伍德約翰遜醫學院（Robert Wood Johnson Medical School-UMDNJ）

「這是一本傳達心理衛生與表露慈愛父親真情的書，納喜福博士為眾人寫下一本指導與啟發之作。」

——哈洛德・庫希納 拉比（Rabbi Harold Kushner）
《當好人遇上壞事》（*When Bad Things Happen to Good People*）作者

「這是一本對特殊兒的父母而言很特別的書。書中文字流露著愛與憐惜，它所蘊含的訊息已不僅止於一本資源手冊。父母們讀了心中將不再感到孤單；臨床人員與教育人員也能從本書獲得更多洞察。納喜福博士很明白身為父母所面臨的問題有多複雜，因他已親身走過這趟歷程。」

——南西・魏瑟曼（Nancy D. Wiseman）
初現公司（First Signs, Inc.）創辦人暨總裁

「這本書用獨特的眼光描繪特殊兒的父母所遭遇種種令人心碎的問題，讓人感動。納喜福博士細數他歷經悲傷、憤怒、困惑，到最後的接納並獲得心靈平靜等階段，這些都是身心障礙家庭所經歷的過程。服務身心障礙者的專業人員、父母、手足，及任何特殊需求領域相關人士都需要讀讀這本書。」

——維吉尼亞・沃克・斯裴瑞（Virginia Walker Sperry）
《得來不易的成功：十名自閉兒的成長故事》（*Fragile Success: Ten Autistic Children, Childhood to Adulthood*）作者

「本書作者走過一段令人佩服的旅程，內容道出所有被這群特殊需求孩子觸動心靈的心聲。納喜福博士將絕望、沮喪、哀傷表露得淋漓盡致，但同時也提供了支取勇氣、希望及悅納孩子的昇華技能。本書真正能帶給人啟發；你將不再感到孤單。」

——喬蒂・斯瓦布雷克（Jody Swarbrick）
About.com 星願家長版版主

「這是一本給父母與專業人員指標性的書籍，這本書文筆優美，作者以父親身分融合了優秀專業人員的同理心與專業知識，描述他親身體驗家庭面對複雜挑戰所帶來的成長。你會發現自己一次又一次地常常拿起這本書，作為理解家人、孩子的介入策略以及洗滌心靈的重要來源。」

——南西・米勒博士（Nancy Miller, Ph.D.）
南加州大學（UCLA）精神醫學系
《無人是完美的》（*Nobody's Perfect*）、
《人人皆不同》（*Everybody's Different*）作者

「本書是納喜福博士身為一名父親及作為許多家長的導師的親身經歷，能為那些被痛苦糾纏、尋求協助與盼望的家庭帶來亮光、信息與鼓舞。這本書將會成為你

珍貴的朋友，我極力推薦！」

——伯納・林藍博士（Bernard Rimland, Ph.D.）

自閉症研究機構（Autism Research Institute）總監

美國自閉症協會（Autism Society of America）創辦人

《國際自閉症研究評論》（*Autism Research Review International*）主編

〔初版各方讚譽〕

「作者根據他的家庭歷程寫出這本令人信服的書，此書對身心障礙家庭及其周遭的人而言是寶貴的資料來源。納喜福博士是一位有耐心且堅毅的引導者，他並不諱言個人痛苦的真情實事，也不遮掩他面對阻礙的歷程。」

——《費城詢問報》（*The Philadelphia Inquirer*）

「內容好到難以釋手。」

——《堅持者通訊》（*Stickler Involved People Newsletter*）

「本書有一種能感動讀者的神祕力量。書中真實且細微的內容，讓我反思過去七年身為特殊兒父親的內在情緒。」

——詹姆斯・邁爾斯（James H. Myers）

先天性心臟異常者支持、教育與研究協會（Congenital Heart Anomalies Support, Education, and Research）主席

「納喜福博士身為一名父親與心理諮商師,他用這本書帶我們探討父母們每日面對身心障礙或特殊健康照護需求子女的重要議題——這是一本給家長與專業人員的好書。」

——史丹利・克萊博士(Stanley D. Klein, Ph.D.)

Parents.com 特殊需求專家

《非常父母雜誌》(*Exceptional Parent Magazine*)前總編輯、共同創辦人

「納喜福博士能夠去探索照顧重度身心障礙孩子的親身旅程,藉此向讀者傳達對於悲傷背後一定存有某種緣由的堅信。本書拉近了心理學大眾化與學術研究間的微妙界線。」

——杰得・亞洛夫心理學博士(Jed Yalof, Psy. D.)

美國心理學會(American Psychological Association)心理師

「本書呈現一位治療師的洞察與身為人父心靈交織的故事,藉由揭露個人的內在,納喜福博士在撫養身心障礙孩子的情緒傷痛與得勝中展露了一道明光。」

——《關注自閉症與其他發展障礙》(*Focus on Autism and Other Developmental Disabilities*)

「這是一本特別令人動容的個人真實之作。作者透過親身經驗使其所闡述的專業知識與詳細的臨床工作心得更加豐富,也讓他的建議更具意義與實用性。」

——《發展與學習障礙》(*The Journal of Developmental and Learning Disorders*)

「本書就像一位好朋友,讓我覺得不那麼孤單。」

——珍妮佛・葛萊翰(Jennifer Graham)

賓州特殊兒童學會(Pennsylvania Council for Exceptional Children)

行動計畫(*ACTION*)主持人

「當你徜徉在本書的旅程中，讀著納喜福博士分享他所學到的一切，你可以說：他『曾經走過、做過』，並讓我們每個人從書中獲得更多。」

——《甲狀腺機能低下症通訊》（*Hypothyroidism Newsletter*）

「這本具震撼力且令人感動的書，將成為無數個身心障礙孩子家庭的無價指引。」

——《視力提升雜誌》（*Vision Enhancement*）

「這是所有身心障礙孩子家長必讀的一本書，可說是為我們每一位照顧者提供了一份敏察情緒的指引。」

——全美家庭照顧者協會關照計畫（*Take Care!*,
National Family Caregivers Association）

「每個孩子都是獨一無二的個體，也是一份特別的禮物。那些在生活中曾經被身心障礙者感動過的人，將在本書中被納喜福博士陪伴兒子的旅程所啟發。」

——《哥倫比亞家長》（*Columbia Parent*）

「雖然每個家庭的環境或許都是獨特的，但納喜福博士為那些正面臨挑戰的家庭提供了必經過程的建議。」

——《開創新天地》（*Breaking Ground*）
田納西發展障礙諮詢委員會（Tennessee Developmental Disabilities Council）

「無論是身心障礙者的家長或是身心障礙者，本書帶領讀者探索自我的情緒，以及了解情緒如何運作才能活得健康。作者將自己的經驗和來尋求他諮商的父母的經驗巧妙交織成這本書。」

——《水平線：身心障礙者新聞報》
（*Horizons: News by and for People with Disabilities*）

「簡單明瞭的寫作方式，蘊涵著專家的專業知能與為父的慈愛。」

——《全美 PKU 新聞快訊》

（*National PKU News: News and Information about Phenylketonuria*）

「這是一本特別令人感動且具療癒性的書；當養育特殊兒時，無論你的孩子年紀多大，多一點療癒總是有幫助的。」

——《美林傳訊者報》（*The Myelin Messenger*）

「描述深刻且文筆流暢，對爸爸們特別有幫助。」

——《全美淋巴水腫通訊網》（*National Lymphedema Network Newsletter*）

「我手裡『又』拿到一本關於照顧身心障礙孩子的書籍，但這次我挖到金礦了！透過憐惜、同理與脆弱感知，納喜福博士藉由他自己的親身經歷與來尋求諮商的父母們的記事，與我們分享他的心情故事。」

——俄亥俄州蘇密郡《家長攜手通訊》（*Parent to Parent Newsletter*）

「本書擲地有聲，給予家長面對問題時具有真實洞察力之權威建議，對於醫療專業人員和家長，這是一本好書。」

——美國乳糜瀉醫學會（American Celiac Society）

「我進入特殊教育界已超過二十五載，這本書是目前為止我閱讀過最有意義的一本作品。恭喜納喜福博士冒險寫出他的經歷與情感，並且成為父親們與治療師的楷模。」

——湯瑪斯・富藍柏（Thomas C. Flamboe）

《家庭期刊》（*The Family Journal*）

CONTENTS 目次

關於作者

羅伯・納喜福博士
（Robert A. Naseef, Ph.D.）

納喜福博士與他的妻子辛蒂・愛黎兒（Cindy N. Ariel）博士共同主持一家專門服務特殊家庭的心理診所。他一人分飾兩角，因為他本身就有一個自閉症兒子。他曾任德拉瓦谷（Delaware Valley）一家特護兒童養護中心（Specare Pediatric Center）的家庭諮詢顧問，該中心專為有特殊醫療需求的兒童提供醫療級養護。他也為當地許多學區、特殊家長成長團體，以及一些服務機構擔任諮詢顧問。納喜福博士架設了一個熱門父母網站（http://www.specialfamilies.com），並固定為其他相關網站撰寫專欄（如http://www.specialchild.com; http://www.parentsdirect.net; http://www.specialchildren.about.com）。

納喜福博士是美國賓州費城人，擁有天普大學（Temple University）心理學博士學位，並在教育及心理領域具備相當豐富的經驗。他的研究興趣與專長為男性心理和父職參與。他長期協助紐澤西州教育部特殊教育局發展一套教導家庭如何與專業人員合作的訓練課程，並在費城安提阿大學（Antioch University Philadelphia）及位於紐澤西州羅倫斯威爾（Lawrenceville）的萊德大學（Rider University）等研究所授課。他還參與賓州州立醫院精神醫學部的臨床心理服務、當地自閉症兒童發展中心的指導委員、當地小學的專業諮詢，以及學習與發展障礙跨學科委員會（Interdisciplinary Council on Learning and Developmental Disorders）的家長領航委員會委員。

　　本書曾在賓州及全美各地獲得廣大迴響，納喜福博士的演講足跡也踏遍美國東西岸。他與妻子及兩個女兒——卡拉（Kara）和柔兒（Zoë）——住在費城地區，長女安東妮特（Antoinette）也在當地工作。兒子塔立克（Tariq）已於 2001 年自德弗羅基金會（Devereux Foundation）肯納中心學成畢業。納喜福博士本身熱愛攝影，而且閒暇時喜歡騎自行車上山探索，他還喜歡欣賞自家院子種的向日葵。

　　納喜福博士很歡迎大家針對這本書給予相關回饋，並樂意受邀提供一般家長或專業團體相關的講座（聯絡方式可至 alternativechoices.com 網站查詢，或 Email 到 rnaseef@alternativechoices.com）。

總校閱者簡介

吳怡慧博士（I-Hwey Deirdra Wu, Ph.D.）

現職：臺北市立大學特殊教育學系副教授

學歷：美國維吉尼亞大學特殊教育哲學博士

國立政治大學教育研究所碩士

曾任：臺北市立大學特殊教育學系助理教授

身心障礙者轉銜及休閒教育碩士學程合聘助理教授

經歷：教育部、大專校院、國小特殊教育學生鑑定就學輔導會委員

國教署「當老師遇見ADHD」知能推廣計畫協同主持人

臺北市政府特殊教育諮詢會委員

社團法人臺灣赤子心過動症協會總會義務諮詢顧問、義務策略長

《自閉症類群障礙檢核表》（華文版）共同作者、國科會計畫協同

主持人

特教相關期刊主編、編輯委員

Email：ihwu@go.utaipei.edu.tw; deirwu@gmail.com

譯者簡介

吳怡慧博士（I-Hwey Deirdra Wu, Ph.D.）

（請見總校閱者簡介）

張陳慨麗博士（Kaili Chen Zhang, Ph.D.）

現職：蘇格蘭格拉斯哥大學教育學院講師

學歷：美國北德州大學教育心理學哲學博士

美國德州基督教大學教育碩士主修研究法

曾任：英格蘭林肯大學高階講師、課程督導

紐西蘭聯合理工學院教育學系高階講師

新加坡南洋理工大學國家教育學院助理教授

香港大學教育學院助理教授

經歷：*Preventing School Failure: Alternative Education for Children and Youth* 期刊編輯

諮詢委員；*The Journal of the International Association of Special Education* 期

刊副主編；*Journal of Educational and Developmental Psychology* 期刊編輯委員

Email：kyliechenzhang@gmail.com

Skype：kaili.zhang

陳冠杏博士（Guan-Xing Chen, Ph.D.）

現職：自由工作者，主要從事特殊教育教師培訓與課程開發

學歷：國立臺灣師範大學特殊教育學系博士

國立臺灣師範大學特殊教育學系碩士

曾任：浙江師範大學講師

南京特殊教育學院講師

臺北市吳興國小集中式特教班教師

臺北市吳興國小資源教師、普通教師

經歷：從事自閉症兒童教育、特殊兒童課程與教學、融合教育及診斷與評估等

國內外發表相關研究四十餘篇

Email：chenguanxing1969@163.com

Esther Dawen Yu, M.D.

現職：美國加州 La Jolla 免疫學研究院傳染病與疫苗中心研究員

學歷：美國醫師執照合格授證

杜克—新加坡國立大學醫學院醫學士

新加坡南洋理工大學理學士

曾任：加州大學聖地牙哥分校 Moores 癌症中心暨質子治療中心研究員

新加坡中央醫院內科實習醫師

經歷：*Autoimmunity* 期刊副主編

Vaccines、*Journal of Mind and Medical Sciences* 期刊編輯委員

加州大學聖地牙哥分校教學助理

新加坡南洋理工大學教學助理

Email：estheryu9215@gmail.com

推薦序

養兒育女是個不容易且艱鉅的任務，養育健康或發展上有特殊需求的孩子更是如此。許多時候，這挑戰大到一個程度且讓你喘不過氣來。然而，爭戰過後的果實就是得勝、智慧和更深的了解。我這輩子大半日子都在和慢性疾病打仗，所以我也從它身上學到許多關於耐心、堅忍，和人類內在心靈力量的寶貴功課。

身為全美父親及家庭支持計畫的負責人，我見證了許多平凡人經歷了不平凡環境所塑造的故事。對所有父母而言，一個孩子的出生是極大喜悅和積極盼望的時刻。「你的孩子有障礙」卻是父母最難承受的話之一，許多夢想因此即刻被摧毀。你大可簡單地選擇轉身離開、棄絕一切期待，然後宿命地接受命運的不公平。但對羅伯・納喜福而言，事情並不就這麼算了。他藉著流暢的文筆毫不保留地分享一個作父親的如何一步步親近自己的兒子：流淚與憂鬱、恐懼與痛苦；而到最後，愛和關懷又如何成為他們非凡父子關係的穩固根基。

本書燃起了我心中蓄積的能量。我感覺自己在扭曲轉變，從我骨子裡最原始難堪的情緒中走了出來。羅伯的字裡行間，迴盪著深刻而本質性的真理。這本書不斷流露出無可抵擋的真摯情感。

最後，特殊家庭還教了我們關於勇氣的功課——如同美國精神科醫師史考特・派克（M. Scott Peck）在他的《心靈地圖：追求愛和成長之路》（天下文化出版）書中所定義的，勇氣是「恐懼中淬煉出來的行動力」。新的夢想需要經過琢磨，而它的動力來自盼望。當我們定睛在一切發展的可能性，而不再是那些永遠都不可能實現的事物時，我們的孩子就成了我們生命的導師。於是，我們又重生了。

詹姆士・梅伊（James May）博士
全美父親聯合會（National Fathers Network）會長

致謝

這本書是我與生命中一位重要的人同行的結晶，她就是我的最佳盟友、同事、愛人、共親職的夥伴，我的妻子辛蒂·愛黎兒。她是我的第一位編輯，總知道我所要表達的意思，並將我的文句修飾到得體易懂。

我對書本的熱愛源自從小就坐在我母親的腿上，聽她念許多好聽的故事。我父親則藉著每週六早晨帶我和兄弟姊妹一起去圖書館借又新又好看的書，滋養了我對書本的熱情。但我從未想過有一天我也能寫書。

我要特別感謝山姆·歐社森（Sam Osherson）和柏特·羅騰堡（Bert Ruttenberg）在本書初版問世的過程中，獻上他們許多寶貴的時間來傾聽、閱讀並給予我回饋。我的許多朋友和同事，特別是詹姆士·梅伊（James May）和史丹·克萊（Stan Klein），都熱忱地花時間給予我支持。我也要感謝卡羅出版公司（Carol Publishing）的編輯瑪格莉特·沃夫（Margaret Wolf）的協助。

自閉症兒童發展中心（Center for Autistic Children）的人都很喜歡塔立克，並且幫助我學習如何愛他和接納他本來的樣子，始終相信他還會不斷進步。十三多年來，德弗羅基金會全心全意、全天候地照顧塔立克的安全與福祉，堅守職責地保護他，才讓我有空專心構思與寫作。

我也要對那些曾來找我諮詢的父母們和他們可愛的孩子，致上最深的謝意。因他們對我的諮詢能力有信心，我才有力量繼續寫作，並為這本書增添新意。第一版的讀者和評論人給我的鼓勵，也使我得以再堅持下去，並完成這本修訂版。我還要謝謝布魯克斯出版公司（Paul H. Brookes Publishing）的海瑟·史瑞莎（Heather Shrestha）、黛柏·米爾斯（Deb Mills）以及整個團隊，謝謝你們相信這本書有它的延續價值。而最後，我也要謝謝我的兩個女兒——卡拉和柔兒，謝謝她們有愛心和耐心地等候使用家中的電腦。

總校閱者序

感謝上帝，終於順利完成了！這本書的譯稿，歷經十年的塵封，從原本一本「新穎」的好書，變成一本「經典」的好書。感謝作者納喜福博士的首肯，感謝長期旅居海外、與我在特教專業上一同成長的張陳慨麗博士和現於中國從事教育工作的陳冠杏博士，以及慨麗引薦的 Esther Dawen Yu，當初這三位志同道合的工作夥伴認同這本書的目標價值，並願意一起投入參與。即使大家多年來都各自忙碌，卻始終共同企盼這本書有一天能出版。

COVID-19 的疫情使全世界的腳步暫時停下，也促使我把握機會進行全書的重新校閱。初稿完成與重新校閱雖然相隔多年，但也因這十多年來參與的一些特殊親職研究及服務工作，不知不覺也在逐字逐句的校閱過程中，又多了一些深刻的體會，腦海裡也時而想起曾接觸過的家長，揣摩著如何使文字的意涵更完整傳達作者的原意，搭起讀者與作者間跨時空的心靈橋樑。

這本書記述了一位心理學家父親內心的寧靜革命。不同於其他教養書籍或生命見證，它更拉近了特殊親職實務與心理學學術研究的距離：不僅從自身療傷的經歷辯證專業的學理，也從自身的臨床工作參與，建構學理的實務意義。這在二十多年前的西方國家堪稱先驅勇者的作為，亦可想見當時作者內外交迫的艱難。慶幸的是，即使在今日的亞洲國家，本書所探討的許多因應原則依然經典而適用，甚至有些議題（例如家庭生態系統、關係重建、社區復健照護、社會支持等），也都是現今仍待解的挑戰。這本書讓特殊兒父親知道，自己的勇氣示範及父愛的角色轉化，都是影響全家生活品質的關鍵。

本書作者納喜福博士，起初有如背滿沉重行囊的父親，為了尋找兒子塔立克的解藥，落入對兒子愛恨交織的矛盾深淵中。然而，藉由敘寫他專業工作的省思，誠實流出自己內在深層的男兒淚，他在自我及人際的對話中，逐步重整著一切的混亂。最後，他發現原來自己的愛是面對兒子最有力的解藥。因此，**這本書並不是談自閉症奇蹟康復的書，卻是一個心理學家談自己身為自閉兒的父親，歷經內在人性衝突、倖存並戰勝自我的故事。**塔立克的生命幫助了納喜福博士理解自己的父親和為人父的自己，也教導了他何謂「無條件的愛」。

盼望這本書能帶給父母一些幫助：

1. 承認原來男人心才是海底針，並願意冒險探索身為特殊兒父親普遍會經歷的內在旅程，教你藉由省思自己為人父的歷程成為一個「你願意成為」的男人。

2. 增進你對上一代原生家庭父親和手足關係的省察，梳理童年時面對權威角色的溝通經驗。因為養育兒子，才更懂你的兒子；因為做了父親，才更懂你的父親。

3. 認識何謂「無條件的愛」：看見在特殊兒原本的樣子背後，是期待被人理解，以至於這神聖的「被愛的權利」能被看重，進而與特殊兒建立情感連結。

4. 透過各章探究特殊兒父親肩負多重角色時會產生的內在情感，例如：經歷失婚和再婚（第七章）、同時育有特殊兒及一般子女（第八章）、家族親友關切（第九章）、向專業人員自我倡議（第十章）等。這些都有助於妻小、家族及他人認識為人父者的內心，從而增進對他的理解、減輕彼此的互動焦慮，提升共親職的行動自信。

5. 如果你是特殊兒的祖父母，本書也有助你知道如何參與下一代的生活。

另一方面，這本書也能帶給實務工作者一些助益：

1. 身為團體帶領人，你能更深刻同理服務對象，認識他們的需求及複雜的心理機制；這有助於你更多裝備自己，投入支持團體的策劃、預備與帶領。
2. 身為學校教育人員或社會工作者，你能藉此培養對特殊兒父母的同理心，理解這些父母普遍面對的歷程；這有助於你發展更精緻的親師溝通模式及資源網絡，以發揮真正的支持作用。

非常感謝心理出版社林敬堯副總暨總編輯對本書價值的肯定及對我們初衷的支持，願意協助我們自費將這本書出版。感謝林汝穎編輯和潘慧嫻小姐在文字校閱上的寶貴意見及建議，包括於本書最後提供國內相關資源的連結資訊，都使本書更能貼近作者的本意及讀者的需求。

最後，如納喜福博士曾對塔立克說的：「在這個看重理智思考過於情緒的世界上，**是你這樣一個無口語的孩子，教導我們如何深入探索自己的內心。**」塔立克不用說什麼話，就已經教導爸爸心中的小男孩說話了。衷心希望這本書就像一份正在拆開的禮物，逐漸開啟每位特殊兒父親的父愛修復之旅，成就每一條無條件接納之路。

吳怡慧

2024 年 3 月謹識於臺北市立大學

譯者序

　　收到怡慧教授的 email 時，說不出的意外。雖然很喜歡這本書的內容，當年翻譯的時候，邊翻邊哭，後續幾天不斷地翻看內容，每看一次，感動一次，流淚無數次。然而，再怎麼喜愛，時間容易沖刷記憶，這幾年已不復想起，淡忘了這份父愛、專業、堅持與努力。感謝這封郵件到來，喚起我當年的感動、對特殊教育的愛與對父親作者的敬佩。

　　本書內容分為二部分，前面內容介紹特殊教育基礎理論與知識，展現作者身為特教博士的專業；後面內容從自我心理分析出發，直面事實，剖析當家庭與家族出現重度自閉症男孩時，一名父親如何面對問題，相互扶持，解決每一個問題。這是一位心理學博士也是自閉兒父親的心路歷程與內在自我救贖的過程。

　　從內容裡，我看到了：

　　與傳統的反差。本書的作者是一位義大利裔白人父親，母親是一位非裔黑人，生下一雙兒女後，發現男孩患有自閉症，母親斷然和父親離婚，離開家庭，留下一雙兒女給父親。這個現象和傳統現象有著很大不同，如此，提供我們從父親角度來看議題。後來，父親再婚，繼母生下兩個妹妹，父親如何引導兩個小妹認識自閉症哥哥，認同哥哥，這也是很好的議題。

　　愛可以克服一切。母親離開後，父親尚未再婚，獨自撫養著兩名孩子，那種心力交瘁狀態，可想而知。但是，無論孩子多麼難以養育和教導，父親對孩子的愛，那麼堅持，那麼執著，從未想過放棄；再者，幸運的是父親有一個牢固的支持圈——孩子的曾祖父、祖父母、叔叔與繼母，給予父親背後的動力與支持。多少時間，父親是睡在孩子房間門口，深怕

他跑出去；多少日子，父親與警方在外面不斷的尋找孩子，焦慮的在家裡等待孩子回家；多少次，面對孩子青春期的問題，父親束手無策。但是，有了家人的愛與支持，撐住了父親，消化了他的內在與外在壓力，若單靠個人，舉步艱難啊！

不放棄的信念。撫養自閉症孩子確實不容易，不過，即使微小的進步、簡單的微笑，一點一滴都是父母喜樂的來源；剛開始，父母對孩子充滿期望，甚至希望透過自己最大的努力，帶給孩子「走出來」的機會，隨著孩子成長，加上專業人員的引導，他們愈來愈清楚應該將目標設定在哪裡，才能讓孩子與家人獲得快樂。不論目標高低，他們認定這是一輩子的路，決定選擇合適的方式來面對。

現實生活中，多年來，我居住的社區裡也有這麼一位偉大的父親，他放下工作，全心全意陪著女兒康復與教育。孩子小時候還蹣跚走路，搖晃不穩，在父親多年的陪伴與勤奮不懈的訓練下，現在，孩子能身體筆直且平穩的走著，常常騎著自行車或滑板車到社區隔壁的特殊學校上課。我曾對這位父親說：「你的成功經驗需要好好的分享給其他家長。」孩子父親說：「我的經驗是別人學不來的，也無法複製的，沒有人有我這些經歷、認識與條件；此外，每個孩子與他的家庭都是獨特的，每個家庭的狀況都不一樣，對問題的認識、解決方式也不相同。家長間能做的就是相互打氣，相互鼓勵，幫助孩子獨立的長久走下去！」如此樸實卻真實的一段話。

本書作者努力多年，最後，害怕自閉症哥哥進入青春期會做出一些傷害他人和自己的行為，最終決定送孩子到住宿制教養院。有人說這是失敗的證明，但是，我卻不這麼認為。自閉症孩子的家長每面臨一個問題，都不是小事，他們都不會隨意的做選擇與決定，他們會方方面面思考清楚，為孩子長遠計畫，思考清晰後，才會下決定。所以，自閉症哥哥住到教養院是長期的考量，也是當下對孩子最好的決定。

　　最後，希望透過這名父親的專業與愛，帶領家長、專業人員及關心自閉症群體的社會人士，共同從父親、家人、手足、家族等層面來了解他們的深切需要與問題。

陳思杏 於杭州
2024 年 3 月

上帝啊！請賜給我平靜，好讓我接受無法改變的事，

賜給我勇氣，去改變我能夠改變的事，

賜給我智慧，好辨明這兩者的差別。

認真地過好每一天，

享受當下的每一時刻，

把艱難當作通往平安的道路。

——瑞恩霍德・尼布爾（Reinhold Niebuhr）

序幕

你的悲傷背後，就是你的喜樂。

悲傷在你生命中刻得愈深，你的喜樂愈是滿載。

——卡利爾‧紀伯倫（Kahlil Gibran），《先知》

親愛的塔立克：

　　我永遠忘不了你出生的那天晚上。那不只難以置信，更是奇妙無比。你媽咪生你的時間很長——超過二十四小時。當你從媽咪肚子裡出來，即使你還沒有完全離開母體，你就好像已經在環視整個產房了。我二話不說，馬上就從產台後方跳上前來，激動地站在醫生旁邊——我的膝蓋微微顫抖，我的心雀躍不已。那位老醫生接生過很多嬰兒，他劈頭就說，你看起來很機靈。

　　很快地，我就發現你的頭型和我的一樣。當我注視著你，我臉上的肌肉顯得有點緊繃。我數了數你的手指和腳趾，鬆了一口氣，一切正常。我急切地望著護理師把你清洗乾淨，然後用一塊法蘭絨毯子將你包了起來。你看起來好可愛啊——是個完美的新生兒。我曾經夢想要有一個兒子，而且我喜歡一再跟人分享這個夢。我喜歡重溫過去兒時的快樂時光，那是我最溫馨的回憶之一。

　　當護理師把你放在我的臂彎裡時，剎那間我彷彿感到一股電流通過，我的手指感覺得到你柔軟又細緻。我把你捧在靠近我心臟的地方。你我四目相接，我們第一次這樣看著彼此，你的眼睛看起來又大又圓。這是我一生中最興奮的時刻之一，從那時開始，我看世界的眼光不一樣了。

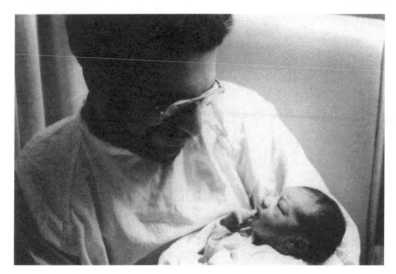

父子四目相接與凝望

　　打從那時候起，我對女人生小孩這件事——為著每個女人奇妙地參與了生命的奇蹟，懷抱著一種特殊的敬意。這讓我想起我母親，她生了八個健康的孩子。那是我意識到的一個新的開始。透過你，我開始見識到生命正用一種前所未有、我無法想像的方式向我展現。現在我開始體會到，什麼是詩人紀伯倫所說的，生命必然是悲歡交集！

　　你出生在 1979 年 11 月 29 日的清晨。吉米・卡特（Jimmy Carter）是當時的美國總統；當時駐伊朗首都德黑蘭的美國大使館人員，正被扣押當人質；法蘭克・里梭（Frank Rizzo）是當時費城的市長。我為你保存了那天的報紙，好讓你長大以後，能夠閱讀你出生那天世上所發生的事情。你出生在賓夕法尼亞州州立醫院，它的前身是女子醫學院，也是我們國家第一所女子醫學院，座落在費城的斯卡伊科河（Schuylkill River）河岸的高地上。

　　那晚，當我離開在醫院的你和你媽咪時，我抬頭望向天空，星星正明亮地閃爍著。天空有一點雲，但仍擋不住那趨於盈滿的月亮撒在河邊的溫

暖月光。那一刻的完美，彷彿瞬間停止，珍藏在永恆、我的記憶和我的心中。清冷的晚風充滿了我的胸膛，使我煥然一新。即使那是在冬天裡，也令我想起小學時曾學過詩人羅勃特·白朗寧（Robert Browning）的詩句：

> 現在是一年中的春天，
> 一天中的早晨；
> 早上的七點鐘；
> 山丘被朝露一顆顆妝點；
> 雲雀展翅飛翔；
> 蝸牛爬上荊棘；
> 上帝在祂的天堂裡——
> 萬象都恰如其分。

　　和大家分享你的誕生，真是件令人興奮的事。你是爺爺奶奶的第二個孫子，也是家裡的長孫。我還記得你爺爺跟我說，我實在很幸運能生在這個時代，因為孩子出生的那一刻，爸爸就在身旁。他從未親眼看過自己孩子出生。對我來說，能聽到他對你出生的感想，使我感覺和他之間的距離又更近了，我能體會到他的激動，也聽出他想要參與更多。

　　塔立克，我多希望有一天你也能讀懂這封信，我多希望你能知道你對我的意義。如果有人在你出生時就告訴我，你將永遠都不能閱讀、不會寫字或正常地和人聊天，我恐怕會不知該如何是好。老實說，當我知道你有自閉症時，我心碎了好長一段時間，就像一棟房子崩塌在我身上，但我在一堆碎石礫底下存活了。我已戰勝了這一切，而且隨著時間的流逝，那重壓在身上的重量也已經減輕了。

　　我希望你知道，你並沒有失去在我心目中的重要地位。我依舊保存著1979年11月29日那天泛黃的報紙。一些我最大的快樂和最深的悲傷，

都來自你我共同走過來的歲月。在很多方面，你的生命是有限的；但對我來說你的生命卻是無價的，甚至對外面的世界而言，也一樣珍貴。

賽珍珠（Pearl S. Buck）這位有名的作家和慈善家，她只有一個親生女兒，且那孩子是智能障礙。賽珍珠寫了一本關於她女兒的書，名為《永遠長不大的孩子》（*The Child Who Never Grew*），這書名讓我想到你的內心將永遠是個小男孩。賽珍珠作了個結論，她說，我們可以從病痛中學到和健康一樣多的東西，當我們學習如何在障礙（disability）中挖掘寶藏時，它將對我們產生意義，甚至比從能力（ability）中學來的更多。

你曾做過一件事對我意義非凡，那是你至今仍一直在做的事。你不用說什麼話，就已經教導我心中的小男孩說話了。如此一來，你就每時每刻都跟我在一起了。你擁有一切正向和負向的情緒，是你教我如何預備好迎接它們。當你感到快樂時，你就會表現得很感興趣且興奮；當你想做點什麼並且真的完成它時，你又會展現驕傲的神情，而且你還有一種令人耳目一新的幽默感。當你受到驚嚇時，你會揚起你的眉毛、瞪大眼睛並張開嘴巴，好讓我知道。

因著你的緣故，我學會了注意那些常被忽略的信號。你不知道危險，也很少感到害怕，所以我必須特別警覺。當你感到焦躁不安時，你也會讓周遭人知道，儘管通常我們也很難看出你困擾的原因。由於你無法與人溝通，我們也只能用同理心試著理解你⋯⋯但那在你裡面的力量是多麼強大啊！在這個看重理智思考過於情緒的世界上，是你這樣一個無口語的孩子教會我們如何深入探索自己的內心。

我天生是個還算聰慧靈敏的孩子，但我以前卻很害羞。在你走進我的生命以前，我不太會思索自己的感受，也不知它們的意義是什麼。每當有人問我感覺如何時，我腦子裡常只會一片空白。而當我不知如何回答時，在我靈魂深處有一種莫名的麻木，還有一種挫敗和無能感。

當我無法連結自己的想法和感受時，我的能力也就無法發揮了。如今

我已認識了我內在生命所有情緒的陰暗與色彩——正面和負面的都有，是你為我開啟了這奧妙的寶庫。為了讓人了解我們所一同經歷過的事，我更學會說出自己的感受，並且成為一位助人的心理學家。

　　塔立克，多年來我一直都將咱們父子一起走來的經歷寫成日記，而現在，我把它們寫成了一本書。我要和人們分享你對我的意義，因為這世上還有很多像你一樣的孩子——他們當中有人擁有較多能力，有人則較少。這些「不完美」的孩子通常都有一對很有愛的父母，從失望中掙扎站立，去找尋更強而有力的愛——在哀傷的另一端，存在著無條件的愛。

　　塔立克，不久前，我在跳蚤市場用很便宜的價格買了一卷「彼得、保羅、瑪麗三重唱」（Peter, Paul, and Mary）的二手錄音帶，裡面有一首好聽的歌〈今天過後〉（Day is Done）。當我正在聆聽時，你的繼母辛蒂提醒我留意其中某一段歌詞。她說，那就是在寫你：

> 我的寶貝兒子，告訴我你為何哭泣，
> 我知道你和大家一樣感到害怕。
> 是不是你聽見遠方傳來令你害怕的雷聲？
> 倘若我待在你身邊，你會不會感覺好一些？
> 我就在這裡……
>
> 我的寶貝兒子，如果你抓緊我的手，
> 今天過後，一切都會沒事的……
>
> 我的寶貝兒子，告訴我你為何微笑。
> 是不是可以告訴我們你的小祕密？
> 你是不是比聰明人懂得更多？
> 你是不是用你可愛的眼睛，
> 看透了人們掩飾的心？

　　當然是的，我的寶貝兒子。這也是為何這首歌聽起來就像在對我說話一樣。親愛的塔立克，在咱們父子一起共度的歲月中，真的有好多值得分享的事。那些隱藏在各樣困難中的回憶，是多麼充實又豐富。這是任何一本書都無法表達的，惟有用心靈才能看見。

　　抓緊我的手吧……我就在你身邊……我愛你！

爸爸

1993 年冬

Chapter 1

一個父親的誕生

我的故事

　　為人父母，如果你的孩子成長發育比一般兒童遲緩，你可能會覺得自己很孤單，但其實你並不孤單。意識到自己的不孤單，對你的擔憂和痛苦得醫治是很重要的。孩子未正常發展的父母們，可以藉由了解自己與其他父母之間的普同性而獲益。許多醫治其實就發生在你與相似背景的人交流彼此故事的時候。這就是為什麼我要用一些我兒子小時候的成長細節，來詮釋我過去的經歷。一旦你聽了我的故事，就更容易和這本書的內容產生連結。我的許多觀點，都是從夢想破滅的哀傷經歷中換來的，這本書為所有必須經歷這段生命旅程的人，重新界定了生命的意義。懷抱盼望可以導向復原，而復原會使你更加愛你的孩子和生活周遭的人。這本書有如一把鑰匙，開啟了我在親身經歷、接受專業訓練和提供專業諮詢經驗的背後，所領受的一些思維。

　　二十多年前，我唯一的兒子，同時也是我最大的孩子塔立克，表面上看起來還是個正常快樂的嬰兒。他看去就如我原先期盼的那樣，甚至更好。我們每天的生活都有一些新鮮事發生，例如當他四個月大時，他開始抬起頭來四處張望，我為他拍了一張照片，至今我依然十分珍惜。這張照片和我的一張舊照片像極了，那是我母親當年在我和他一樣大年紀的時候為我拍的。

　　大約幾個月後，他就開始會爬了。能看到他興奮的模樣，真的很有

趣。當他恣意地滿屋子裡亂爬，借助家具和牆壁把自己拉向自己想去的地方時，他的眼裡閃爍著光芒。他的探索需要大人給予更多的關注，以確保他的安全，例如把他從樓梯和火爐旁帶開。

到他八個月大的時候，他能夠自己扶著站起來，得意地凝視四周。他會微笑著瞥向四周，計畫著路線，以拿到任何看起來有趣的物品。幾個星期後，他開始「巡航」，一旦有機會就扶著家具到處走動。通常，我會越過他的頭頂，握著他的手，走在他的身後，滿心好奇地期待他下一個作為。

不久後，他過了第一個生日；在這重要的一天，他邁出了自己人生的第一步。我憶起他擔心的樣子，在邁出蹣跚的第一步後，他露出成就感而激動的微笑。我好為他驕傲，那是多麼奇妙的成就啊！我繼續不斷地鼓勵他。那依然是我對他最清晰的記憶之一——在他還算「正常」的時候。

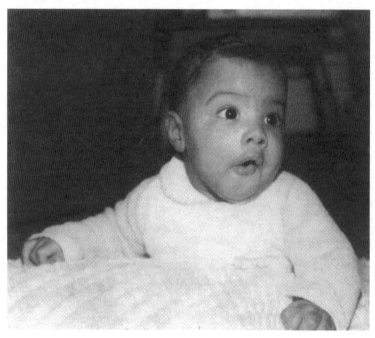

塔立克立刻抬起他的頭來

　　到他十八個月大時，他開始學說話了，會說少量但有用的字彙。他的各項發育都達到正常的發展指標，而我也想像著在不久的將來，他就能加入少棒隊。我彷彿看到他接殺了一記高飛球或快速奔向本壘，而我驕傲地大笑歡呼。我會像當年我父親看我比賽一樣，在球場邊看著他比賽。一路想下去，我想像著當他變成年輕小伙子時，我會和他進行一場哲學論辯。我們父子的關係會十分親密而溫馨，只要他任何時候需要我，都可以很自在地來找我談；而當他需要或想要一些空間的時候，我也會給他一些空間。在各樣事情上，我計畫著當個最佳父親。

　　但就在這時候，塔立克因為耳朵感染發炎而接受治療，我們整個生活也因而起了變化。塔立克變得容易受挫而退縮，他常常哭，且晚上也睡不好覺。特別是在半夜，當我和他都醒著的時候，我更掩不住內心的擔憂。我的大女兒安東妮特那時候也剛剛出生，所以兒科醫師剛開始認為，塔立克的反應異常可能是由於明白自己不再是家中唯一小孩，是一種正常的情緒反應。我當然希望醫生是對的，但我也害怕萬一是他弄錯了，那事情到底又是怎麼一回事。我不禁開始懷疑我對塔立克將來的夢想能否實現。

　　很快地，塔立克不再愛說話了，也不再愛玩他生日時所收到的玩具——例如我父母送給他的小工作枱，有螺絲釘、螺栓和各式工具；那個工作枱和我小時候玩的一模一樣。塔

塔立克得意洋洋的，並分享他的喜悅

立克反而開始玩起一個裝有光亮彈珠的透明波浪鼓。他看似完全被那玩意兒給迷住了，一連好幾天、好幾個星期都在玩它，以致最後完全忽略了他身邊發生了什麼事，包括他剛出生的妹妹。每當那個波浪鼓被拿走時，他便開始非常躁動而沮喪。我親愛的寶貝不見了。

當女兒安東妮特出生時，能再生一個女兒的我欣喜若狂，因我以為那就意味著我從此會有一個完美的家庭——有個俊俏的兒子和一個漂亮的女兒。很慶幸我的生命看似圓滿了，可惜這種感覺並沒有維持很久。我開始變得緊張焦慮，雖然我不斷告訴自己，一切都會好起來的。我也懷疑，是不是我或我的妻子做了什麼，以致他現在會有這樣的狀況。

夢醒是很殘酷的。從前每天都有一點小成就的好時光，就此一去不復返。原本塔立克的生命對我而言是個天大的喜樂，如今卻變成我每分每秒的擔憂。雖然我下班回到家後，仍然很高興能看到他，但是那種和他一起玩耍的樂趣，卻已然消逝。即使他現在總是會把臉撇過去、背對著我，但因為他依舊喜歡被我撫摸和擁抱，我便仍決意死守著盼望，希望塔立克有一天也能變成「正常」的孩子——能再次說話。

當他兩歲大、我的學校放暑假時，我那整個夏天都親自照顧他。小兒科醫生告訴我們，他可能只是需要多一點的時間慢慢回應我，於是我很努力地要吸引他的注意——建立跟他的目光接觸和連結。我把他放在後院的鞦韆上，然後站在他面前推著他，同時，我也把握機會捕捉他那短暫的凝視。但他會故意把他的眼神轉向一旁，他似乎很懂得如何避開目光接觸，這卻讓我感覺我好像被他拒絕了。這特別讓我感到挫折，因為即使我曾幫助過許多學習困難的兒童，但我對自己兒子所做的努力卻一點成效也沒有。直到幾年以後當他被確診為自閉症時我才知道，原來他很容易被刺激所吸引，而那時我必須做的，乃是退後一步和放手。

塔立克快要過三歲生日時，很顯然他是無法上一般的幼兒園了。單單是他的缺乏口語，就足以顯示他的發展比其他同齡兒童慢很多，但這實在

是很難面對的事實。我和塔立克的媽把他帶到有招收特殊兒童的幼兒園，但他仍待不下去。幼兒園的心理師認為，他可能伴隨有聽覺障礙。於是在他的建議下，我又去參觀了一所收留聽障孩子的幼兒園。當我寫到這裡，我依稀可以感受到我當時內心的震顫，我很擔心我的孩子也會像那園裡的孩子們一樣，兩耳戴著助聽器走來走去。

我真不知道他未來的生活會變成什麼模樣。我告訴自己，他將會變得不一樣，但只是不一樣而已。我甚至不知道我們該期待什麼，於是我們開始去拜訪許多專家和特殊學校。經過了許多等待檢查結果而失眠的夜晚，我仍然找不到答案，不解為何塔立克不能再說話。

後來，有一位專家在他的耳朵裡發現了阻礙他聽力的液體。因為這個情形，他也開始接受藥物治療。我重新燃起了希望——這看似是個可以簡單解決塔立克問題的辦法。結果腦幹檢查顯示他的耳朵是正常的，但這無法判斷他的大腦能否理解他所聽到的話。後來，他耳朵裡的液體也被清乾淨了。但是，和從前一樣，他表達自己的方式仍只有咿咿呀呀和哭泣——沒有任何字句——而且他還會不停地扭動，來避免肢體的碰觸。一如過往，我仍常夢見，他的那些咿咿呀呀都變成正常的說話了。畢竟每個正常兒童的說話，也都是從咿咿呀呀開始的。

到了塔立克三歲生日時，他已接受了早期療育課程，而且他也是學校裡最難帶的孩子。他需要人時時刻刻、一對一地看住他。如果沒人看著他，他就無法也不想待在座位上。只要我沒有教課的時候，我就會去學校看他，並幫忙老師。

最後，我的兒子被診斷有「廣泛性發展遲緩」（pervasive developmental delay），這是一種廣義的診斷類別，其中包含了自閉症。根據當時的估計，每五百名兒童中就有一個被發現患有此症。塔立克出生時的醫院專業團隊，在他的診斷書上寫著**類似自閉症**（autistic like）和**智能低下**（retarded）。我開始麻木了，甚至想對他們發怒。雖然我的憤怒早在當時就消退

了，但我的淚水卻總在眼眶裡打轉。專家們似乎已不對我的兒子抱任何希望。「有人告訴過你，你的兒子是智能低下嗎？」就是一位社工員的這句話，率先對我透露了訊息。用這種方式告知家長實情，也太殘忍了吧！他們怎能作出這樣的診斷呢？他們的話，有如一道利刃劃過我的身體。我怎麼能放棄塔立克呢？

還記得當我開始學習認識這個障礙時，我的心也開始封閉退縮。當我讀到自閉症是一種嚴重的能力低下和終身的障礙時，我感到十分痛苦。我很難理解，為何我孩子的大腦竟然沒有辦法處理他所聽到、看到和觸摸到的東西。他所接收到的訊息是扭曲或片斷的，因而導致訊息不完整或令他混淆。我被告知，這孩子將來與人溝通會是極為困難的。

我甚至沒有辦法和人談論此事。我想要談，但就是說不出來，它們全卡在我的喉嚨裡，特別是「**自閉症**」這三個字。偶爾，我也會大肆咆哮我的愁苦，因為雖然我的兒子已經三歲了，但他還是不會說話。我在夜裡不斷地哭泣。沒有人來安慰我，專家們或親朋好友們似乎也不知該說些什麼好，或怎麼跟我談論這件事。

就像許多有類似情況的父母一樣，我用盡了一切，為塔立克找尋醫治的方法。我們試過帶他去做語言和知覺動作治療，甚至嘗試服用維他命和特殊食療。曾經有好幾年的時間，那些昂貴治療的花費彷彿持續在告訴我，塔立克有希望能痊癒。然而當我試遍了所有的療法後，我的夢想慢慢破滅了。當我漸漸地堅強到有力氣能面對現實的時候，塔立克的情況其實是持續終身的，這個事實變得愈來愈明確。

很不幸的，我並未從我那一段婚姻得到任何幫助。在家裡時，我特別感到孤單。講得簡單又好聽一點的是，塔立克的障礙所帶來的壓力，加添在我們原本其他的壓力上，至終導致了我們的離婚。經過了數年的嘗試，努力想一起度過難關，最後我發現，還是一個人面對比較簡單。作為一個單親父親，我的生活面臨了永久的巨變——那是我從未計畫或想像過的

事。但現在我已能明白地看透這一切。

我醒著的每一分鐘，似乎都受到了影響——塔立克的諸多特殊需求看似無窮無盡，他需要的照顧量也快把我累垮了。因為他很少睡過夜，所以我總是累得筋疲力竭。這樣的情況整整持續超過七年，而那種倦怠感，甚至在我體內持續了更久的時間。我完全不知道接下來還會發生什麼事情。他一直動個不停，而且你永遠不知道，當你在家中跟著或追著他穿梭在每個房間，又會遇到什麼驚人的發現。整間房子都必須是「對兒童無害的」，更別說對他或任何家中物品可能造成威脅，就連冰箱也得鎖起來才行。

作為一個無恃於危險的孩子，我的兒子總是處於危險之中：闖到大馬路、燒傷自己的手，或越過池邊掉進深水池裡。我原本的願望中唯一實現的是，塔立克真的變成了飛毛腿；但很不幸的，這也讓我幾乎一刻都不得放鬆。

有一次，塔立克半夜跑出了我們的公寓。當我追出去找他的時候，我想到最後不知會怎樣才找到他，內心實在驚惶不已。我的心跳加速，覺得我的胸膛幾乎快要爆炸了。即使最後我終於在幾個街區外鬧街旁的遊樂場找到他，當時他正玩得起勁，但我的心似乎還是持續猛跳了好幾個小時。我很難想像，除了死亡，還有什麼事會比他的人生更艱難。

我決定去接受心理治療，這的確能幫助我繼續撐下去，這也是我對自己做過最好的事情之一。我的原生家庭很少用言語或直接地表露情感，但是為了活下去，我迫切需要這麼做。就好像在荒漠中找到泉源一樣，我的治療師協助我表達我的感受，不過要明白它們的意義還是很困難——要使它們和我眼前的經歷達到和諧的狀態。我完全被自己的情緒淹沒和壓垮，有些時候甚至如狂風巨浪。

為什麼我不能平靜下來呢？許多專家都持續告訴我，我必須努力為塔立克做更多，但這並不會減輕我的愧疚感，或讓我感覺已經過了「接受事

實」這一關。我感覺我好像有什麼問題，以至於我不太能接受我兒子現在的樣子。我這樣是不是一個壞蛋啊？

就在當時大約十五多年前的時候，我的同事兼好友辛蒂，她給我看了一篇刊載在《諮商與發展季刊》（*Journal of Counseling and Development*）有關身心障礙孩子的父母哀傷經驗的文章，是米爾頓·賽利格曼（Milton Seligman）博士寫的。他是匹茲堡大學的教授，而且我後來才知道，他也是一個特殊兒的家長。當我一字一句地讀那篇文章時，我慢慢對自己有更深入的覺察。突然間，我內心許多支離破碎的感受與想法似乎變得有意義了。當我讀完整篇文章時，我向後靠在我的辦公椅上，深深地長嘆了幾口氣。我心想：「所以，這就是塔立克的生命對我的意義吧；我像個痛失愛子的父親。」

從那天起，我的生活開始變得輕省些。我試著用一種新的眼光來分析我的經驗。新的自我認知幫助了我學習面對撫養特殊兒的挑戰。那是個需要時間和他人協助的過程，我也更能理解我自己的想法和感覺了。當我回想過去，我相信我當時接受心理治療失敗的原因，有部分是我的治療師本身所造成的；另一些原因則是因為在心理學領域裡，還普遍缺乏對特殊兒父母哀傷經驗的認識。

我仍舊掙扎著度過了許多可怕的黑暗期，但是，我開始改造我的生活。辛蒂鼓勵我說出每一件我想說的事情，並且不帶任何批判或期待地聆聽我。這故事的結局就是，我和辛蒂結婚了。生命就在新的夢想中繼續綿延下去。

在確認兒子有終身障礙之前，我去讀了博士班，因為我正努力為塔立克做一切的嘗試。我得到一個結論是：延誤我自身的成長是於事無補的。我心裡知道，他也會想讓我去讀的。讀博士有時要使勁衝刺，而我的教授們和我的主管上司都很支持我。我的生活因此再次有所盼望——在我的個人生涯和專業提升兩方面都如此。

當我的女兒安東妮特學會閱讀時，我非常、非常感恩。每當她學會一個新的詞彙，我就知道她的大腦發展是正常的。在和她一起度過的這段期間，更讓我感到難以置信的激動——當知道她是「健全無缺的」而且可以正常地學習，那帶給我極大的解脫。我敢毫不誇張地說，從今以後，我連呼吸都可以輕鬆一點了。

直到那時候，我才知道「正常」人類的生長發育確實是一個奇蹟。每當我看著她能認讀文字時，我內心感到一股強烈的喜悅，使我熱淚盈眶。安東妮特藝術和寫作方面的天賦讓我引以為榮又充滿感恩，特別是當她與我分享她的素描或油畫，或給我看她寫的東西時，我不再將這一切都視為理所當然了。生命有時真的很脆弱，你永遠不知道什麼時候會在哪件事情上遭遇磨難，並且會對你的內心造成什麼傷害。

我的博士論文是對成功因應有特殊兒的家庭的特質進行研究。研究這個主題能讓我更聚焦於正向的作為，很顯然，除了希望能藉此盡量了解自己外，我也希望所學能對他人有所助益。事實上，這個研究過程進一步統整了我在治療和個人兩方面所逐漸分析出來的想法、感受和經歷。我希望搭起一座橋樑，來拉近那道常存於特殊家庭和專業人員之間的認知鴻溝。

當我能對許多的父母和專業人員分享我的生活和工作時，我的夢想終於實現了。雖然這些演講往往都很耗體力，卻同時也激勵了我。我變得愈來愈能有效地幫助父母和專業人員跳脫衝突的歧見並進行交流，我的口碑也開始傳開。紐澤西州教育部邀請我去協助發展一個訓練計畫以促進家長和專業人員的協同合作，這個計畫是在全州實施的。

後來，我便在紐澤西州教育部的特教司擔任全職培訓講師的工作。我知道那裡的長官都很信任我的為人，而且相信我能運用自己的背景經驗來提供專業議題的訓練，這對我的自尊是極大的肯定。我在許多學前特殊教育課程和專業研討會議中，對許許多多的家長和專業人士演講。這能讓我一直把塔立克放在心上並且從生活中獲得意義。

　　1991 年，曾經對我幫助很大的《諮商與發展季刊》刊登了我的文章：〈失落的夢想，嶄新的盼望〉（Lost Dreams, New Hopes），文中記述了我的經歷對我專業發展的影響。我至今仍會收到那篇文章讀者的來信和電話。當我聽見大學教授們說他們在諮商和特殊教育的課堂上會探討我的文章，更使我倍感欣慰。

　　同一年，卡拉也出生了，她是我的第三個孩子，也是我和辛蒂再婚後的第一個孩子。看著她成長發育，為我們活絡的婚姻關係作了有力的見證。在 1992 年，我的另一個夢想實現了。我作為一個獨立執業心理師的時機已趨成熟，所以我離開紐澤西州教育部的全職崗位，實現了自己開業的目標。現在，我專門幫助有障礙子女的父母們。辛蒂也是一位心理師，我們在靠近費城歷史區南街的附近合用一間辦公室。我們輪流上班，好讓我們兩人中至少有一人可以在家陪陪卡拉和我們的第二個孩子：1993 年出生的柔兒——那是一段我們都很享受的時光。

　　此外，我也成為接受許多學校、機構、醫院和家長團體諮詢的心理師。我一邊靠我喜歡的工作維生，一邊撥出平均每週兩天的時間在家陪孩子。這是一種獨特的賞賜，也是我很自豪的一件事。

　　這一路走來真是漫長。我兒子的障礙幫助我得到超乎想像的發展，塔立克使我有機會能有獨特的一番作為。由於我失去了擁有正常孩子的夢想，我得到的知識和智慧反而讓我的潛力盡其發揮。因塔立克的障礙實在太嚴重了，以致他到八歲以前都需要二十四小時全天候的看護，而且必須就讀住宿型學校。把他送去住宿型學校，是我作過最困難的決定。

　　正如傷害從未間斷過一樣，塔立克也促使我意識到生命的價值。他是那麼純真又生性樂觀，塔立克有著非常溫和的靈魂，無論他在學校的哪個地方，都能受到教職員工的喜愛。單單想到這樣，就使我內心感到平靜，臉上也露出微笑。

　　誠如一直以來的艱辛，我已能調整得當，並過著相對平靜、快樂而有

意義的生活了，我正經歷到更多前所未有的滿足感。我感到完全、被愛，並且有能力去愛人。我從我所見過的其他父母身上學到了很多，他們正面對各種哀傷和隨之而來的盼望、堅強、敏銳和自豪。有時候，我甚至不確定我是否配得擁有這樣完滿的生活。我感覺自己好像一個飛機失事的倖存者，身邊滿滿圍繞著殘骸——尤其是那些仍處於復原早期的父母所想的事。每當我走訪早期療育的課程，我都有這種感受。每當有夫妻因著這種哀傷和掙扎而被轉介來我的心理診所時，我都再一次地經歷到自己的傷痛。後來，當我再聆聽這些父母們的故事時，我必定會提醒自己，有時候我也應該讓自己感覺舒坦一點——因我已經做了一切我所能做的。

這本書聚焦於經歷哀傷、因應，並「繼續好好活下去」的歷程。它結合了我個人的經驗、專門協助障礙兒童家庭的專業臨床心理技術，以及我在學術領域的研究知識。書中記述了患有不同慢性病症和障礙兒童的生活點滴。不管孩子障礙的本質為何，父母對於學習求生存和因應的經驗是很類似的。父母一輩子的挑戰是，在盡力幫助孩子、保有盼望並與絕望纏鬥的同時，又得盡可能過正常的生活。既要努力面對現實，又要抱持盼望，那是一種很矛盾的狀態。

我相信，身為讀者的你，能學習透過你的自身經驗以及書中所提供的他人經歷，來幫助你自己。而且，你也能像我一樣，受助於當前心理學對於特殊父母面對挑戰的相關論點。

本書接下來的各章，將回顧身為特殊兒父母的心路歷程——那些你想征服的山，你不一定一次只爬一座，或按照特定的順序去爬；而是這裡爬一點，那裡爬一點，直到有一天你得到足夠的療癒並且能重新有完滿的感覺。第二章描述了情緒的洪流，以及當你意識到自己孩子有些問題時，你所經歷的那些狂亂思緒。了解這些情緒的意義，是十分重要的。第三章我們所要探索的是，在處理哀傷的過程中約略可預期的幾個階段；並試圖帶你了解，當你的孩子不是以你所期望的樣子活著時，「接納」對你而言的

可能含義為何。

每一天，特殊兒童父母最辛苦的挑戰之一，就是接納這個特殊孩子並與他相處。能力、理解力或語言各方面都有限的孩子，他的行為可能讓人難以理解。當孩子在人前舉止「怪異」時，父母常須面對許多尷尬的場面。第四章和第五章便著眼於如何與你的孩子建立情感連結，以及如何進行兒童輔導的相關原則。大多數的親職書籍並沒有把這些觀點應用於特殊兒童的教養。

第六章將焦點轉移到特殊兒的父職經驗上。由於男性往往較少談論情緒層面的經驗，更遑論談自己的哀傷，這一章便探討了目前較少被探討的父親情緒層面。

第七章聚焦於探討當你經歷哀傷歷程中的婚姻狀態，以及男人和女人處在這種情況下的反應差異。這是另一個在心理學領域中較少被重視卻迫切需要獲得指引的議題。

父母們也常會擔心自己家中其他孩子的適應，以及如何陪伴他們。手足的緊張關係會以不同的形式出現在不同的障礙家庭結構中。第八章便圍繞在這個主題，並帶你檢視你與兄弟姊妹相處的經驗，以此為參考架構找出你該做的和該避免的事。

第九章提供你一些建議，使你知道該如何得到支持，如親戚、朋友、社群或相同處境父母的社交網絡。相互敞開心扉並吐露心聲是帶有強大醫治力量的，這一章的目的，就是要釋出這樣的力量。

第十章主要談的是，如何有效地與每天參與你孩子生活的專業人員進行互動。我們期望這些專業人士來解救我們並修復我們的孩子，當我們得不到想要的和需要的服務時，我們常會感到生氣。有時候我們必須和他們直說；更多時候，我們則必須學習如何與他們合作。

這一整段旅程下來，無論我們每個人走過的路程順序為何，我們都能從中獲取智慧，發展出一套思維，並站在自身的經驗上，找到支撐自己的

意義。第十一章即在探討這個主題。最後，整本書將以我給兒子的一封信作為結尾。

　　這實在是一趟艱苦的長途跋涉。我現在能用我浩劫重生與復原所產生的自信來看待這一切，我也期待自己迎接未來在婚姻家庭生活中的每個喜樂與挑戰。每當我能對父母們心理賦權，幫助他（她）了解自己的想法與感受，使他們在所處的情境中發掘幽默感並學習因應自己的問題，我就感覺我所做的又成功了。我希望這本書也能或多或少幫到你一點。我對自己能走這麼長的一段路感到欣慰，但我也付出了很大的代價……我唯一的願望是，如果時光能倒流，我必會選擇用另一種方式去活。

如果奇蹟從未降臨

Chapter 2

感受衝擊

夢碎與成長

1964 年，日本作家大江健三郎（Kenzaburo Oe）二十九歲時，他的第一個孩子出生了，患有先天性腦性麻痺。他為這個小嬰孩取名叫「光」，並且藉著撰寫《超越瘋狂底限》（*Teach Us to Outgrow Our Madness*）描述他們父子間非常親密的關係。大江和他脆弱的孩子非常親密，以至於他認為如果光死了，他也會死。大江深信他和兒子之間能全然分享彼此的感受，他彷彿同樣也感受到兒子身體上的痛。大江用原子彈爆炸來形容兒子對他夢想的打擊——就像一場個人浩劫。這些話出自一個在廣島和長崎原子彈遺毒摧殘下長大的日本男人，這是一個特別強有力的暗喻，刻劃著許多他個人世界裡的變化。《個人的體驗》（*A Personal Matter*，新雨出版）便是他打從光出生那年就開始撰寫的系列小說第一部，內容描述一位腦傷孩子的年輕父親的故事。大江寫下他和孩子之間的互動紀實，以及他如何從毀滅中尋找倖存的希望。他於 1994 年獲得了諾貝爾文學獎。

想擁有一個完美孩子的美夢，可能會以心碎收場。如果你有一個特殊兒，你當然會想聽一些憐憫的話。但有更多時候，你多希望眼前的這一切都消失殆盡，而偏偏它們卻不會。艾略特‧陸伯（Elliott Lube）博士在《淚眼白髮人》（*The Bereaved Parent*）書中說過：「當你的父母過世，你失去了你的過去；當你的孩子離世，你失去了你的未來。」本章的目的，就在幫助你了解一些自然產生的正常感受，就是關於孩子的成長問題、障礙或

慢性疾病診斷的一切擔憂。

　　我們就從懷孕開始談起吧，當準父母擔心他們的寶貝會在懷孕或生產的過程中出什麼問題時，周遭的人通常會不停地告訴他們要冷靜，一切都會很順利的。當一個孩子的早期發展比預期的慢，或當一個家長憑直覺感覺似乎出了什麼問題，醫學專業人員通常會、而且經常很有智慧地勸家長要有耐心，因為「正常」發展的定義是很廣的。但遺憾的是，耐心並不總是有所回報。

　　每年都有將近 10% 的新生兒在出生時或幾年內被發現他們患有先天性發展障礙或慢性疾病。這些缺陷可能是「輕度的」，例如在孩子上學以後才會被診斷出來的學習障礙；或更「重度的」，像失聰、失明、腦性麻痺、心臟病、心智異常、兒童糖尿病等。我把「輕度的」和「重度的」兩個詞都特別加上引號，原因是因為當父母知道自己的孩子有異常時，通常都會持續備受打擊，無論那種障礙究竟有多嚴重。每一種障礙都有不同的發生率或機率，但當它發生在你身上時，那永遠就是百分之百。你完全被困在你的命運裡，如同尼克・諾特（Nick Nolte）在電影《羅倫佐的油》（*Lorenzo's Oil*）中所扮演的父親說的名言，感覺自己像一個「參加基因抽獎的輸家」。

　　每個準父母都有很多夢想——那種你在神智清醒時就會做的夢。這孩子會是男生還是女生？他會長得像

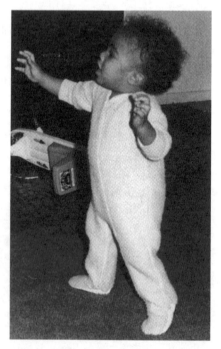

塔立克在他週歲生日時踏出人生的第一步。那一刻開始，他到哪兒都需要人顧著。

誰？他的個性會如何？他長大以後會是什麼模樣？你們會享受在一起做哪些事情？你們會去哪些新奇且令人興奮的地方？你的生活將會如此不同！總之，這段懷孕的時間裡，胎兒對父母來說是非常寶貝的。他們可能是極大喜樂的泉源——或是令人絕望的憂傷。

雖然人們想要生孩子的原因並不同，但大多數的夫妻都希望擁有孩子以使他們的婚姻更加完整。由於父母會以他們的孩子為榮，且對孩子抱以很大的希望，因此當他們發現哪兒不對勁的時候，那種衝擊是很強烈的。所有美好的感受全都破滅，而那些原本在生命中自然而然充滿的奇妙自豪與盼望，卻很難復燃。想有一個健全孩子的美夢瞬間幻滅，眼前這個孩子實在無法滿足原本的期望。因著生出了一個「有缺陷」的孩子，父母深深地感到挫敗，並且還常伴隨著一種可怕的罪疚感，只因自己對孩子是感到如此失望。

當我年紀還很小的時候，我很害羞也很沉默，所以我希望將來我的兒子能更加活潑好動、善於表達——我能因著他的存在，而讓自己的生活更加有聲有色。跟許多父母一樣，我也曾希望改造自己，使自己變得更好。我給我兒子所取的中間名唐納多（Donato），在義大利文中和「唐努」（Donald）的意義一樣，也是我祖父的名字，意思是「禮物、恩惠」（gift）。我兒的名字塔立克（Tariq），是一顆行星的名字，也是一位第十世紀阿拉伯將軍的名字。「直布羅陀巨巖」（Rock of Gibraltar）阿拉伯語的意思是「塔立克之石」，就是以當年那位將軍從摩洛哥攻取西班牙的地方為名。

我曾對我的兒子寄予無限希望。我希望他做一些我沒有做過的事——成為我沒能成為的人。這些夢想構築了塔立克進入我生命的基礎，但事實上正好相反。他教我怎麼活出自己的生命，而不是寄託在他身上；他的障礙引我打開通往內在生命之門，迎接夢想、盼望、失望和喜樂。這個過程也包括了解每一種感覺的意義。有時候，我感到很難過，以致我很想把它

們都拒於心門之外。然而，這些感覺其實反映了我對眼前經歷的心聲，也是探索我內心世界必要的指標。

正如心靈導師約翰·布雷蕭（John Bradshaw）常在他的電視節目中說的：「你醫治不了你無法感受到的情緒。」這道理似乎很簡單，但人們已長久被教導要忽視或對哀傷的感受噤聲。也因此，這股特別強大和自發性的哀傷，並不被我們的社會所接受。我們的社會認為，一個人的情緒感受會攪擾他的正常思考，而這種觀念往往會讓那些正為某些事而思緒糾結的人更被打擊。

● 漫長家庭旅行的開始

在我進行博士論文研究時，我對朋友華倫（Warren）一家印象特別深刻，因為他們非常善於表達自我的感受。他們樂意分享自己的經歷，幫助了許多聽覺障礙孩子的家庭。他們是一個溫暖而友善的中產階級家庭，住在巴爾的摩社區的一間公寓裡。我的第一位受訪者琳達，是個又高又瘦的紅髮女子，她用激動的口吻述說著自己的故事。在那時，那個患有嚴重聽覺障礙的孩子班恩只有十歲；他的姊姊安娜則是十二歲。

根據琳達所說，她和她的丈夫比爾在班恩九個月大時就發現他有些異常，他沒有像姊姊安娜一樣在那個年紀就開始學說話。但當他們在班恩睡覺時拍手，他又會醒過來，因此他們認為班恩應該不是失聰。

當班恩一歲大時，他們告訴小兒科醫生，他們懷疑他的聽力不正常。雖然琳達知道不對勁，但她費了很大的力氣才說服醫生進一步檢查。那位醫生站在班恩後面拍手，班恩便眨了眨眼睛，於是醫生診斷孩子沒有問題。但琳達還是很擔心，因為這孩子一直沒有開始牙牙學語。在下一次檢查時，醫生又再一次拍手，而這一次（十分幸運地，對於比爾和琳達來說），班恩並沒有眨眼。因此，檢查工作最後轉到一位耳科專家手中。

　　那位耳科專家在班恩十七個月大時診斷出他的耳朵裡有液體。在用引流管抽乾液體後，情況有了些微改善；班恩開始咿咿呀呀，但還是沒有真的學說話。琳達變得緊張了，然而當她告訴醫生時，醫生的反應卻是：「你為什麼這麼擔心呢？真是杞人憂天！」

　　就像許多母親一樣，琳達直覺地知道一定有些問題。班恩的表現完全不像他姊姊以前一樣。比爾對琳達是充滿信心和信任的，他自己也發現，兒子好像有些地方不對勁。比爾和琳達一直促請醫生想辦法，於是醫生便做了腦幹測試。夫妻十分焦慮地等待測試結果出爐。結果，報告出來了，班恩被診斷出患有中度到重度的聽力損傷。琳達和比爾告訴我，他們完全被擊垮了。儘管他們一直都懷疑孩子有問題，但此刻卻呆若木雞，他們無法相信自己所聽到的事情。他們憶起當時是多麼擔憂、憤怒和傷心。

　　他們又去了另一家醫院，想聽聽不同的診斷意見。這次他們被告知，孩子雖有中度至重度的聽力損傷，但還保有一點高頻音的聽力。琳達心中希望這意味著她的兒子從此能正常發展，因為她簡直不敢相信兒子有中重度聽力損傷；比爾當然也希望太太是對的。他們一起堅持懷抱對小兒子的夢想。

　　華倫一家的經歷，也可以套用在許多其他的家庭。通常，父母們（特別是母親）是與孩子相處最久的人，他們會察覺到孩子發展過程中所發生的問題。其他人，包括醫生，則都在盡力使焦慮的父母冷靜下來。但醫生也有可能否認事實，因為告知壞消息並不容易，醫生也不希望事實成真。但用專業知識來否認問題，通常只會讓事情變得更糟糕。當醫生對孩子的障礙抱持著否定態度時，父母的焦慮感反而會相對提高：「如果醫生認為我的孩子沒有問題，那麼一定是我瘋了吧。」

　　有時候，當琳達「情緒特別低潮」，她會向丈夫尋求協助。她意識到他們的兒子與眾不同，而且她也不能改變這個事實。這時候，允許自己哭一場，會讓她感覺好一些。她也盡量「對自己好一點」，不去擔心家務

事。有時候，她會藉由一直睡覺來打發一天的時間。她還沒有準備好與外界互動，而獨處能幫助她經歷哀傷和醫治。

比爾告訴我，他的情緒反應沒有琳達來得那麼激烈，雖然有一次他把班恩有障礙的事告訴一位好友時，他自己也突然哭了起來。當他告訴我這些事時，我又想到，對許多男人來說，流淚和承認哀傷是多麼的不容易。

班恩的障礙，對這個家庭來說是很艱難的，但是他們倖存下來了，甚至過得更豐盛。他們彼此深愛著對方並且享受生活，套句比爾說的話：「一旦你接受了這個事實，認清人生本就不是一路平順的，你就可以學著處理事情。」他們能接納的心，給了我盼望。

● 與內心深處對話

當塔立克六歲大時，我以為我已經準備好幫助父母們了解他們對障礙子女的感受了。但我很快就發現，我仍然只是個新手。我會在眾人面前談論我的經歷，然後詢問大家對自己孩子的感受。但接下來卻是一片尷尬的沉默，此時可能會有人提問，好化解我的尷尬。讓人們敞開心扉分享自己的感受是很難的，在我接受這個訓練時，一位心理學家前輩擔任我的督導，他就是博特・考夫曼（Bert Kauffman）博士。他是一位退休教授，曾在費城獨立開業。博特有系統地教我如何協助人們用言語表達他們內心的感受，他很有耐心地指出，如果我在人們生氣時詢問他們，可能無法幫助他們發現自己正在生氣。他教我的方法是，反問自己：我是不是心中有一些不愉快，或遇到了什麼麻煩？如果是的話，他會要求我解釋給他聽。從這次經驗中，我很快就學會如何用這種方式與人談話。結合了博特的指導，以及我在費城天普大學學到的發展團體歷程的相關知識，我能夠應用這些技巧來帶領團體。我設計了「感受檢核表」（如表 2.1），來幫助人們發現他們對於子女障礙情形的反應。

表 2.1　感受檢核表

震驚 （shocked）	焦慮 （anxious）	不開心 （unhappy）	火冒三丈 （fuming）	自責的 （remorseful）
麻木 （numb）	擔心 （worried）	傷心 （sad）	暴躁 （furious）	後悔 （regretful）
茫然 （dazed）	神經質 （jittery）	低落的 （blue）	困擾的 （disturbed）	有汙點的 （tainted）
不放心 （uneasy）	坐立不安 （restless）	負面的 （negative）	不滿的 （grouchy）	不值得 （unworthy）
冷漠 （indifferent）	煩躁 （fretful）	被擊倒的 （crushed）	厭煩的 （annoyed）	困窘的 （embarrassed）
呆滯的 （sluggish）	緊張 （nervous）	悲傷 （dejected）	緊繃的 （uptight）	受害的 （victimized）
沒有感情的 （emotionless）	害怕 （afraid）	心灰意冷 （disheartened）	敏感的 （touchy）	不潔的 （unholy）
不冷不熱 （half-hearted）	心痛 （pained）	愁悶陰鬱 （gloomy）	十分焦慮 （distraught）	應受懲罰的 （culpable）
枯燥的 （dull）	折騰的 （tormented）	絕望的 （hopeless）	激怒的 （agitated）	懺悔的 （penitent）
困惑的 （confused）	哀傷的 （distressed）	洩氣的 （discouraged）	煩惱的 （troubled）	罪疚感 （guilty）
無動於衷 （apathetic）	激動的 （worked up）	憂鬱的 （melancholy）	壞脾氣 （grumpy）	羞恥的 （ashamed）
手足無措 （bewildered）	有壓力 （tense）	空虛的 （hollow）	難過的 （upset）	蒙羞的 （mortified）

註：「感受檢核表」是用來幫助大人探索自己面對孩子時所產生的情緒反應。

我已經用這個檢核表輔導過許多父母和專業人員，並鼓勵他們說出自己時常出現的感受。如果你是父母，請想像一下你和孩子一起度過的一天。同樣地，如果你有一位障礙的手足，也請想像你和他在一起的一天；如果你是他們的親戚朋友，也請照樣做。倘若你是專業人員，請想像你曾經協助過並且使你產生強烈情緒的一些孩子，或者想像你有一個特殊兒。

現在，無論你和這個孩子是什麼關係，請看著這張檢核表，圈出那些能夠形容你和這位特殊兒一天相處下來令你難以處理的不快和負面感受的形容詞。當你完成時，請花一點時間檢視整張表，然後和你較親近的人討論你的反應。

● 典型的反應

用來表達感受的語言，對促進父母的自我表達是很重要的。我從 1989 年就曾多次在費城遇到一群人，他們都是視覺障礙孩子的父母，他們當中的許多孩子也都有慢性疾病、學習障礙和智能障礙。有些孩子的教育介入包括盲用手杖的行動訓練、電腦輔助科技，以及布萊爾點字（braille）來輔助閱讀與寫作。同樣地，父母們也帶著內心的陰影，在黑暗中加入團體一同摸索。家長支持團體的目的之一，就是為家長開出一條探索內心感受的道路，好比他們的孩子也正學習探索現實世界一樣。

某個星期六下午，當大約二十位父母親圍坐成一圈，並且完成了「感受檢核表」以後，我便詢問他們，做完檢核表時，是否發現表中有什麼規則性。我請每個人依照座位順序分享任何他願意說出來的想法。

「我幾乎每一項都圈了；所有項目我都曾經感受到！」坐在我對面的一位媽媽驚呼著。她的回饋，是父母在參與這個活動時常見的反應。

接著，另一位媽媽說：「最後一欄都與生氣有關，但是我一直在想，這些詞都很負面，那正面的形容詞在哪兒呢？我們什麼時候才能變成那樣？」我知道她在團體裡這麼說，是希望大家從這些感覺中走出來。而那

日子不久就會來到。

確實，這些都是讓人感覺很不舒服的感受，但它們全都是正常、自然，且必須去面對的。有時候，單單承認它們是真實的，就能帶來很大的幫助。讓我們來看一看它們的意義何在，並且如何帶給我們盼望和其他愉悅的感覺。否認、焦慮、恐懼、罪疚感、羞恥感、憂鬱和憤怒，都是因為哀傷而引起的情感狀態。雖然我們可能很難意識且承認這些感覺的存在，但是承認它們的存在，才是通往復原和嶄新盼望的途徑。

那位媽媽左邊的一位父親接著發言。當他講話時，他的嗓音顫抖著，「我不知道我該說些什麼，但我覺得很挫折。我的喉嚨好像卡住了。當我看到『心灰意冷』的時候，我就一直在想這個詞。我甚至從未對自己承認過有這種感覺。」

接下來，輪到一位帶著憂鬱神情的瘦小媽媽說話了。「我一直在想，我到底哪裡做錯了──如果我真的做錯什麼的話。我經歷到很多這上面寫的感覺，但這些就是我一直感到很疑惑的。」她臉上的皺紋彷彿道出了她憂愁的故事。

「我真想在上面直接畫一個大叉『×』，然後了斷這一切。要去面對這些詞還真難。我和每個人一樣。」一位戴著厚重眼鏡的媽媽這麼說。其實我很早就注意到她了，因為她閱讀的時候，必須把紙拿到離她眼鏡幾乎三公分近才能看到。她展現出令人佩服的勇氣，因為儘管她自己有障礙，但還是選擇完全投入參與。

「聽完你們大家所說的，我感覺我好多了。」下一位爸爸這麼回應，「我總是覺得心情很糟──好像我為自己感到愧疚，因為我兒子的眼睛看不見──但我好像不該那樣想才對。」

能夠發現我們其實並不孤單，是多麼奇妙的一種安慰。當人們一個接一個地揭示他們的感受時，受安慰的程度就提高了。人們更自在地愈講愈多──這種情況通常出現在他們感到自己被了解的時候。

「每當我的孩子又得去醫院時，我就變得很暴躁」，接下去的另一位媽媽提出了質疑：「我的兒子患有腦積水，但他們總是告訴我不用擔心。可是如果你的孩子每六個月就得住院一次，你怎麼會不擔心呢？那些醫生說那樣的話，簡直快把我氣瘋了。」

在接下來說話的一位父親身上，可以看到在這種聚會中常會浮現的憤怒。這位蓄著一頭濃密深髮的矮個兒爸爸，他的臉很明顯有情緒反應，他憤憤不平地說：「我和我太太這一路走來實在有很多體會。我們家女兒生來就沒有眼睛——她的視神經只有一顆豆子般大未發育的眼睛。真是太不公平了……。」他的聲音變得微弱，眼裡佈滿淚水。

這時候團體一片靜默，此時無聲勝有聲。有時候，當父母把一些內心深處的感受說出來時，反而得到一種釋放的感覺。於是大家靜待下一位成員說話。

過了一會兒，下一位女士說話了：「我本來就不是一個愛擔心的人。我總是告訴自己，我要做個和我母親不同的媽媽。但現在我整天做的事就是擔心。我不知我女兒長大以後會變怎樣，她現在才七歲大，但她有一天可以獨立生活嗎？沒人能告訴我答案。如果她不能，那當我和我丈夫都老了，有誰來照顧她？這表格裡整個第二欄都跟擔心有關。」

「你說的對。」下一位女士說，「這些詞被分成一組一組的，但我不知道為什麼要這樣。」像其他人常表現的一樣，她發現第二欄的這些詞，都是跟哀傷歷程有關的情緒同義詞。

「第一欄的詞所表達的是我兒子出生後，我一開始的感受。我無法相信這個事實。他的腦子積水，他的頭骨被撐大了。我那時彷彿失去知覺一樣，就好像這件事應該發生在別人身上才對——好像電影裡演的一樣。」她正在描述當我們第一次發現或被告知孩子有問題時，那種麻木的感覺。

「我從來沒說出來過，可是今天我要講一講。」下一位爸爸接著說：「開頭為『不開心』的那一欄——所講的就是我吧！我沉默，因為我的心

都碎了。若你問我感覺如何,這正是我的感覺。我永遠都無法和我兒子一起打橄欖球;我永遠都沒法做這些事。他正在進步中,我看得出來,但我好洩氣。我的情緒很糟。為什麼我就不能為他感到高興呢?為什麼我就不能接受這個事實呢?」

他的妻子接續著說:「嗯,我很愛講話——也許我就來幫我們兩人講一下話。我希望我先生可以多說一點,但我無法形容我聽了他今天說的話以後,我有多麼高興。那個第三欄真是打中我了。我有很多朋友都在同一段時間生了小孩。每次她們在談論自己的小孩時,我都開不了口,因為我家兒子恐怕永遠都不能做他們正在講的那些事。我真想挖個地洞鑽進去。」

這位女士談到的羞恥感,造成團體中一片不安的沉寂。許多特殊孩子的父母,都曾在他們生命中的許多時候有過這種感覺。當我們談起孩子時那種自然的興奮感或興趣被消滅時,我們可能會企圖掩飾自己,而這更讓我們感到羞恥。這種感覺出現在任何當我們孩子的成長不如別人家孩子那樣「正常」或令人激賞的時候。

這次的活動課程幫助父母認識和解釋自己對孩子的感受。我所設計的這張同義詞表,並不是簡單地從同義詞典抄來而已。就好比光譜中的每種顏色都帶著不同色調,這些感受也有不同的強度。由於每個人的氣質和過去經驗的不同,對每種感受也會引發不同程度的共鳴。每個人都必須以自己獨特的方式來經歷這些感受,才可能戰勝哀傷。

這些強烈而複雜的感受,也會在生命中其他時候出現。相信此次團體的成員們也能預備好面對下列時刻的到來:

- 一位至親去世時。
- 一段重要關係結束時。
- 受了傷而不能再從事熱愛的活動時。

- 失去一份熱愛或需要的工作時。
- 搬離一個蘊含許多回憶的地方時。
- 付出許多努力卻沒能實現目標時。
- 流產後。
- 小孩從原本正常變得和我們所預期的不同而對他失望時。
- 分居或離婚的當下或之後。
- 朋友、家人或自己得了慢性疾病時。

孩子生來沒有眼睛的那位媽媽說話了，「我以前會想，是誰死了？我從來沒有這樣想過，但是我想，我們都失去了擁有一個正常孩子的夢想。現在我知道為什麼我會哭得那麼慘了——這是有道理的。我今天原本差點不想來參加，因為我不想感覺難過。現在我能夠看見我一路走來的一切。原來我並沒有發瘋，我們全都沒有。」然而，你有時確實會感覺好像快瘋了，尤其是當你對感受找不到合理的解釋，或它們似乎無法與現實同步時。

「我想我同意瑪莉的看法」，那位孩子患有腦積水的媽媽回答著。「現在看起來或許很簡單，但一切曾是如此複雜且真的很艱難。」

「你是否已經走出這一切了？」那位剛才提到自己的難過的爸爸問道。「我這種感覺還要持續多久呢？」

雖然哀傷是很痛的，但它確實會隨著時間消弱。這個過程是自發而不用學的——它有一個自然的進程。掩蓋這些感受反而只會延長處理失落的時間。

有時候，父母可能覺得需要找親近的人傾訴。如果你不能以這種方法來面對你的各種感受，或者你感覺自己「卡住了」，尋求專業心理師、身心科醫師、諮商師、社工師或教牧輔導人員等的諮詢可說是明智之舉，這些人受過訓練且有協助哀傷者和失落者的經驗。

在那個和團體成員在一起的週六下午，我試著讓他們知道，了解並承認自己所有的感受（包括愉快的和不愉快的），對自己的心理健康有多重要。人們的感受會促使自己照著本能的驅使來採取行動，這也幫助他們面對生活中的眾多挑戰，其中當然也包括了父母們必然會面臨的課題——如何活下去和幫助孩子。

● 否認

人們對任何失落的第一反應往往是震驚和難以置信。特殊兒的父母往往會說：「那絕不會是我，也不會是我的孩子！」周遭的人可能也很難理解這種否認的心態。要「面對現實」是有壓力的。我不斷告訴自己，我兒子塔立克會沒事的。他會再次說話，而且跟得上別的孩子。

否認（denial），在每個人的人格結構裡扮演了重要的角色。如果我們成天想著那些可能會發生的恐怖事情，那我們要怎麼活下去？我們如何能設法走出去？如果我們一味地預備自己面對所有可能發生的壞事，那我們就沒辦法好好享受生活。有哪位父母會想要一個隨時可能出問題的孩子？

心理學家肯恩・摩西斯（Ken Moses）博士在《幻滅與成長》（*Lost Dreams and Growth*）影片中指出，否認的心理其實給了我們時間，以發掘內在面對問題的力量。他的理論是植基於他自己同時身為猶太大屠殺倖存者及特殊兒父親的經驗上。除此之外，外部支持也是必要的，有哪些親戚是可以信賴的？哪些朋友能夠了解你？否認能為你找出時間，並預防崩潰。

否認使這些痛苦變得可以承受。我們可能會否認自己的感受，保持不傷心難過；我們可能會否認孩子障礙的存在，相信它有一天會消失。我們或許會承認障礙的存在，但卻理性地否認障礙對我們生活帶來的影響。在我們找到足以面對痛苦現實的內在力量和外部支持之前，否認是必要的。

🔵 焦慮和恐懼

當父母感到傷心難過時，周遭人通常會試著安撫他們。他們在人群中會感到不舒服，因此他們的焦慮不安便被視為一種問題。但其實焦慮（anxiety）本身並不是個問題——它有很重要的目的。

當人們告訴你「要冷靜——事情並沒有你想像的那麼糟」時，往往對你起不了什麼作用。你並不會因為別人要你冷靜，或自己想要這樣做，就必能冷靜下來。你的心理系統正在為處理眼前的事務調度所需的能量。這種喚起（arousal）就是焦慮的功用，且它滿足了一個重要需求。這種感覺可以是一種輕微的不安全感，也可能嚴重到變成恐慌症。

雖然極度的焦慮感會導致神經衰弱並需要心理治療或藥物治療，但是適量的焦慮對每天生活的正常運作卻是必要的。當你的孩子發展不太尋常時，你很需要動用更多的能量來克服困難。多年來，我一直為塔立克的安全感到寢食難安，而我的焦慮感卻幫助我能預備面對他可能碰到的問題，並在他真的遇上那些危險**之前**，就先解決它們。這些過程往往需要蓄積許多問題解決的能量，而否認和焦慮這兩者便是為了這些問題解決而作的準備。

雖然焦慮感是普遍性的，但恐懼（fear）卻是特定性的。儘管我們面臨失落時本來就容易害怕即將臨到的變化，但別忘了前美國總統富蘭克林‧羅斯福（Franklin Delano Roosevelt）說過的一句話：「除了恐懼本身，再也沒有比這更可怕的了」，並且你會集中精神、盡一切所能來確保你孩子的安全。只是很不幸的，當你的孩子不太尋常時，**有些事情確實會讓你感到很恐懼**：要因應一個有障礙或慢性疾病的孩子，真的很難。恐懼是調節能量的一種健康反應。家有障礙兒的父母常很害怕再生出第二個障礙孩子，即使有時候問題並非遺傳基因所致，但有些父母卻因此不敢討論再度生育的話題。當你勇敢無懼地面對問題時，問題存在的可能性反而變得更

真實了。

在塔立克被診斷出有自閉症、我離婚後再婚的許多年後，當辛蒂又懷了女兒卡拉時，我比一般父母還要緊張。因為曾經經歷過特殊障礙的悲劇，我的擔憂是基於現實的。父母是有可能生出多個特殊兒的。儘管我們當時已經被告知我們的女兒一切正常，但萬一是基因檢測師搞錯了怎麼辦？我依稀記得，在參加產前課程時有關先天缺陷的討論，在場每個人都沉默不語。那位講師本身也是為人母親，她很快就把話題轉移到下一個主題去。我並無意責備其他準爸爸或準媽媽，但我多希望我當時可以和他們分享我的痛苦，而且在我確定這個孩子是健康的之前，我的擔憂是不會消失的。

辛蒂和我一起克服了恐懼；很幸運，我們的女兒生出來很健康。卡拉成了我們每天喜樂的泉源，特別是當她學會了翻滾、攀爬、走路、講話，並且能讓我們知道她想要的和喜歡的是什麼。她的成長讓我再次確定自己是個充滿活力且能從悲劇中倖存的人，甚至可以活得更好。當我們在等待第二個女兒柔兒出生時，我就沒有那麼擔心了；值得慶幸的是，她的成長發育也一直讓我們感到欣慰。

當我在寫這一章的時候，聽到了一則新聞報導，一個六歲的自閉症小男孩跑出他們家公寓，結果被一輛清晨的通勤列車撞死了。而當我得知這事就發生在距離我家兩條街外的車站時，我的胃更有一種異常翻攪的感覺。我的內心強烈地顫抖，因為我依稀記得，我也曾經活在那樣的恐懼中，我好害怕塔立克有一天也會跑出家門，然後跑去那些鐵軌上遊盪。我的心深深為那小男孩的家人感到悲傷，也為我的兒子已得到他所需要的全天照護而鬆了一口氣。幾個星期後，我從「自閉症協會」成員那兒得知，那個痛失愛兒的家庭，其實才剛從韓國搬來美國，只為了就近獲得先進的自閉兒照顧服務。

罪疚感

常見的是，父母親會責怪自己可能在孩子出生前做了或未做某些事，因而導致孩子有障礙。特別在子女尋求診斷的過程中，這種罪疚感（guilt）更為加重。每當我們帶著孩子四處求助時，常會聽到一連串類似這樣的詢問：

- 你第一次發覺可能有異狀是在什麼時候？
- 你懷孕期間怎麼樣？
- 你懷孕期間精神狀況如何？
- 如果你當時還在工作，你何時才停止上班的？
- 你的家族裡有沒有出現過類似的問題？

這些疑問可能帶給母親特別大的痛苦，她們因此開始回想，是否自己在懷孕期間做錯了什麼；父親也會懷疑自己是否當時沒有好好照顧妻子。無論他們的宗教信仰是什麼，許多父母腦中都會浮現這種想法：難道這是對我的行事為人或內在思想所作的公平懲罰嗎？

因為人們總相信好人會有好報，所以也就很自然地會想到，惡人有惡報。但為什麼有些人會生出障礙的孩子，而別人的孩子都正常呢？當一個孩子被診斷出有障礙時，這樣的疑問常令人費解。一旦父母認為這就是他們自己造成的悲劇，他們會難以釋懷。猶記得我當初是多麼自責，而且很想知道是否因為我和塔立克生母間的衝突，才直接或間接地導致他有自閉症。

哈洛德‧庫希納（Harold Kushner）所寫的《當好人遇上壞事》（*When Bad Things Happen to Good People*，張老師文化出版），是我最常推薦給傷心父母用來處理罪疚感的一本書，我自己每隔幾年就會再把它重讀一遍。我們都相信上帝是公義的，當人們努力面對罪疚感時，他們往往總結出自己是罪有應得，並且那個不幸就是對他們犯罪的懲罰。身為一位猶太拉比和痛

失愛子的父親，庫希納向苦難背後的不公平和不可掌控性發出了吶喊。

　　無論如何，這世界並不像我們所希望的那樣井然有序且讓人理解。罪疚感為我們展開了一條曠日漫長的沉思之路，使我們可以決定為其他感覺、想法、信念和行動賦予什麼意義。儘管這段路程可能很艱辛，但每當我提到，那些天生沒有罪疚感的人常發現自己最後住在監獄裡，總是令父母們破涕而笑。

　　要解決罪疚感問題，是一件個別化的事。但很正常卻也很痛苦的是，父母會希望自己當初能做點什麼，以避免這樣的悲劇發生。一旦他們弄清楚自己究竟須對孩子負什麼責任後，他們就能繼續活下去。以我自己來說，當我了解自閉症是神經系統缺陷所導致時，它幫助我知道，原來自己的婚姻衝突和離婚不會導致自閉症，而我也因此能繼續活下去。當你不再相信是因你做了什麼而導致這件悲劇時，那會是一種極大的解脫。

● 羞恥感

　　罪疚感和羞恥感（shame）兩者常常容易混淆。**罪疚感**指的是因違背了內心的標準或禁忌而導致的一種不自在。而**羞恥感**所涵蓋的範圍更廣，並且涉及無法實現心中理想的那種挫敗感。羞恥感使我們感覺渺小、無力和不適任。罪疚感可以被去除，因為人們可以對自己所犯的錯加以彌補；但羞恥感卻使我們想要隱藏，反而很難釋懷。

　　根據精神醫學專家唐納・納山森（Donald Nathanson）的理論，羞恥感的解藥就是自豪（pride）。當你的孩子和一般孩子不一樣時，很多事情可能會讓你感到羞恥；而讓你為他感到驕傲的機會卻少之又少。這個事實有另一個負面影響：你和孩子之間很難維持對彼此滿意的關係──那種能強化親子相互引以為傲的關係。

　　當家有特殊兒，羞恥感會影響父母和孩子的生活。納山森提出「羞恥羅盤」（Compass of Shame）的概念，描述了四種基本反應：退縮（withdrawal）、自我控告（attacking the self）、控告別人（attacking others），以及逃避或否認羞恥感（avoidance or denial of the feeling）。這些反應全都很清楚地顯現在我帶過的團體成員，及許多我遇過、談過和輔導過的父母身上。他們不斷尋找使他們感覺好一點的方法，但其實唯一能舒緩傷痛的方法，就是找出你自己和孩子身上值得驕傲的地方。也唯有當父母重新定義自己是誰，並找出自己和孩子可做的嘗試以後，傷痛才有被撫平的機會。

憂鬱

憂鬱症（depression）也被稱作心理的感冒（common cold of the mind）。這種感覺可能由某種失落或失望所引起。沒有人對感覺低潮或「藍色心情」（blue）感到陌生，它是一種面對壓力或緊張時的自然反應。

當孩子的狀況變明確後，父母可能會感到身心俱疲，並且可能無法或沒有心情處理日常的事務。他們可能會對向來喜愛的活動失去興趣，可能會感到身體病痛、痛苦、倦怠、消化不良或睡眠障礙。當這些症狀變嚴重或持續很久時，此時父母很可能是得了**臨床上的憂鬱症**（clinical depression）——這是一種情緒異常，需要尋求密集的專業心理治療，且很可能需要服用相關藥物。

若要情緒平穩，父母必須認為自己是有價值、能勝任、很能幹，並且付出是值得的。當孩子不太一樣時，父母可能會自我質疑——引發無能、軟弱、沒有價值或諸如此類的感覺。當我無法用我的方法解決兒子的問題時，我確實也曾有過這些感覺。

大多數人會很自然地想讓身處憂鬱狀態的人快樂起來。專家們經常說「你不是一無是處的」，但是，抑制悲傷的感受並不能減輕這些憂鬱的感覺；它不會使人振奮起來。而真正有用的是去接受父母們這些傷心的感受，並且承認，失落對每個人來說，都是不易的功課。

和哀傷歷程中其他感受一樣，憂鬱情緒也在促使我們重新認識自己的過程中扮演了關鍵角色。對付悲傷的過程能幫助我們探究並找出新的方式，使我們重新感覺自己是個有能力、有價值，而且有用的人。

憤怒

憤怒（anger）是人類最強烈而最少被了解的情緒之一，大概也是最可怕且最不被允許表露的情緒。憤怒常常被這種想法引發：「為什麼是我？為何這件事非得發生在我身上不可？」當人們失去珍貴的東西時，會感到傷心且覺得不公平。父母會想怪罪某個人或某些事，可能是他們自己、配偶、醫生、有毒廢棄物，或者，如果父母是領養人，那麼憤怒的對象很可能就是孩子的親生父母。

處在這種情況的憤怒父母，會努力想搞清楚到底發生了什麼事：「我們這樣循規蹈矩的人，為何會遇到這種事？」父母需要親密的人和朋友來容讓他們經歷憤怒、哭泣和大叫。沒有錯，所發生的這一切既糟糕又毫無道理。竭力要求自己忍耐卻放不下憤怒的情緒，只會使痛苦更延長而已。

有些人忽略並且嚴重錯待自己的孩子，卻仍有完美健康的後代。有時候，特殊兒的父母會怨恨那些擁有健康子女的人，這種反應很正常但卻不怎麼愉悅。如果宇宙萬物真的是不公平的，那麼感到難過甚至長久憤怒，有時聽起來似乎也挺合理的。但大多數父母並不想就這樣度過一生，因此他們需要為公平賦予一個新的定義。就像庫希納博士談到公平正義，這個常在《聖經》裡被廣為探討的議題，他提醒了我們，「痛苦和心碎不見得是平均分布在這世界上的，但是它們卻分布得很廣，每個人都分得一份」。

要接受某些事情的發生是沒來由的，實在有點困難。每年有超過十萬名先天障礙的兒童出生在美國，他們理論上隨機分布在各個階層和種族中。任何待產家庭的孩子都有可能成為這個「統計數字」的一部分。

　　要消除憤怒，必須對宇宙所謂的公平法則重新提出一個新的定義。如果你相信這個宇宙壓根兒就是不公平的，就會永遠憤怒和難過下去——帶著遺憾過著每一天。但是，也有許多父母已經能用他們的憤怒來激發和勉勵自己，盡可能幫子女爭取好的服務和教育，來滿足他們的特殊需求。藉此，父母可以讓這個世界朝著對孩子更加公平的方向運作。

盼望

　　一切同時存在的否認、焦慮、恐懼、罪疚感、羞恥感、憂鬱和憤怒等感受，最終會產生盼望（hope）——當你透過一群支持你的人，一起了解且確認這些感受的時候。每個人都以自己獨特的方式承認自己的失落，並聚焦於未來。父母最終還是能夠在想到孩子時不再那麼心痛，並相信無論生活變得如何艱難，他們都能夠走過來。當重拾盼望時，就會感到釋放而得到修復。

　　當你承認和面對那些負面感受時，你也會得到釋放。以下一些形容詞可以描述這種情感狀態：

- 放心的（reassured）
- 歡欣的（upbeat）
- 積極正面的（positive）
- 樂觀的（optimistic）
- 振奮的（heartened）
- 喜悅的（gladdened）
- 安全的（secure）
- 自信的（confident）
- 鼓舞的（encouraged）
- 堅強的（strong）

- 自豪的（proud）
- 穩定的（steady）
- 平安的（peaceful）

　　這些正面的感受都是前述表 2.1 所沒有的。當情緒的傷口慢慢癒合，這些新的感受就會產生。每個人經歷它們的過程都不同，雖然當你開始認識孩子的障礙時，最常有的反應是否認和焦慮，但其他負面感受也可能隨時會出現，並沒有特定的先後次序，且可能一再反覆出現在孩子長大的過程中。每個父母對自己與孩子的關係所產生的感受都不同，如何經歷哀傷，其實沒有規則可言。

　　有些人（大多是那些家中沒有特殊兒的人），他們會說：「上帝把特殊孩子賜給特殊的人。」我個人對這種說法無法欣然接受，甚至感到惱怒。那些人因為置身事外，並不感覺痛，所以才會這麼想。我實在不相信上帝或任何至高者會做出這種事情。但我確實相信我對兒子的教養經歷轉化了我，並使我變得不平凡。我只盼望起初還有其他更容易的方式能幫助我走過來。德國哲學家尼采（Friedrich Nietzsche）認為，生命有時確實會讓人心碎，但是當我們療癒時，哪裡碎了，哪裡就變得更堅強。

　　由於哀傷是痛苦且難以言喻的，特別是長久的哀傷，因此我們大多數人都設法讓它「滾開」。但很不幸的，這麼做沒什麼用。不經痛苦，就沒有喜樂。逃避傷痛，會使你付出沉重的代價，因你將過著對人毫無憐恤和愛心的生活。只要我們活著，並且一直活下去、去愛、去做夢、努力追求自己想望的一切，我們就難免會面臨失落。

　　我們很自然地會在失落時感到哀傷，就好像一粒種子死了，便無法看到它發芽，或花苞枯了，就無法看到它綻放。每一次的失落，都是為將來的成長作預備，儘管我們可能不想面對。如同黎巴嫩哲學家紀伯倫所言：「當包覆你理智的殼被敲碎時，你將會感到痛苦。」

如果奇蹟從未降臨

Chapter 3

哀傷天平的另一端

走過哀傷

「哀傷會把你載到無法預料的地方。」在《斷線的風箏》（*The Broken Cord*）一書中，作者麥可・杜瑞斯（Michael Dorris）生動描寫了他認養一個歷經發展遲緩、學習障礙、癲癇，最終又酒精中毒的男孩的故事。就像杜瑞斯說的，「當你決定擁有一個孩子的時候，你就像把自己抵押給了不確定的未來」。

所以，哀傷到底會把你帶到哪裡去呢？而失去夢想的傷痛，究竟何時才會消失？要到哪一天你才能平復過來？真有可能就這樣「接受了」這一切嗎？精神分析大師佛洛伊德（Sigmund Freud）曾經說過，哀悼（mourning）是一件為了繼續前進而必須做的事；那些不願完成此事的人，將永遠停留在愁雲慘霧中。我們人類最基本的特徵之一，就是我們會自發地反省我們的經歷，並且努力想搞清楚各式各樣感覺和想法的意義，即使它們有時令人困惑。

我想我能用來解釋哀傷過程的最好方法之一，就是分享我自己的一點看法。隨著我內心有所轉變，我的夢想也跟著起了變化。起初當我知道塔立克有狀況，但卻無法接受問題的嚴重性時，我晚上做夢都會夢見白天和塔立克一起做語言治療師教我做的練習，還有我曾經讀過的相關書籍。例如，我會模仿塔立克重複的動作——當他拍打自己的手臂時，我也會拍打我自己的手臂。當我在白天做這個動作的時候，塔立克通常會稍微停下他

正在做的事情並注意著我。他會給我一個小小的微笑，然後繼續做他原來正在做的事情，迷失在他的小小世界裡。

在夜晚，常常反覆出現在我夢境裡的是，塔立克會專心地看著我，就像他在我醒著的時候那樣，然後他慢慢說出一兩個詞來。這時我會因為心跳加速而感到心中無比激動。他能說話的夢想，終於實現了——我喜悅不已，擁抱著我的兒子，把他緊摟在胸前。早晨，我會滿懷盼望地醒來，相信他將會講話，而我也繼續和他一起練習。

白天時，那夢境持續為我的努力加油，並更新我的盼望，使我繼續活下去。我會把從他嘴裡發出的歡息聲、咿呀聲和任何聲音都錄下來，仔細聆聽，找尋任何的進展或意義。有時候，我以為我聽到了些進展，但是，經過多年辛勤的努力和重複同樣的夢，這麼多個夜晚下來，塔立克還是沒有說出任何話來。

我必須放下原有的夢想，但塔立克依然是非常獨特的。

漸漸地，我開始在精疲力竭和沉重負荷中醒來。繼續做這樣的夢真的很難受，我的盼望漸漸消失了。當我寫到這一章的時候，我又拿出放在我家地下室塵封已久箱子裡的一卷帶子。我光聽一會兒，從前的回憶便歷歷在目，一切都恍如昨日。我聽見自己很有耐心、努力地引導塔立克發出有意義的聲音，但沒多久我就聽不下去了。我意識到塔立克依然發出相同的聲音，和以前唯一不同的是，現在他的音調變得更加低沉。

孩子會講話的時間也許會延遲

一點，但如果一個孩子到了五歲還不會講話，那麼他發展出正常口語能力的可能性就十分渺茫了。我仍在盼望和失望中載浮載沉。這一生中，只要我努力去做一件事，幾乎都能得到想要的結果——把事情解決。我想起很多例子，例如我從一個肢體不怎麼協調的孩子，到高中變成很棒的運動員。

在我和辛蒂談戀愛的初期，我做過一個白日夢：我們的愛可以治癒塔立克。在我的幻想中，我依稀看見我們坐在我家公寓附近公園柳樹下的草地。塔立克手裡拿著一朵小雛菊，一邊奔向我們一邊說：「爹地，你看這朵花！」在一個想像著愛能治癒一切傷痛和障礙的浪漫場景中，我擁抱著辛蒂，然後我們一起擁抱塔立克。

要我對自己承認這一切都不可能發生，是多麼困難的事。但幸運地，我的潛意識幫助了我。大約是塔立克八歲生日的時候，我做了一個某種程度來說不太一樣的夢。在這個夢裡，他開口用句子和我講話，我感到很驚奇、鬆了一口氣、欣喜若狂。我跑去另一個房間，和辛蒂分享這個大好消息。但是當夢境正持續的時候，我卻在夢中醒來了，並且意識到我正在做夢，而塔立克也並沒有講話。

當我真正醒了以後，我感到一種很深的釋放，我意識到自己可以就此與事實的真相和平共存，我不用再一直給自己壓力了。假若有奇蹟出現，我會接受它；但是塔立克不會說話，卻是事實。儘管他仍然靜默不語，但我還是可以做一個完整的人。在我睡著的時候，我的腦子已經讓我知道，擁有一個正常兒子是遙不可及的夢想。

我重複做那個夢有三、四年之久，然後我又做了一個新的夢。這一次，塔立克又和我說話了。他用他那棕色的大眼睛專注地看著我，對我說他很愛我，他也感受到了我對他的愛，他知道我已經為他盡了一切心力。他告訴我，他有讓自己快樂的方式，同時也希望我能夠快樂。然後他又回復到他每天的自閉症狀態中——玩弄著他的舌頭、發出莫名其妙的聲音，

以及長時間忽視我的存在，除非他想跟我要什麼東西才會來找我。我感到哀傷，渴想著如果他可以繼續講話，將會發生什麼事。

● 走過哀傷的各階段

伊莉莎白・庫伯勒―羅斯（Elisabeth Kübler-Ross）博士在她 1969 年《論死亡與臨終》（*On Death and Dying*）書中提到死亡和逝去，她的書是根據她服務癌症臨終病人時所寫的心得。她對死亡的看法參考了佛洛伊德對性的看法。談論失落變得更加容易些，而單就這一點來說，她的工作更是具有里程碑的意義。庫伯勒―羅斯提出了五階段的概念，來分析人們面對臨終的反應會有的特徵：(1)否認（denial）；(2)憤怒（anger）；(3)討價還價（bargaining）；(4)憂鬱（depression）；(5)接納（acceptance）。現在已能常聽見人們自在地談論這些階段，並想知道自己正處在哪個失落的環節中。

這些階段已經被廣泛套用於特殊兒的父母和家庭成員身上了。正如前章所提到的，一個特殊兒的誕生，有時會讓人感覺有如原本健康的孩子已經死了。當我在面對很多父母的演講或工作坊中，我常會問他們經歷了哪些階段。團體成員通常都能指出自己與理論十分相似的階段，這也驗證了這個模式的適切性。（當然，並不是每一個父母都以相同的順序在經歷每個階段，這些階段有可能會重疊或反覆出現。）

這讓我想到希臘神話中海神的兒子普羅克魯斯忒斯（Procrustes）之迷思，那個相信每個旅客的身長都必須剛好符合他旅館床的尺寸的老闆。他的旅館裡所有的床都一樣長，當旅客留宿的時候，他會把那些長得太矮的人拉長，或把個子太高的人切短，好讓他們正好符合那些床的長度。普羅克魯斯忒斯是僵化思維者的神話先驅。人們不該被特意拉長或切短來符合心理學的理論。帶著這樣的想法，接下來讓我們看看父母怎樣才能戰勝傷痛，而不是硬要套用庫伯勒―羅斯的五階段理論。

在我見過或談話過的父母中，很少有人會反對最先出現的就是否認的

感覺。否認創造了必要的心理緩衝區，因為要面對新的現實是需要時間的。「不是我，這不可能是真的」的想法，實際上是大家在面對失落時普遍會有的反應。儘管人們會說「面對現實吧」，但起初不願意相信，是完全正常而健康的反應。

　　由於要相信眼前所發生的一切真的很難，父母可能無法接受傳達此壞消息的專家所給的建議。有的父母會很努力地促使孩子做超出自己能力範圍的事情，或推遲讓孩子接受特殊教育的時間。有些父母甚至會延後該有的藥物治療，因他們想「再看看別家」，看是否能得到一個更有盼望或不那麼嚴重的診斷結果。這樣的例子並不少見，例如聽覺障礙孩子的父母一開始可能不想讓孩子佩戴助聽器，因為他們不能接受這個問題的嚴重性，也無法接受孩子沒有助聽器就不能聽清楚的事實。

　　父母們可能會幻想找到一個奇蹟療法，或拒絕相信這個障礙的嚴重性。有時候醫生也會出錯，在初診的時候幾乎不可能預測一個孩子以後能發展到什麼程度。而確實有許多父母透過他們殷勤的努力、盼望與愛心，幫助了孩子發展到遠超過原本可期望發揮的潛能。每個人都必須找到合乎自己盼望與現實的最佳組合。

　　《我的左腳》（My Left Foot）這部電影是根據克里斯提‧布朗（Christy Brown）的真實故事所改編而成。在這部奧斯卡獲獎電影中，我們看到布朗無法走路或說話，因為他患有腦性麻痺。除了他的母親始終相信他以外，所有人都以為他有嚴重的智能障礙。最終，克里斯提開始用左腳腳趾夾著粉筆在地上寫字，來表達自己想說的話；在這之前，他一直明白周遭人對他有異樣眼光，他也一直把自己封閉起來。一旦他開始用這種方式與外界交流，他的母親便為他找到了提供特殊教育的學校。他能夠學講話並很熟練地使用左腳來作畫和寫作，以表達自己的想法。他的自傳成了這部電影的基礎，他的生命故事也為這個世界帶來祝福。

　　很多父母都抱持著像克里斯提母親一樣的態度，她能夠超越孩子的外

表，看見孩子的潛能，並且不讓他人的負面評價遮蔽自己的眼光。儘管她的孩子有明顯障礙，她卻保有親子之間親密的情感連結，一如波士頓兒童醫院著名兒科醫師貝瑞·布萊佐頓（T. Berry Brazelton）所呼籲的。像克里斯提的母親這樣努力幫助自己嚴重障礙孩子的父母，最終都讓那些「專家們」跌破眼鏡。無條件的愛與盼望，也許和否認一樣都無法帶來治癒，但是它們卻能讓孩子有明顯的進步。

在 1995 年，我有幸遇見了愷蒂·布克里（Kathy Buckley），她是第一位聽障馬戲團的喜劇演員。她為一群參加賓州為早期療育方案的家庭所舉辦的晚宴演出餘興節目，我剛好也是這場晚會的節目來賓之一，我和妻子有幸在宴會上與愷蒂同桌共餐。愷蒂是個頭腦清楚、熱情洋溢又風趣的人。

在她的演講中，她談到她以前怎樣在一所特殊學校裡和一群智能障礙者共度了三年的時光，只因沒有人知道她其實耳朵是聽不見的。這樣浪費人的潛能是不是很可笑？「因為他們都以為我反應很慢！」她的妙語如珠逗得觀眾席中數百位父母笑淚交織，他們當中甚至大多數人都曾被專家錯誤地預言過。

很多人在面對父母否認自己孩子有某些方面問題時，常不明白為何他們會如此，並且瞧不起他們或不耐煩，甚至有時覺得父母太不理性了。然而，其實我們不能將哀傷簡化為一種認知的表現，它是複雜多元的感受歷程。雖然有些父母會陷入否認的深淵，但大多數人都會再繼續前進——當他們預備好了的時候。正如猶太人的寶典《塔木德》所發的智慧之語：「太陽不會提前落下。」

如果我們把失去一個健康孩子視為一種心理創傷，那麼長時間的療癒、使這個父母回復原本健康的心理狀態，便是必要的。正如創傷後壓力症候群（posttraumatic stress disorder, PTSD）的個體，會傾向不斷地重現創傷事件，並且在經過那些突發事件和可怕的打擊後，他們往往容易朝最壞

的方面想。麻木是一種情緒上的麻醉藥。受害者甚至會感覺他們自己正站在不遠處觀看自己的生活，或甚至認為那應該是發生在別人身上的故事。這種情感和認知上的分裂，能使他們免於被壓垮，並且有助於獲得新觀點和情緒的統合。

在我修讀博士班的過程中，我認識了菲莉絲・摩根（Phyllis Morgan），她是校內的助教，也是在學學生。她的丈夫做過一次腎臟移植手術，而他們已和這種情況纏鬥多年。她培訓了許多醫師及護理師來幫助人們面對失落。摩根——每個人都這麼稱呼她，她是一位大發熱心且樂於助人的人。她與大家分享麻木如何讓她每天早上能夠起得了床，並開始一天的生活。然而，可怕的是，她知道那種麻木有一天終會結束——你終究會感受到讓你麻木的源頭。

心理學家威廉・渥爾敦（William Worden）認為，哀傷之旅的第一個任務就是經歷否認的過程，並稱這個階段為「**接受失落的事實**」。接受事實的一部分包括，相信你的孩子永遠也不會像一般孩子那樣地發展，但同時你也知道，他（她）是可愛也值得被愛的；這可能會需要花很長的一段時間才做得到。

當障礙在孩子剛出生就被檢測出來時，固然讓人感到受創而絕望；但父母們卻告訴我，其實這種情況下他們並沒有經歷太多否認現實的感覺。反倒是那些「隱性」的障礙，例如自閉症、學習障礙、注意力缺陷過動症（attention-deficit/hyperactivity disorder, ADHD）和情緒障礙等，都是出生以後一段時日才慢慢診斷出來的，反而讓父母更難以接受。

● 痛哭失聲

強大的失落感總是導致精神上的折磨，但是當父母「失去」了一個活生生的孩子，他卻無權或沒本錢哀傷。因為人們通常不會想聽這種事，也因為夢想的失落是不能被公開地承認和安慰的。這種哀傷好似成了一種

「被剝奪的權利」。有時候，即使人們可以接受失落的事實，但他們卻仍然否認痛苦的存在。他們常常不得不繼續活下去。當然，他們也希望這種傷痛趕快結束。

俄國大文豪托爾斯泰（Leo Tolstoy）的一段話，也許能讓人得安慰：「只有擁有強烈愛人能力的人，才能承受巨大的憂傷；但同樣地，這種愛的必然性也能撫平他們自己的哀傷，並治癒他們。」

當走過否認期之後，接下來父母會開始感到憤怒，因為他們的孩子看似永遠不會有明顯的改善。這種憤怒可能是第一種表達痛苦的外顯表現，它常常以質問的形式出現：「為什麼是我？」和「為什麼是我的孩子？」在明顯地感受到不公平下，很容易產生極度的憤怒與怨恨。我還記得我也曾對宇宙的不公發出怨言，我的兒子有自閉症，卻有那麼多健康的孩子出生在父母有虐待或忽略傾向的家庭。我曾經躺在床上徹夜難眠，反覆發出同樣的疑問，直到我的頭陣陣作痛為止。

然而，從這種憤怒中也可以產生巨大的能量和生命力，並且帶來有利的結果。它給了我動力，例如，可讓我持續每天和兒子一起合作。如果我僅僅被動地接受兒子的情況，那我就沒辦法產生這種力量。很多父母想要親自照顧他們的孩子，因為他們知道這種「功課」會帶來很大的改變。一心想要證明專家是錯的這種想法，激發了我想賺更多錢來支付兒子的治療費用。很多父母都告訴我，如果不是因為憤憤不平，他們很可能不知道接下去該做什麼、又會變成怎樣的人，或他們該怎麼活下去才好。

在憤怒的階段裡，我們都在尋找一個可責怪的對象。很多人甚至經歷了信仰危機，因為他們曾經相信的那位公平公義的上帝，現在看似對他們很不公平。1985 年 6 月 3 日出刊的《時人雜誌》（*People*）中，席維斯·史特龍（Sylvester Stallone）甚至說，當他的兒子被診斷出自閉症時，他跑到他家的後院對著天空咒詛上帝。另一位曾尋求我專業諮商的母親也告訴我，自從她發現她唯一的孩子有自閉症，她不再相信有地獄了——因她認

為她現在已經活在地獄裡了。

這種憤怒的感覺可能會從內心傾洩而出，讓周遭所有人都很難置身事外——包括專家。有時，這種憤怒會讓我們自我封閉，彷彿全世界沒有人能了解你的感受。你甚至可能會為憤怒感到罪疚，特別是如果你的憤怒已經大到一種非常驚人的程度。有時如果你認為是你的孩子害你經歷如此可怕的悲劇，他應該為這事負責，那麼你可能又會為怪罪這樣一個無辜的靈魂而感到愧疚。

舉我自己為例，我到塔立克五歲的時候，我才有辦法承認對他的憤怒。因為他壓根兒就不是我希望他變成的模樣。即使是現在，我也還是很難承認這一點。他就好像我生命的一個缺陷，一個很想隱藏起來的缺失，如果可以的話。父母對孩子的愛，不是應該是無條件的嗎？我最早意識到我有憤怒的時候，是在某一個夜晚，當我又聽見他醒過來並且在他房間裡玩到發出聲響。我花了一點時間才讓自己清醒過來，並起身去帶他重新回床上睡覺。我之前通常都很快解決這種事，但這一次卻沒那麼快。他像在家裡和學校的其他時候一樣，拉了大便並開始玩弄，還把排泄物塗在自己的身上、牆上和家具上，到處都是。自從我聽到小組裡的其他父母們談論這個時，我開始稱它為「**尿布上的創作**」。

我之所以會對他如此暴怒的原因，是因為他對**我**做了這些事情——當其他五歲的孩子甚或特殊兒已經更懂事的年紀，他卻讓我經歷這一切——我好想把他從房間的窗戶扔出去；我真的很想。但我沒有碰他，我只有把他帶到浴缸裡，開始用溫熱的肥皂水和一條毛巾把他清洗乾淨。

當下我感覺我內心的憤怒已在沸騰、快要爆炸了，而且我很害怕如果我不能控制自己的話，那我會不會做出什麼事情來。你是否記得電視劇《無敵浩克》（*The Incredible Hulk*），在每一集裡，大衛・班納（David Banner）博士都會警告別人：「不要惹我生氣！你不會喜歡我生氣的樣子！」如果他真的生氣了，那個原本很有修養、行事溫和的博士就會變成一頭失

控的猛獸。我慢慢地深呼吸了幾次。當我把塔立克洗乾淨並幫他換上乾淨的睡衣後，我腦海又浮現那些虐待孩子的父母和他們健康的孩子。現在我知道自己的憤怒了，我再也不會對**它們**感到生氣了。我給了塔立克一個擁抱。這下子我懂了，這就是威廉‧福克納（William Faulkner）在他獲頒諾貝爾獎時發表演說中所提到的例子，叫做人類內心的自我矛盾。這是人類精神中痛苦和艱辛的一部分——但這並不是說我從此就可以不再對自己的孩子生氣。我開始能意識且理解到我內在有強烈的憤怒，但我能夠控制它了。現在我更能同理那些會失控的人——他們需要有人幫助他們學習控制自己的情緒。這真是一線之隔啊！

就這麼說定了

渴望得到補償的心態，或許能幫我們擊退過度悲傷的感覺。父母可能會想像有治癒的奇蹟出現。他們想著，如果我加倍努力，那麼孩子的情況就會改善。在經歷過無法面對悲傷事實的第一階段，並對人和上帝感到憤怒的第二階段後，現在，也許某種「約定」可以讓一些無可避免的事情延後到來。

專業文獻常常把這一個階段稱為「**選購**」（shopping）一個診斷，看看能否找到一點出路。如果父母能為孩子找到合適的課程或合適的老師，那麼一切就可以再回到從前的美好。站在旁觀者的角度，無論是不是從專家眼中來看，父母似乎不肯放過任何解脫的機會。

父母常會向我抱怨他們的兒科醫師對他們非常沒耐心，尤其當他們想徵詢不同的意見以及一些還不是很可靠的療法時。我都會建議父母，可以理智地向他們的醫師詢問，找醫師沒那麼忙的時候，請求另一次延長時間的諮詢。很多時候，當父母備妥問題和相關資訊，並用這種方式跟醫師互動時，醫師可能就會有不同的回應。當給予充分時間討論這些事情時，醫師較能提供更多其他治療的選擇，也更能了解父母想嘗試一些療法的原

因。如果這樣還行不通，那麼你可能要換一個新的兒科醫師了。

　　討價還價是另一種爭取時間的方法。通常，我們會和上帝或我們的「上級權威者」討價還價。塔立克在四歲半的時候從早期療育方案結業，並在那年秋天開始上公立小學。他和他的同學一樣，戴著一頂小帽子，穿著一件小袍子，從我的懷裡走進開學典禮。但我有點不能接受的是，他得像建議的那樣，進入特教班就讀。

　　在當時，他僅有的選擇是進入為多重障礙孩子設置的集中式特教班，或為自閉症孩子設置的特教專班。但我認為那些地方只會讓他變得更糟，因為不會有任何正常的同儕來作他學習的榜樣。我無法想像他的情況會持續一生，但我也找不到任何幼兒園願意收留他，好讓他如我希望的多讀一年，以趕上其他的孩子。

　　我在報紙上登了一則廣告，並找到一所很小的蒙特梭利幼兒園，他們願意收他，並加收學費以給他特殊的照顧。於是我更努力地接治療工作和教課，好賺更多錢。但我努力工作了一年多，很明顯地塔立克並沒有任何進展。老師們無法同時照顧他又好好注意其他孩子，其他孩子的父母原本很有耐心，但後來也開始擔心和抱怨了。

　　因此我又帶塔立克來到一年前我曾拜訪過的自閉症兒童發展中心。記得當時那裡看起來又冷清又悲觀——治療師們一對一的與那些無法從團體活動獲益的孩子們互動。記得當時我還發誓，我會不惜任何代價把我兒子

塔立克接受早期療育的情景

從那種地方帶走。但現在我已花了超過三分之一的薪水在那些沒效的私立學校和治療上，而且還正經歷離婚。我的父母、祖父母和兄弟姊妹們都紛紛借我錢，希望能幫我一起找到治癒的方法。

而這一次，這家中心在我看來卻不一樣了：一對一的治療看起來是很適合塔立克的開始。這裡的社工師、治療師和身心科醫師都很溫暖而有愛心，也很關心像塔立克這樣的孩子們，懂得如何和他們相處，並且引導我從原本的抗拒，到自在的決定接受幫助。這一年內的變化真大！

● 無人能倖免

孤立（isolation）是失落的夢想引發傷痛後所導致的結果，因此當你了解不論什麼背景的人對事情都有類似的反應，這對你是有幫助的。無論富有或貧窮，或介於兩者之間；無論非裔或白種美國人、拉丁美洲或亞洲人，你都會經歷相同的階段。親職的哀傷是一種有助於達到內心平和與寧靜的正常反應。那些家庭如何成功因應子女障礙的研究，在幫助我完成博士學位的同時，也幫助我成長。我永遠感激我的口試委員梅爾・席博曼（Mel Silberman）博士、蘇珊・慧蘭（Susan Whelan）博士和艾米爾・索卡（Emil Soucar）博士對我的信心與支持。

我遇過最善於表達的家庭之一，是住在費城城區的葛林（Green）一家。他們是非裔美國人，他們的兒子沃特（Walter）當時只有八歲，患有腦性麻痺。他們最大的兒子尼克（Nick）當時十八歲，剛進大學，修讀特殊教育。翔恩（Sean）是最小的孩子，才兩歲大。我把他們的故事寫進這本書，是因為他們可以作為許多家庭的學習榜樣。

我第一次拜訪他們家的時候，男主人查理・葛林（Charley Green）在地鐵站上班，因此我便和他的妻子雪莉（Shirley）對話。她有很多話想說，也希望能對聽到的人有所幫助。話題一開始，雪莉憶起她在懷沃特六個月時便早產。沃特出生後不久，醫生告訴他們，兒子會變成「植物

人」。醫生認為沃特可能會又聾又盲，而且永遠不會講話。醫護人員也問他們，是否願意讓這個孩子接受新藥的實驗，因為他們認為他可能沒什麼生存的指望。

查理和雪莉強烈反對接受實驗性的藥物治療。他們非常擔心，而且失了盼望。雪莉回憶著，每次打開保溫箱，他們的兒子都會奮力掙扎，他會抓緊打開的門直到護理師把他的小手移開。一如雪莉說的，「如果他快要死了，你覺得上帝還會給他那樣大的力量來反抗嗎？」查理的態度也是如此，「不論是好是壞，或無所謂，他都是我的兒子，他一定會和我們一起回家。」

沃特出生後幾個月都在保溫箱裡度過，但他的父母很快就把他抱回家了。他們對於在醫院所得到的預後表現感到很失望，因此他們換了一個私人兒科醫師。那位新的醫師認為沃特因為早產緣故而有發展遲緩，但預測他終會「趕上」。（有多少父母聽過類似的保證並且抱以希望？）

儘管沃特的預後已算好，但他出生後的第一年對整個家庭來說仍是極艱難的。他因為肺炎而在一年內住院四次，每一次查理夫婦都會擔心他們的寶貝兒子是否就此離世。到沃特六個月大的時候，他仍然沒有得到確切的診斷，因此他們帶他去做發展評估，最後他被診斷為腦性麻痺。

雪莉告訴我，當他們被告知這個事實時，她當場無法控制地在原地大哭，而在接下來的好幾個星期裡，每當她自己一個人的時候，她幾乎都會哭得像個淚人兒一樣。她很想找一個可以究責的人。直到沃特出生前不久，她都還在做祕書的工作，因此她起初相當自責。她想，如果當時她停止工作的話，一切又會如何。那種懷疑雖然後來減少了，但它們卻不會完全消失。

當查理下班回到家後，他也告訴我他的想法。查理是一位高壯的男士，講起話來輕聲細語，但卻帶有強烈情感。當我們開始談話的時候，他從他的爵士樂收藏中拿出一些唱片，然後放上一張來聽。我們就在爵士樂

的歌聲中開啟了對話。查理說：「我是個有宗教信仰的人，除非一切真的完了，不然我絕不相信已經無路可走。假如我當初聽信了醫生的建議，那我現在應該已認不得我兒子了。」他這樣描述他當時的驚訝，「我看著兒子的每根手指、腳趾和全身，然後我就聽見他會變成一個植物人。這太讓人難以接受了，我感覺好像在地獄裡一樣。」

在沃特被診斷出腦性麻痺後，查理開始喝很多酒，並常和妻子發生口角。他很怨天尤人，而且很自責。他想著自己是否已盡了一切所能──也許他應該花更長的時間與妻子相處，也許他當初應該和她一起去做產檢。他開始猛烈抨擊別人，同時他也想知道他的基因是不是有缺陷。

雪莉之前曾告訴過我，最後是沃特鞏固了他們的婚姻。他變成她和查理溝通的催化劑，他們因為兒子而開啟真正的交談。在沃特出生之前，他們的婚姻一直都處於起伏不定的狀態，每當他們處不來的時候，就會分居。直到沃特出生後，這對夫妻才開始聚焦於他們婚姻的維繫。雪莉試圖盡力了解她的丈夫，並對他的敏感表示感謝。

沃特也幫到了查理。查理形容自己原本是個不輕易表露情緒的人，除非他生氣了。「雪莉會一眼就看出我怎麼了」，他這麼說，「然後她會指出我在強忍著，並告訴我必須把情緒釋放出來。」當查理和雪莉學會向彼此表露自己後，他們之間的爭吵變少了，也因此他們能一起解決問題。

日子一天天過去，沃特長大了，在學校裡也表現得不錯，他們為兒子的進步感到驕傲，這撫平了他們對他肢體障礙的羞恥感。他們不再互相責怪和攻擊對方了。當查理描述兒子跟得上年級的學業水準時，他喜形於色的告訴我：「這是我的小英雄。」

雪莉和查理原本並沒有計畫再生一個孩子。但雪莉沒發現她又懷孕了，因為她當時正在節食和減肥。因此當她發現懷孕時，她很擔心胎兒又會有問題，但那時已來不及拿掉胎兒了。羊膜穿刺的結果顯示受孕可能會產生併發症，因此他們非常擔憂。

幸運的是，命運之神這次很眷顧他們。這次他們用剖腹產迎接新生兒，而且當他們知道女兒貝希（Betsy）沒有先天性的缺陷時，都鬆了一口氣。貝希出生後第一年都發展得很順利，當她開始學走路時，雪莉也終於停止再為沃特的障礙自責。她告訴我：「貝希小腳踏出的第一步說明了一切。」雪莉深信貝希「像一條繩子，把大家緊緊繫在一起」，葛林這一家對於身為一家人有了新的眼光。

● 重新定義你是誰

當事實再也無法否認、當憤怒的力量並未改變孩子的障礙、當再沒有什麼解方可找，這時憂鬱的感覺便會乘虛而入。憂傷很現實地揪住了你的心，而你必須面對。真相是那麼令人心痛而讓人難以承受的事。在這個階段，父母可能會質疑生命的意義以及生而為人的價值。出於這種強烈的哀傷與羞恥感，他們可能會避免接觸有正常孩子的父母。

這種伴隨著失落的憂鬱，跟哀傷的歷程一樣，在每個父母身上顯現的方式都不同。它可能如文學大師威廉・史泰隆（William Styron）在他自己與憂鬱症爭戰的回憶錄《看得見的黑暗》（*Darkness Visible: A Memoir of Madness*，方言文化出版）書中所描述的，是深層而壓迫的感覺。沒有經歷過的人，是無法想像那種痛苦的，誠如史泰隆所言，它會「把你的靈魂嚇到寒顫刺骨」。如果你的孩子是出生後很長一段時間才診斷出有障礙，那麼你的哀傷反應可能會更強烈，畢竟你花了更長的時間在盼望這孩子是正常發展的，而你先前和孩子之間的連結也比較穩固。無論這憂傷的強度如何，當我們經歷其他階段的時候，都會伴隨哀傷這種自然反應。

當你的孩子不「正常」，你很難認為自己是好父母，你總覺得沒什麼力量和盼望。許多父母提到他們會感到空虛、頭痛、難以入睡、飲食障礙，和其他身體上的症狀，你的自信可能也會大受打擊。這時候，想著自己還有任務在身，的確有所幫助。哀傷治療大師沃爾登（Worden）稱這

個任務為失去所愛之人後的環境調適歷程，而在此，我們所失去的是擁有一個正常孩子的想望。

當所愛之人過世時，人們常更能意識到逝者所扮演的角色，這使人們體會到所愛的人在他們心中的分量究竟有多少。同樣地，當父母擁有健康孩子的夢想破滅時，父母還尚未察覺到這個夢想的各個面向。和正常孩子生活的夢想相反的是，當你與特殊兒一起生活，正是在體驗你失去某樣東西的感覺。

調適所面臨的任務是，你得適應每天和特殊兒一起生活的各種要求。你必須建立新的因應技巧。父母可能必須為有糖尿病的孩子注射胰島素、發展新的生活技巧，或學習手語。

當日子繼續過下去時，可能會夾雜著許多恐懼。但在我們的文化中，人們往往小看了這個事實。我們常常會聽到諸如此類的陳腔濫調：「振作吧，一切都會好起來的。」當眼前的事實正好相反時，這些話語並不怎麼安慰人。事情並不總是會變好，而當它們沒有變更好時，這種傷更是椎心之痛。例如，當一段感情結束時，要重新墜入愛河是很難的；當我們想重新界定自己的時候，我們會很怕再次受到傷害。在這個哀傷的階段中，我們會合理化地認為，如果我們不再擁有夢想或談戀愛，那麼我們就不會再受傷。

對夢想破滅的父母而言，所遇到的矛盾是，我們該如何適應眼前的孩子。我們需要根據孩子的能力現況來構築新的夢想和目標，這麼做是醫治和成長的一部分，而且會需要花一些時間。多久的時間？看你的需要而定。

音樂治療師亞莉山卓‧布里克林（Alexandra Bricklin）的女兒若貝卡（Rebecca）患有廣泛性發展障礙（pervasive developmental disorder, PDD；譯註：現已歸為自閉症類群障礙症），她分享自己在這段哀傷的階段曾流過多少淚。她在這首詩中表達了她的情感：

冰封的憤怒

當我為冰封的憤怒哀悼時，

我依稀記得我孩子的出生。

她初生的肌膚如此細嫩，

磨擦著我的鋒芒。

我感受到冷若冰霜的燃燒，

爾後是溫熱的淚。

好像哪兒出了問題。

我敞開著心來到這世上，

但媽咪卻在我四周築起高牆……

當我為冰封的憤怒哀悼時，

我凍結的心開始融化，

是溫熱的淚，

消融了我的憤怒。

邁進一大步

關於如何從悲傷中走出，葛林一家有更多值得與我們分享的地方。雪莉向我述說了她如何反覆經歷幾次巨大的傷痛。當沃特在嬰幼兒發展時期，她看著他很努力想做到他一直無法完成的事，著實讓她感到很心痛。例如，沃特學著不用他的腳爬行，而改用他的雙手拽著自己前進。

雪莉的罪疚感和她的痛苦交織在一起，因為她仍然擺脫不了為沃特而自責。她用來克服困難的方式之一是，允許自己每天有一點時間沉浸在憂鬱和沮喪裡，而不再去抵抗這種感覺。她會給自己時間限制，然後再回到她需要做的事情中。藉由承認自己有多麼低落，並讓這種感覺流過自己，她能再次找回自己且重新感覺振作。

當沃特兩歲大的時候,他被安置在一個學前特幼班。他被診斷為輕度智能障礙和腦性麻痺。在那兒讀了三年以後,他接受另一位學校心理學家的重新評估,對方認為他被誤診了,他其實並沒有智能障礙。雪莉和查理雀躍不已,看來事情並不像原先預料的那麼黯淡無望。

在我認識查理和雪莉之前,沃特已經住院八個月了。他接受手術以拉直變形的腿,並接受了密集的物理治療,學著在輔助支架的幫助下開始使用他的腿。在出院前不久,沃特已經可以在支架和拐杖的輔助下走路了。當沃特出院的時候,那些護理師、物理治療師和整形醫師,都和他們家一起流下了欣慰的眼淚。

雪莉告訴我,她感覺到內心傷痛的重擔被卸下了,她開始想像她的兒子未來會有更多的進步。查理曾經對於他不能和唯一的兒子一起運動感到非常失望,但儘管如此,他告訴我,當他看到兒子經過多年的治療和手術,終於能夠帶著支架走路時,那種感覺比贏了超級盃足球賽更讓人激動。查理認為這是他一生中最驕傲的時刻。

沃特,這位依然必須使用輪椅的孩子,帶著強大的活力面對生活。他每週都上馬術課,且和查理一起去深海釣魚。這個家重燃希望。當我和查理結束談話時,我們放鬆地靠在椅背上,繼續欣賞一開始談話時他所挑選的專輯的一些歌。那是爵士樂手約翰·柯川(John Coltrane)吹奏著高音薩克斯風,並演繹出他動人的曲目〈我最喜愛的事〉(My Favorite Things)。查理表露他對兒子的愛與接納,為我們當天談話畫下一個圓滿的句點。

當我們分享彼此的故事時,某種溫暖和親近的感覺會油然而生。重新開始自己對他人的興趣,是成長和擺脫自憐的標記。查理和雪莉讓我們看到,父母其實可以在發覺孩子有問題時重新定位自己。即使遭逢這麼重大的失落,如能在愛中經歷這一切,都有助於體現生命存在的價值。

接納

很多人都懷疑，特殊兒的父母如何能適應接納階段。**接納**，顧名思義，暗示著一種完滿的出現。反之，由於孩子還活著，因此父母所經歷的哀傷在某種程度上而言也更顯得複雜。海倫‧費德史東（Helen Featherstone）這位母親，在她的《家庭之變：家有障礙兒》（*A Difference in the Family: Life with a Disabled Child*）書中，把孩子過世與育有障礙孩子的生活做了鮮明的比較：

> 為死亡或障礙而哀傷兩者最大的區別在於，那個有困難的孩子根本沒有死。父母面對的不是內心傷痛的空缺、一張空床，和再也穿不到的嬰兒衣服，而是一個比普通孩子更需要持續照顧的孩子。他們必須一肩扛起帶領這孩子迎向生活的重責大任，並且愛他，彷彿他將會實現他們所有一切的夢想一樣。儘管死亡看似讓一切日常的需要有了中斷和喘息，但障礙卻是產生了新的任務和需要。

即使憂鬱和憤怒可能會持續很長的一段時間，但這些感覺終究會平息下來。身心科醫師庫伯勒—羅斯強調，這不是一個「快樂」的階段。對於臨終的人來說，當痛苦消失，掙扎也會跟著結束；然而對於身心障礙和慢性疾病孩子的父母來說，痛苦減少了，但辛苦的工作才正要開始。往好的方面想，我們會變得更加堅強，且更能迎接每日超常需要的挑戰。

我們可以視接納為「繼續過生活」並重新為你的孩子打造希望。此刻是一個注重外在環境並為你孩子的照顧需求來量身制定可行計畫的時候。在經歷過憤怒和罪疚感後，現在應該是你感覺稍微舒坦一點且能再次相信自己的時候了。如此一來，父母又可以重新信任他人，並在需要協助時，向家人、朋友及專家求助。現在你有一個很實際的盼望，就是希望你的家

能度過這個危機。前方或許還會有一些艱難的時刻等著你，但現在障礙對你已是真實的存在，而且你可以在每天的生活中為它做調整和改善。

接納是指父母在情感上放棄擁有一個正常孩子的夢想，並用所帶出來的力量塑造新的夢想和新的親子關係。要父母放下舊夢似乎很困難，如果父母不再以治癒孩子為目的，並繼續充分利用這種力量來過生活，看起來又好像他們不再愛孩子一樣。

就某些方面來說，接納是所有任務中最難的一項。人們都很怕一旦新的夢想產生後，又會再度破滅，因為沒有人想被二度傷害。倘若你想學習愛你眼前這位真實的孩子，而不是那位你夢想中的孩子，那麼你就需要設定新的目標，並且有實現它們的渴望。如果我們以這種方式來表現接納，確實會減輕我們的壓力。如此一來，那些「心情低落」的階段才可能減緩惡化，而你也會更快復原。

人們面對危機的反應，源自於他們個人的生活環境脈絡和他們家庭的集體生活。雖然我們在這裡所談的模式能解釋大多數父母撫養障礙孩子的經驗，但每個人經歷不同的階段時都會有不同的反應。例如每個階段持續的時間長短、每個階段出現的先後順序，和它們彼此之間如何重疊或重複，其方式都不太一樣。如果先前失落所產生的哀傷受到了阻撓或抑制，那麼那些舊傷的感受勢必會湧現出來，使眼前的失落變得更加複雜。

1995 年，我接到一位極度悲傷的女士打來的電話。卡蘿（Carol）被她一位好友轉介過來，因友人知道我從事心理治療專業。卡蘿七歲大的兒子患有氣喘，而她四歲大的兒子極為好動。她的壓力似乎到極限了。在她初次的諮詢中，卡蘿把她的絕望傾洩而出，包括她自己非常害怕承認要撫養這兩個聰明孩子有多困難。

我對她的善於表達和慧黠感到印象深刻，她把身為全職媽媽的一天描述得活靈活現。但她的臉很緊繃，而且話中帶有壓力。她的大兒子很容易沮喪且難以入睡，因為他總是擔心太多。他的小兒子則非常活潑，以致隨

時都有可能在超市或購物中心裡走失。即使這一切聽起來很不容易,但我感覺卡蘿似乎還有其他難言之隱。

於是我便問她,最近是否經歷什麼重大的失落。果不其然,她的雙親在這十年中相繼去世。她的父親死於突發的心臟病,母親雖然活得比較久一些,但也在她訂婚後準備結婚的前夕死於癌症。卡蘿的父母都沒有機會參加她的婚禮,她總是夢想她的父母會是一對很好的祖父母,而他們也能在許多方面成為她的後援。她尤其想念母親,因為她曾經想像她的母親可以在她懷胎十月以及成為新手父母的過程中,給她一些指引。

當我和卡蘿協談的時候,很顯然,她父母的逝去,加重了她對擁有正常孩子夢想幻滅的失落感。她想像著她的父母可能會很失望,因為他們的外孫們有情緒和行為問題。唯有將這些顧慮都揭露並加以檢視,治療才有辦法好好進行。卡蘿說,能把「重擔都卸下」,真的是如釋重負。

長期的哀傷

每當我和父母分享關於哀傷的不同階段後,他們都感覺極有幫助。但是,總會有人立刻問道:「你是什麼時候才熬過這些歷程的呢?因為我會不斷反覆地經歷它們。」事實上,大多數父母確實都遇到這樣的情形。當孩子長大成熟了,父母還是會反覆經歷那種哀傷,因此這其實沒有簡單的答案或解決方法,它們就是會存在。

保羅‧莫奈(Paul Monette)在回憶錄《借來的時間》(*Borrowed Time*,允晨文化出版)中很清楚地描繪了這種情緒的反撲,這本書記錄了他和死於愛滋病的伴侶間的情誼。他寫道,他的杯子既不是半滿,也不是半空。它就是一半。雖然當你重訪失落的夢想時可能會再哭泣,但隨著時間過去,它終不再是流淚谷。此刻的生命關乎的是生存下去和面對前方的挑戰。

對我來說，還有一件小事我很難跨越，就是在夏天的夜晚路過小聯盟棒球賽。當我聽到球棒成功擊球的聲音時，我會很想停下來觀看，然後想像我的兒子在那場上。我想要為他加油，而在這時我就會眼角泛淚，或感覺喉嚨有東西哽住。我從來沒有一次不感到傷心的。

但我很幸運——我熬過來了，歲月和人們一直都很恩待我。我也擺脫了那段想遠離有正常孩子的父母的日子。當我聆聽一位父親分享他多麼以他的孩子為榮時，我無法形容我有多麼地享受其中。這就是生命很正常的一部分，使我明白我是完整的。

因此，養育特殊兒且和他一起生活，並不是僅僅接納一次就可以克服的。對日常生活的影響會延伸到整個家庭——母親、父親、孩子和兄弟姊妹。史密思（Smith）一家的經歷，描述了長期哀傷的本質，以及家庭該如何因應這種不可避免的事實——隨著歲月逐漸消逝的盼望。史密思一家住在紐澤西州小鎮的排屋裡。吉姆·史密思（Jim Smith）是一位電工，而瑪麗（Mary）曾是一位全職家庭主婦，後來她找到一份祕書的工作。小吉米（Jimmy）在家中三個孩子排行第二，他出生時看上去是正常的，但後來他的視力和聽力卻慢慢退化。

當小吉米才一歲大的時候，有一天瑪麗正在餵他吃東西，她注意到他的眼睛裡有一點閃光。她告訴丈夫吉姆，但吉姆並未看到任何異常，瑪麗只能獨自帶著擔心過活。當小吉米約兩歲的時候，吉姆終於也發現了那異樣的閃光。但家庭醫師認為那並不是什麼嚴重的問題。

小吉米三歲半的時候，瑪麗帶他去一位兒科醫師那兒看診，因為他的眼睛總是會一直顫動。經由那位兒科醫師的建議，他們又去找一位神經科專家，並診斷出有斜視——因為眼部肌肉的不協調，導致一隻眼睛無法與另一隻眼睛一同聚焦。到小吉米四歲的時候，一位眼科醫師檢查後發現，這種狀況可能是從出生就開始且惡化的視神經損傷。

吉姆和瑪麗告訴我，他們聽到診斷結果時非常震驚。那時，小吉米在

看電視時得坐得比他大一歲半的姊姊更靠近電視，但在生活其他方面則看起來都很正常。他能聽見聲音，也能走路，甚至能在社區裡騎小三輪車。

　　小吉米被安排住院做各項檢查。醫生們找不出原因，也未提供任何的預後。瑪麗很擔心兒子的未來，她第一個念頭是把小吉米留在家裡加以保護。吉姆提出反對，他認為他們應該讓兒子做任何能做的事，並盡量正常地對待他。瑪麗也很贊同，因此小吉米繼續騎著他的三輪車，和其他孩子一起玩耍。

　　小吉米會出去打球，儘管他看不清楚而無法擊中棒球，教練仍讓他跑壘。他也像社區裡多數孩子一樣，參加了幼童軍。當其他的幼童軍在爬樹的時候，吉姆會陪著小吉米一起向上爬一段，然後小吉米再盡力往上爬到他能爬到的高度。

　　大約九歲的時候，小吉米的聽力開始喪失。起初，姊妹和父母會大聲講話甚至大喊，但當小吉米的聽力完全喪失的時候，他也開始失去他的口說能力。最後他不得不學習手語，家人也必須學手語以和他交流；他們得在他的手掌心畫記。然而此時醫生們還是找不到小吉米失聰的原因。

　　面對小吉米的情況惡化，全家人總是持續不斷地調整。直到青少年期，小吉米開始出現平衡問題。當我去拜訪他的時候，小吉米正在學習使用手杖，但他很難接受自己正漸漸地失去行動力。有時候他甚至會拒絕使用那根手杖，因為他一時之間很難接受。

　　小吉米和我透過聾盲打字機來溝通這件事。我先在鍵盤上敲打，然後我的訊息會轉為點字的形式傳送給他。他再以點字的形式鍵入，然後這些訊息會在螢幕上被轉化成字母並顯示出來。在這項科技出現之前，只有那些懂點字的人才能和他交流。能認識這位年輕人，我覺得我很幸運也很有福氣。

　　由於朋友、鄰居和親戚都想和小吉米溝通，因此史密思家便開設了手語課程。小吉米就是手語老師，每個星期五晚上，大家都聚在一起，共度

美好的學習時光。年底的時候，小吉米會給每位學生一張成績單——用點字打的。當吉姆和瑪麗回想起這個至少持續了四年的手語班，他們都認為這是他們和兒子最快樂的時光之一。小吉米也很有幽默感，大多數人都喜歡和他在一起，因此家裡常常會有很多朋友和親戚來玩。

小吉米最難過的階段之一，無疑是他的青少年時期。當他小的時候，他還能和社區裡的鄰居當朋友，但當他們都成了青少年，他們就不想再和小吉米一起玩了，因為他那時候已經失明，也幾乎聽不見了。因此，家族成了小吉米的社交圈，大家常常一起去很多地方。在學校裡，小吉米有一位失聰兼腦性麻痺的好朋友。這位朋友會開車，因此當小吉米放假時，他們常一起去各地走走。在二十二歲的時候，小吉米成為一位聾盲青年，他離家去參加一個兩年期的住宿型職業訓練課程。

史密思一家因小吉米持續喪失獨立功能，而必須不斷地努力調適因應，這是功能退化者的家庭會遇到的主要困境。失落感接踵而來；那已不僅僅是重訪逝去的舊夢了。吉姆和瑪麗持續面對並習於接受小吉米更新更難的功能運作問題。他們掙扎著，然後根據兒子的能力又重燃一絲希望——他們反覆地經歷這個循環，但卻只看到兒子僅有的能力正在一點一滴喪失。這一家子是真正的得勝者，他們永遠都那麼溫和、友善又有愛心。我們至少一年見面一次或兩次，而他們總是會問起塔立克的狀況。我知道他們並不期望他的情況會有多少改善，但他們的問候卻讓我感受到他們的關心。

● 倘若你有需要

夢想的失落對一個家庭的打擊是終生的。無論你面對的是感受、階段或任務，走過這段路都是漫長的歷程。影響一個人和家庭如何反應的因素有很多，而障礙的本質和嚴重性，正是影響失落經驗的主要因素。另一個要素則是因應及處理負面感受的能力。

考量個別差異的情況下，大多數家庭在經歷失落的哀傷後，在面對每日生活的調適上都顯示類似的特徵。一旦父母能親自面對和處理事實，他們就能與他人談論自己孩子的障礙了。一旦父母經歷過憤怒且不再把專家視為敵人時，他們就能與專家共同合作以制定所需的介入計畫。他們也能停止無法治癒孩子的自責。家庭成員們會發現自己更能追求自己有興趣的事物，他們的生活圈不再只有照顧特殊兒；他們能愛孩子卻又不過度保護他們。

1993 年，英國音樂家艾力・克萊普頓（Eric Clapton）以〈淚灑天堂〉（Tears in Heaven）獲頒葛萊美獎，這是一首紀念他三歲大的兒子死於意外的歌曲。克萊普頓曾在一次採訪中表示，寫下這首歌，能幫助他接受失去愛兒的事實。我也常常聽這首歌，因為透過他尋找內心平靜之旅的作品，我能得到安慰。歌詞中提到，時間會讓你低落、使你屈服並傷透你的心，但至終他發現，原來內心的平靜「就在門外」，因為「在天堂裡，再也沒有眼淚」。

換句話說，我們必須好好地活著。這首歌提醒我的重點在於精神層面上，當我們能超越短暫的經歷時，我們所有的一切就都平靜安穩了。我的兒子記得我的名字，他握著我的手。生命依然是艱困的，但是塔立克和我都很平靜安穩——一如在我夢中的我們一樣。

Chapter 4

每一天

與你的特兒同步

　　曾經有好長一段時間,即使已經有很多證據告訴我要放手,但我仍一直堅守著孩子會再變正常的夢想。並不是因為我不夠努力,所以我的兒子才沒有成為另一個克里斯提・布朗(電影《我的左腳》男主角,見第三章)。在盡我所能以後,我終於能看著鏡子裡的自己、昂首正視自己,然後繼續過生活。那些認為自己應該努力做點什麼,但實際上卻不想嘗試做任何改善的人,他們的生活或許會被罪疚和懷疑所佔據。

　　當我寫這一章的時候,我花了很長的時間請教柏特・羅騰堡(Bert Ruttenberg)博士,他曾有好幾年擔任塔立克在自閉症兒童發展中心的心智科醫師。他信任我並且幫助我看見自己為了讓塔立克討人喜歡而做的許多努力。塔立克的個性能引發別人的關注並想要理解和幫助他,他確實很需要協助,而且人們願意協助他,對他而言可說是一輩子的福氣。

　　羅騰堡博士很有智慧地讓我了解,當一個孩子被愛得愈多,他就會愈討人喜愛;反之,若一個孩子被拒絕,他會更容易生氣,別人也會容易閃躲或拒絕接近他。我很欣慰能看到塔立克從我身上遺傳到討人喜歡的特質,即使我哪天離開這世界了,我相信這些特質都會幫助他在餘生中得到他所需的一切。接納一個特殊兒會挑戰我們愛人的能力,以及我們對親子天倫之愛的認知。這樣的孩子教導我甚至強迫全家必須學習一些功課——付出所有卻不敢奢望任何回報、小孩沒法參加芭蕾舞演出、沒法擊出全壘

打，更沒有亮麗全優的成績單。這種無條件的愛，是對這孩子本質上之所以成為他的積極關注，而不是就他從生活中達成或獲取什麼而論。

　　然而遺憾的是，這並不是容易的課題，也不是讓人一開始就想一頭栽進的事。當孩子有障礙，父母的傷心失望會籠罩著每天的生活，並使日子變得更複雜。這是使自己夢寐以求的孩子和現實之間和好的一個持續過程，並且父母設法在期許、教養和幫助孩子成長的過程中，找回屬於家族、孩子及自己的自豪。恢復自尊和盼望的關鍵在於建立親子間都相互滿足的關係。本章欲探討這些關係在日常生活壓力中存在的可能性，我們就從得知懷孕之後的盼望和擔心說起。

　　每個父母都害怕生出有障礙的孩子。那些有關食物、藥物、酒精、吸菸和汙染等對胎兒發育的影響，往往使準父母聽到後更加恐懼。在《關係的起始：親子早期依附》（*The Earliest Relationship: Parents, Infants, and the Drama of Early Attachment*）一書中，作者貝瑞‧布萊佐頓醫師（T. Berry Brazelton）和柏權‧卡萊曼（Bertrand Cramer）認為，當準父母把胎兒想像成很完美時，就會減少這種恐懼。準父母期望孩子和自己都是完美的現象，會隨著孕程而持續加增。這是一個正常、自然的防衛機制，能避免自己一不小心就陷入擔憂裡。

　　準爸爸和準媽媽在這個過程中普遍有些差異。由於準爸爸的身體不會發生變化，因此他們往往不太會擔憂。然而，準媽媽在孕程中面對晨吐、疲勞、情緒不穩定、體內胎兒逐漸成長，在在都提醒她懷孕是真真實實的。

　　有些準父母甚至會想像，如果生出來的孩子有智能障礙、腦性麻痺，或任何家族已存在的障礙，那他們該怎麼辦。這些可怕的夢魘或幻想說明了為何大多數準父母會一直想從婦產科醫師口中得知胎兒的發育正常，他們不厭其煩地想聽到胎兒的狀況是良好的。而當胎兒出生後，他們又想從兒科醫師口中得知嬰兒的發育一切正常。即使是已生過一胎的父母，也會

發現自己常常半夜會醒來去查看新生兒的呼吸，尤其是已經好一段時間都沒有聽到嬰兒哭聲時。

新生兒父母最主要的心理調適需求是，透過和嬰兒的情感連結而使自己感到滿足。為此，他們必須哀悼那個曾陪他們度過孕程的夢幻小孩。創造夢幻小孩其實是準父母正常自我預備的一部分，稱之為「**塑造夢想**」（image-making），這是艾倫・蓋林斯基（Ellen Galinsky）在《親職之路六階段》（*The Six Stages of Parenthood*）中的第一階段，探討當孩子成長並慢慢顯露個性時，父母該如何成長。如前述，當孩子出生後，父母會在心中有所想像，或對事情發展有自己的定見。父母會想起他們曾經是怎樣的孩子，並且想像他們曾經期待上一代如何對待他們。

蓋林斯基認為，與其說是一個夢想，父母會反覆在腦海中過濾無數個想像。也因此，親職歷程可被視為一段不斷修正自我想像的旅程。父母不斷對孩子的成長有所回應，形成了一連串的階段。經過了常在孕程出現的**塑造夢想**階段，就進入了**培育**（nurturing）階段，這個階段包括出生後幾年。接下來是**建立權威**（authority）階段，當孩子開始表現獨立性和自我主張時，父母必須學習設立界線。然後是**詮釋**（interpretive）階段，當孩子進入「理性的年齡」（age of reason）時，父母須對孩子說明這個世界及他們自己的價值觀。再來是青少年會挑戰權威的**相互依存**（interdependent）階段。最後則是**放飛**（departure）階段，發生在孩子離家進入社會時，此時父母須放手並盤點過去親職的成敗。

當小嬰兒帶著真實的障礙或先天性疾病來到世上後，父母開始和他建立情感連結，一邊又要放掉手中對完美孩子的夢，那會是一件極其困難的事。現實與理想間的距離其實是更難跨越和接受的。這孩子對於父母來說，就像一面鏡子映照出他們個人的正向特質與負向特質。顯而易見的「異常」（比如唇顎裂），其實會不知不覺激起父母內心深處認為自己是不適任的。他們會問「我們做錯了什麼？」這類的問題。也難怪撫養患有障

礙或慢性疾病的孩子會引發創傷，使父母的自尊受創。提早認知這種傷痛，就好像活在擔心這種事會再發生的恐懼中——確實，有很多時候它一直攪擾著我。說到這裡，我就來談一段我自己的生命故事，解釋我想表達的要點。

噴泉時間

有些時候，生活真的更難過些，就像麥可‧杜瑞斯小說改編的電視劇《斷線的風箏》（*The Broken Cord*）所描述的，每當他的兒子亞當（Adam）生日來到時——就會讓他想起「兒子不是完整地出生」的那種憤怒。對我來說，塔立克生日 11 月 29 日以後緊接著到來的假期，也成為我特別難熬的日子。我們腦袋裡的畫面是溫馨舒適的家庭生活，從感恩節一直到光明節（Chanukah，猶太教節日）、聖誕節和新年。這是家庭團聚的時間，讓我們感恩和展望未來；這也是慶祝孩子們新生命的時間——家人團聚在一起，聯絡彼此的近況，並發現彼此的改變——同時紀念一切的失落。

就在 1993 年的假期季節裡，我和太太辛蒂正期待著我們第二個女兒柔兒的誕生。預產期是在十一月底，為了克服我們的恐懼，我們跟女兒卡拉出生前一樣，又去做了羊膜穿刺。看著電子顯微鏡下的照片，讓我想起我陳舊的生物學教科書，但這卻是令人激動的照片，有我孩子的基因。當知道胎兒有正確的染色體數目，真讓我們大大鬆了一口氣；但也有一種感覺是，我們好像太侵入自然界的定律了——看得太深入了。我們膽敢這樣做！但我們真的需要確認。現在我們知道胎兒是個女孩，我們開始想像她的個性會是如何，她將怎樣融入我們其他家庭成員的生活中，特別是和小小孩卡拉。

自從 1988 年以來，塔立克一直就讀於賓州西徹斯特（West Chester）德弗羅肯納中心（Devereux Kanner Center）的住宿學校。由於他需要全天候的照顧，他在那裡是安全而安心的，而且離我們家只要一個小時的車

程。因此,即使他從來沒有離開過我們的心頭,但卡拉卻是從來沒有和塔立克一起住過,而柔兒則是隨時可能出生。

接近預產期的時候,我們盡量保持忙碌以減緩等待的緊張。感恩節後的那個星期六,我們帶著兩個女兒卡拉和安東妮特去接塔立克回來,一起準備為光明節和聖誕節購物。像往常一樣,塔立克很高興見到我們,當我們去接他的時候,他笑得很燦爛,抓住我的手,一路拉著我,從宿舍的客廳走到我們的車上。即使他對一個星期有幾天一點概念都沒有,但他感覺到假期將至的那種活力和興奮的氣氛。他能感知假期的到來,但無法明白其中一些特定的感受。說來也算幸運,他並不知道他錯過了什麼,但我卻不禁惴想,如果今天他是一個「正常」孩子的話,那麼和他一起過節,將會是怎樣的情形?

當我們快到購物中心的時候,我開始猜想這次的情形會是怎樣。和塔立克相處,我會不會感到沮喪?我會不會變得兩眼黯淡無光?我會不會變得脾氣暴躁?那我該怎麼做?我開始把焦點放在兩個女兒身上,這能幫助我的心情放鬆一些。

當我們停好車並下車時,兩歲半的卡拉被那些裝飾和聖誕頌歌的聲音逗得開心。對兩歲半的她來說,一切都是如此新奇,她也能牙牙學語。能參與她所興奮的事物,讓我覺得精神振奮。安東妮特則想要自己去買一些禮物。她十二歲,

另一個失落的夢——塔立克做運動

也夠大了——這讓她有成熟的感覺。

塔立克臉上展現著驚奇的表情。他緊緊抓住我的手，把我拉向購物中心的入口處。卡拉則拉著太太辛蒂的手，她把她的頭貼在辛蒂的肚子上，然後說：「出來，小寶寶！來看看這些玩具。我想要你來陪我玩。」

我們都笑了——這是溫馨而難忘的時刻。即使年幼如卡拉，也有溫馨的幻想，把肚子裡的胎兒想像成玩伴。塔立克只是開心地繼續走著，分享著我們家這種幽默感，儘管他無法理解我們在講什麼。

當塔立克出生時，我一度很期待能逛街買玩具，因為我想像著能陪他一起玩。但他從十八個月大開始，就不曾再「正常地」玩玩具了，因此我和他在這部分的生活，就成了一個永遠無法實現的夢。對過去假期的想像，從我的腦海中一閃而過。我想起這些年來，我每去一個地方，都努力挑選塔立克可能會喜歡的玩具，希望他會產生興趣，並且玩得開心或學到什麼。

漸漸地，經過幾年的時間，我已經學會不再去想像和兒子在聖誕節早晨一起玩新的玩具汽車和卡車了。因為以塔立克的狀況來說，這是個不切實際的想像，我便嘗試創造新的想像——更可行一點的。這一次，我忍不住思索如果他是「正常的」孩子，我會買什麼送給他。一開始，我的腦子一片空白。現在十四歲大的孩子都喜歡些什麼？我想起一個外甥，他比塔立克小一歲而且是個一般男孩，可以給我一些靈感。我的腦海中浮現了棒球卡、運動器材、影音光碟、電腦遊戲，還有衣服。

對了，我可以給塔立克買衣服，我也樂於這麼做。他是個小帥哥；人們通常會這麼稱讚他，所以挑選一些能展現他外表的風格和顏色，讓我感到快樂。青少年都喜歡收到衣服之類的禮物，塔立克雖不會在意這些，然而，他會因人們對他穿色彩鮮豔的新毛衣時的讚賞感到快樂。用這樣的方式來看待這件事情，我為他買適合年齡的禮物時，就會比較開心。這讓我感覺自己像一般的父親，能擺脫和同齡孩子相比時的無地自容。

　　逛街時，我們全家暫時分開了一會兒，因為塔立克只喜歡一直走路，和他一起逛街其實很不容易。大女兒安東妮特自己一個人逛，辛蒂和卡拉一起逛，而我則和塔立克一起。大家約好一個小時後見。我們學會了各種諸如此類的策略來處理類似的壓力，如果我們不好好處理，則會造成大家失散。我失去和家人一起逛的機會，但我卻能和塔立克有愉快的互動。

　　購物中心擠滿了假期購物的人潮，但是塔立克似乎沒有注意到。他的確注意到一個賣蝴蝶脆餅的機器，而把我拉向那個方向並指著他的嘴巴，意思是說他想要吃。然後，他指向他的胸口中央，意思是說「拜託」。他能開始溝通，真是一件美妙的事；僅僅是這樣一個簡單基本需求的溝通，都給我一種溫暖的感覺。那種情感溝通是聯繫我們之間關係的基本工具。事實上，正如我所知，這是任何人類聯繫的基本工具——情感是人與人之間的溝通橋樑。

塔立克學習比「還要更多」的手勢

　　如此站在與塔立克同高的位置親近他，是他在自閉症兒童發展中心的那幾年我所學會的事情——這也是四十五年前創立這中心的兒童心理學家柏特‧羅騰堡單純卻偉大的貢獻。這個方法倡導要接納孩子本來的樣子，並鼓舞他進一步發展，而不是一味期待和催使孩子變正常。更重要的是，這個策略增進了親子之間的愉悅關係。學習與孩子對接，已成了我自我療癒歷程的重要部分。

　　我買了一些蝴蝶脆餅，一起坐在噴水池邊吃著。「順著感覺走」並與他同在，是很快樂的一件事——正體現了兒童心理學家史丹利‧葛林斯班（Stanley Greenspan）所稱的**地板時間**（floor time）。〔讀者可在葛林斯班及其同僚／心理學家賽麗娜‧薇德（Serena Wieder）合著的《特殊兒教養寶典》（*The Child with Special Needs*，智園出版）這本書中找到完整有系統的解釋。〕地板時間基本上是一段非結構化的時間，讓父母順著孩子的引導和他所關注的事情走——孩子是主導者。對年幼孩子來說，你可能要坐在地上，和孩子處在同樣的高度；對大孩子來說，你可能要坐著、行走、一起玩桌遊或做運動。

　　地板時間背後的主要理論，是建立溫暖信任的關係。父母雖然不可能總是參與孩子正在做的事情，但畢竟愈多愈好。葛林斯班建議，這種方法每天至少要做三十分鐘。這種站在孩子高度參與的方法，建立了一個情感交流的迴圈。這種溫暖和信任提供了能與所有孩子一同面對生活挑戰的根基，或稱平台——且不僅僅是特殊需求孩子而已。

　　購物中心裡那座瀑布噴泉彷彿有催眠作用，塔立克非常喜歡看著它，這也給了我們一點難得的時光，父子單單坐在一起。我知道他很享受，而我也享受著他很享受的感覺。他知道我正全心陪著他，這讓我內心好滿足，儘管這可能只是稍縱即逝。我知道一旦他吃完了他的蝴蝶脆餅後，又會再次吵著要起來走路。我把我的手搭在他肩上，緊緊地按壓了一會兒——他喜歡那種牢靠而深層的觸摸。頓時我的思緒飄忽，想起我生命中

那些平靜的時刻，像是坐在海邊聽著海浪的聲音。

　　就在這個時候，塔立克突然站起來猛拉我的手臂，也打斷了我的遐想。事實上，他正在向我提出要求。一切又回到現實。他已經坐夠了，而現在他想要起來走路。我們短暫時間的安靜就這樣結束了。我從這段休息得到愉悅的感覺，使我充飽了電，而單獨和他待在一起可讓我單純地順著他移動。我想如果是我們全家人一起行動的話，我可能就需要把他拉回來，但他會為此而抗議——他會奮力跺腳且發出沮喪的怪聲。那種情緒更讓我心碎，會使我不再積極並讓我精疲力竭。我實在很不喜歡這種反應且努力想要避免。

　　無論何時，我都盡可能地和塔立克保持同樣的步調，並和他保持他能接受的親密度。只要我沒有累到精疲力竭，這麼做就能保有愉悅的父子相處時光。隨著時間推移，面對任何一個孩子，父母都能學會處理每天生活中的那些困難點，這正是真正的養育藝術。在這天，我們在購物中心用輕快的腳步到處閒逛，這樣走路就是我們父子能一起享受的事，雖然如果天氣再好一些的話，我會希望能到戶外活動。周遭顧客想必也注意到我們了——一個又高又瘦的青少年開懷大笑，像個年幼的小孩一樣含糊不清地說話，牽著老爸的手，以比任何人都快一倍的速度帶著老爸穿梭在購物中心裡。偶爾，塔立克會用他另一隻手在他頭邊迅速轉圈，發出一種滿足但不是他這個年齡該發出的聲音，或者伸出舌頭來享受所接收的任何感覺。

　　我想到人們應該會覺得塔立克哪裡不對勁。以前的我已經學習接納大多數人（包括親戚在內）他們是寧願不去想的——那是對不愉快經歷的自然反應。如果他們的確有想過什麼，我猜他們一定都意識到，當他的爸爸有多難。我想像著他們都知道我有多麼愛他，這樣設想使我感到輕鬆愉悅。我也花了很多年的時間才慢慢理解並平靜看待塔立克的真實模樣，且盡可能地找尋和享受那些愉悅的時光。

　　穿梭在購物中心的和諧散步，是能讓我感覺自己是個好爸爸的時刻。

塔立克感覺很開心，我也因為他感覺好而心滿意足。如同每個在類似情況下的父母一樣，我需要盡量抓住那種美好的感覺。這不是用生日賀卡或相機記錄將為人父才有的興奮，卻是關乎生命很寶貴的一課，即使生下一般正常的孩子也應如此。現在，讓我們來仔細想想該如何和特殊兒發展這樣的關係，這樣的孩子可能比一般孩子更難照顧。

茱莉和她的團團轉兒子

茱莉（Julie）有個特別好動的四歲兒子，所以來找我諮詢母子關係。「他是我唯一的孩子，」她含淚告訴我，聲音顫抖著。「我三十八歲生下他。我一生都在期盼他的到來，但他現在卻是這樣。你也看見了，每個人都看見了──他不是個正常的孩子。這樣說讓我很傷心；我不確定一位好母親會不會這樣說，或會對自己的孩子感到這麼失望。」

大衛（David）是個雙眼炯炯有神、討喜的孩子，但是從我第一眼觀察他就明顯地發現他的特別之處。這裡的新環境使他很興奮，他坐立難安，玩具一個換過一個，卻始終沒能好好地玩；而且他也似乎不太聽媽媽講話。茱莉告訴我，打從他開始會爬，就很難安靜下來，他對房子裡的每樣東西都感興趣。在幼兒園裡，他也很難坐下來和大家圍個小圈圈。

茱莉總是覺得當她帶著大衛出去時，人們都在看著她。兒子的特殊讓她覺得與眾不同且失敗──有時甚至覺得羞恥。有多少次我也希望塔立克會變正常，有多少次我也和茱莉及很多父母在講述他們的故事一樣，感同身受。事實上，不知有多少次，我甚至希望塔立克的障礙能像大衛的那樣「輕度」。

茱莉脫口而出：「他們的眼神似乎在說，我就是個壞孩子的母親。」她的眼神真切地告訴我，那種想法有多令人傷心，我看到她眼角泛出眼淚。

她告訴我光是盡量跟上大衛並且保護他，就讓她難以招架。他很容易

衝動，如果茉莉沒有高度警戒，他就會跑出家門，並且在整個社區亂闖。她告訴我，大衛永遠不會像其他同齡孩子和他們的母親一樣，坐下來依偎在一起閒聊。她從來沒有經歷過那種寧靜時刻，而她很渴望能這樣。這曾經是她嚮往成為一位母親的部分原因。

最近，她帶著兒子參加社群的聚會，當她抱著一位朋友的女兒坐上一會兒，她感覺特別舒服。當她回想這種感覺時，她真希望這些時刻可以持續得更久，但稍後她就因自己內心想要有像別人一樣的孩子而感到內疚。她思考著為何不能單單只愛大衛本來的樣子，活潑玩耍、開心的不停換玩具玩——那才是真實的大衛。這個幼小男孩對生命的熱忱，好似藏有一些獨特的寶貝。

對父母來說，這種處境是多麼艱難！然而，理解這些複雜的感覺，就能找到解脫的出口。這是當父母有不「正常」孩子時都會有的矛盾——又要努力幫助孩子，同時還要愛他且接納他本來的樣子。這有助於父母記得：孩子不是一成不變的，而是會不停進化且有很大的成長潛力。

打從孩子生命的第一刻起，父母便渴望新生兒能有所反應。小嬰兒透過身體和眼神的接觸，慢慢地再到微笑和發出聲音，來開始他們的社交互動。有哪位準父母不會夢想有個依偎在懷裡微笑的嬰兒？其實茉莉因夢想幻滅而大失所望乃是很正常的，但那對她個人來說，卻極其不適應。

小嬰兒可能以不同方式的「連結」來引發父母對他有所回應；他們需要透過此回饋循環來發展。嬰兒的反應能反過來燃起父母為他無盡地付出，因為這激發了父母強烈的情感依附，再次讓父母確定自己的愛是有益的。而父母的熱情也反過來提振和助長孩子每個階段的發展，孩子也從中獲得激勵。這種期待感（anticipation）能使嬰兒產生動力，也開始發展自我掌控感。這種預期和從環境而來的反饋，能促使孩子發展下一個里程碑。

比方說，當新生兒露出淺淺的微笑時，散發愛意的父母看到了便感到

滿足，就會對嬰兒微笑，通常也會對他說話。此時嬰兒可能會發出咕咕聲或咯咯聲和扭動來回應。如此一來，又促使父母繼續互動下去。兒童身心科醫師丹尼爾・史登（Daniel Stern）觀察，母親的臉和嬰兒的臉會彼此對話。嬰兒會預期看見父母的臉，因為這是最初建立親子情感橋樑的階段。因此，嬰兒從出生開始就有互動性，也是主動參與情感關係的一分子。

史登的《嬰幼兒的人際世界》（*The Interpersonal World of the Infant*）書中，有一幅美國藝術家瑪麗・卡薩特（Mary Cassatt）的畫。在這幅畫裡，小嬰兒正專注地看著母親的臉，並且向她伸出小手，展現出生命最初始的連結是如何建立在這兩張臉之間。法國雕塑家奧古斯特・羅丹（Auguste Rodin）把人臉加以概念化，想成靈魂的鏡子，認為人的臉是發現愛的地方。我們也很常看到為人父母為了獲得最令人愉悅的互動，而拚命做鬼臉逗嬰兒笑，然後又回以自己開心的笑。

隨著嬰幼兒長大，其對話能力也逐漸增長——而這對他和父母來說，都是一種真正的樂趣。之後，如果他說出「喔」，父母可能會說「好棒！」或者也以一種鼓勵的方式跟著說「喔」。嬰幼兒喜歡看著人們的臉，也可以理解臉部表情和語氣，所以父母的自然反應為嬰幼兒提供了增強，想要有更多舉動和發展。

過去一直認為父母對親子互動關係扮演著起初影響的角色，然而，研究也指出嬰幼兒的反應對父母有多重要。在這種早期的對話中，雙方都對彼此有影響，並且對彼此的反應產生一種回應。若其中一方遭遇困難，都會對關係產生很大的影響，就像大衛和他母親的例子一樣。

當嬰幼兒因一些生理因素的限制，而阻礙到他發展對父母有所反應的能力時，父母對於親子關係的期望會立即受到衝擊。他們的夢想被戳破，並且興趣被消減，導致互動的水準也跟著降低。很自然地，這種不愉快的感覺會導致父母和沒反應的嬰幼兒玩耍、對話的欲望及機會減少，其正向情感的流動便中斷了。

反過頭來，從父母那裡接收的回應變少後，嬰幼兒失去了引起動機的一些動力來源，也促使在互動上表現更少的回報。這可能很快導致嬰幼兒的退縮，會迴避父母，而不是把手伸向父母的臉。兒科醫師布萊佐頓和他同僚研究顯示，父母反過來也會變得容易放棄，或甚至受驚嚇或感到焦慮，而避免和嬰幼兒接觸。即使是短暫的溝通隔閡，也會使父母感到無助和徒勞。

不幸的是，有溝通及反應困難的嬰幼兒其實需要更多來自父母的幫助——而不是更少。與理想上他們所能做的回應相較，他們更需要父母和他們多說話、多玩耍。發展遲緩嬰幼兒的研究已經一再顯示，他們的很多行為，例如頻繁和大聲的哭啼、很難被安撫和不頻繁的眼神交流，會使他們的照顧者非常沮喪而不想再回應。這會導致親子連結、嬰幼兒的社交和情意發展都處於高危險狀態。嬰幼兒可能會變得容易退縮，並且他們的成長發育會急遽退化，比原本生理問題可導致的更明顯。

回來談談茱莉，她之所以這麼擔憂自己的教養或許不無道理，因她已經感受到自己和兒子的親子互動沒有果效。直覺上，她知道必須做點什麼改變來幫助兒子。打從大衛出生後，就是個情緒還算穩定、也容易受安撫的嬰兒。即使茱莉對於大衛不喜歡被擁抱感到很挫折，但他的穩定情緒特質倒還能使她走到現在。只是現在，大衛變得情緒不穩且悶悶不樂。茱莉認為導致這樣的原因，是因為她大部分時間都在監督和糾正他。

茱莉和兒子關係的緊張，正是親子共同導致問題的例證，但是她卻把它當作一個母親的失敗，因為她期望每件事都照她所想的自然發生，又因為事與願違而自責。她需要專業的指導來協助她更自在地面對兒子，並且促進他的發展，儘管兒子有天生的過動，也帶來一些現實生活的挑戰。任何在聽力、視力、活動或訊息處理上有困難的孩子，也幾乎都會對他們的父母造成類似的影響。以下讓我們進一步來討論，當互動不那麼順利時該如何建立更緊密的連結，以便應用在茱莉母子和其他情況。

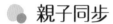 親子同步

當父母漸漸與現實中的孩子相同步調,並且放掉想要完美小孩的夢想,便能更準確地了解孩子本來的樣子。布萊佐頓醫師的重要貢獻之一在於,他率先強調每個孩子都有正向的一面,應協助他們展現這些正向特質,並且催化親子連結,幫助父母認識孩子的限制。對有障礙或疾患的孩子而言,最首要的是孩子本身;其次才是他的障礙。通常父母的擔憂會演變成比實際要面對的「毀滅」更糟糕的地步。

每個人出生後都帶著一套特有的氣質特徵,認識這些特徵,將有助於更客觀地觀察孩子。當孩子的個人特質能透過專業的臨床工作者被觀察及描述出來,例如兒科醫師、心理學家、身心科醫師或社工師,這會是一種強有力的介入。雖然這種書面的解釋不能代替介入方法,但仍是有幫助的。每一個嬰幼兒(無論是否有障礙),都以自己的步調學習和成長,並擁有自己的風格。這一節我們先提供一個概覽,然後將這些觀點應用在像茉莉一樣的父母身上。

在小嬰兒出生後的第一週,父母便開始發掘什麼事能使孩子高興,而什麼會導致他們苦惱。孩子多久需要睡覺、吃飯和換尿布,都變得更明確,同時也建立了作息。父母也會發現怎樣才能讓孩子停止哭泣,以及孩子喜歡被用什麼樣的姿勢褓抱。有觀察力的父母能學習怎樣應對孩子發出的訊號,因而能解答自己的困惑,並減少對孩子健康和幸福感的焦慮。

父母開始透過褓抱、撫摸和關照來認識孩子,藉此可縮短完美想像和現實之間的距離。這是一個把夢想的意象加以拆解然後連回現實的過程,進而鞏固親子關係。如此的親子連結,為將來整個親職生涯奠定了根基,不論是一般或特殊孩子的父母都適用。

有一些嬰兒天性開朗,但有些則容易暴躁;有些喜歡被抱著,而有些則不喜歡肢體碰觸。有些嬰兒會附和照顧者的喜好,不論他們生長發育有

多快或多慢。讓事情變得複雜的原因在於，孩子的特質可能迥異於父母的特質，這會導致所謂的「**氣質不合**」（temperamental mismatch）並對父母帶來挑戰，父母必須學習理解和尊重可能與自身極其不同的天生節奏或特徵。

兒童身心科領域的先驅醫師史黛拉・契斯（Stella Chess），定義出了幾種氣質特徵。無論孩子有沒有障礙，逐一查看孩子和父母的氣質特徵都可大幅增進親子關係。這對父母而言會是強有力且帶有療癒力的啟示，能得知在很多方面自己或孩子其實都沒有問題——只是彼此的氣質不同。雖然這道理看似簡單，但這種比對若放在個人化基礎上來看，卻又是非常獨特、複雜的。每個孩子的個性之所以獨一無二，原因在於他們展現技能和個性的方式有所不同。

活動水準（activity level）可能是最明顯的特徵。簡單地說，一個孩子喜歡多少運動或者身體的活動量？有些孩子例如大衛，除非被一些新東西吸引，否則幾乎很難平靜待上很長的時間。另一方面，有些孩子喜歡低活動量的活動。當父母和孩子偏好的活動水準相近時，關係就容易和諧。例如很活躍的父母可能會認定很活躍的孩子是正常的；但活動量很少的父母可能就會認為一個平均水準活動量的孩子是過度活躍了，因為父母必須拼盡全力才能跟上孩子的步調。

生理規律（biological rhythms）作為氣質特徵，會展現在規律或是不規律的作息，並且延伸到睡覺、吃飯和上廁所。有些孩子似乎從來不午睡，讓他們的父母精疲力竭；而有些孩子則一定要午睡，為他們父母增添了更多所需的休息時間。會定時吃飯的孩子讓用餐時間變得容易，而那些固定有便意的孩子則更容易進行如廁訓練。雖然大多數父母都喜歡有規律的孩子，但那些自己本身就不太規律的父母則往往更能理解和他們情況類似的孩子。不規律模式的孩子可能需要額外的照顧，其重心放在作息，以幫助他們變得更有規律些，也更容易在團體中適應，例如學校裡。

適應能力（adaptability）是指孩子能夠多快接受或適應一個習慣的變化。有些孩子對很微小的變化都有負面反應，例如在點心時間送上了一個沒看過的杯子，而其他孩子都隨遇而安。避免新環境對那些有適應困難的孩子並沒有幫助，他們需要的是準備好，然後漸漸被帶到新事物面前，這能幫助他們適應。這些孩子的注意力往往不容易被轉移。另一方面，非常容易適應的孩子也有不利之處，就是他們的需求和想法可能較難被了解。這類型的孩子和成人，他們的需求往往不斷被妥協。

趨避度（approach/withdrawal）的反應，與孩子如何接近新的情境有關。有些孩子一開始就不願意接近新朋友、玩具或食物，他們需要時間來慢慢觀察和靠近，通常也需要支持和鼓勵。有些孩子則可能馬上被新環境的新鮮感吸引，他們可能需要有人協助他避免可能危險的情況，因為他們常不經大腦思考和觀察就自動接近。

物理敏感度反應閾（physical sensitivity threshold）也是一項個別差異很大的特徵。有些孩子特別容易因很吵的聲音、光線、溫度或衣物等變化而感到沮喪；有些孩子則似乎只會注意到環境中極大的變化，而不會注意到所有的變化。那些容易感到沮喪的孩子，可能會被認為是消極的個性，但事實上他們只是敏感度較高。理解了這一點，對孩子的成長發展會有很大的幫助。

分心度（distractibility）指的是孩子是否容易因突如其來的噪音或旁人，而停下正在做的事（如吃飯或玩耍）的程度。有些孩子無論環境如何都較容易專心，而有些則會因為很小的雜訊就分散注意力。這兩個極端都會帶給父母很多挑戰——易分心的孩子常無法安靜做事，而在另一端的孩子則容易抗拒把注意力轉移到新的活動。

堅持度／注意力維持度（persistence/attention span）是相似的面向。有些孩子能持續做一件事，即使在極度困難的情況下亦然；而有些孩子會馬上放棄。堅持度高的孩子較有可能在學校裡成功，但他們可能也有個問

題，就是在必要轉移注意力的時候不易轉移。有一種極端的情況是，任務已完成，他們卻還在堅持，那便是**執著**（perseveration），會妨礙孩子接觸新的或更複雜的活動。

情緒本質（quality of mood）是最後一個孩子差異性大的面向。有些孩子在大多數時候都是令人愉快、開朗的，被視為擁有「正向」情緒；有些孩子則難以取悅，並且容易哭泣，這代表「負向」情緒。正向情緒孩子的父母可能很難了解孩子內心有什麼煩憂，而易哭孩子的父母則可能害怕孩子天生就不開心，且會感覺自己是個「不夠好」的父母。

契斯醫師和她的丈夫亞力山卓・湯瑪士（Alexander Thomas）觀察這些特質後，歸納出三大主要氣質類型，包括**彈性型**（flexible；或易養型）、**慢熟型**（slow-to-warm-up），和**活力充沛型**（feisty；或難養型）。每一種型態都有它的優缺點和協助策略。根據他們的研究，大約有 65%～70% 的孩子隸屬於這三者其中一類，其他孩子則屬於這些類型的混合。

彈性型孩子有規律的生理節律，所以容易餵養、訓練如廁和照顧基本需求。大約有 40% 的孩子都屬於這種「完美寶寶」。遺憾的是，未具備這些特質的孩子常常就被認為是「不良」的，只因為人們不夠了解，其實這些特質都是天生的。彈性型的孩子能享受大多數新的情境並且很快適應，他們很少緊張不安，並且擁有較多積極開朗的情緒。他們對物理刺激的敏感度低，情緒反應強度也較低。和所有孩子一樣，彈性型孩子也有深層的感受，但是他們只會靜靜地表達自己。基於此，其他孩子有可能會佔他便宜，或者他們也可能未得到應有的重視。當父母忙於其他手足時，或老師正努力管理大團體時，彈性型孩子很容易被遺忘，或被認為是理所當然的存在。

彈性型孩子的需求，並不亞於那些更加會講話的孩子。定期關切和觀察，看看他們是否有特別的需求或需關注的事，會對他們有幫助。因為他們不常有行為問題，所以他們很少需要被注意，除非遇到什麼危機。因

此，很有必要特別撥出一點時間來給他們，讓他們得到需要且應得的注意。我的小女兒柔兒應該就屬這種類型，她常常面帶微笑且很少不安，雖然她可能也很害羞膽小。但當她真的哭了，我們感覺那好像不像她的性格，也很難知道發生了什麼事。因為要討她開心其實不難，所以當我們發現自己忽略了滿足她所需時，我們心裡也不好受。在她嫻靜、隨和的行為背後，她也帶給我們做父母的一些新的挑戰和回饋。

　　大約有 15% 的孩子是屬於**慢熟型**。這類型的孩子常常被認為害羞或膽小，需要充分時間來熟悉新的情境和人。他們的生理節律可能是規律的，但也可能沒有。如果太被強迫，他們往往就會退縮。他們有時也會偷偷地用身體姿勢或聲音語調等非語言的方式表現自己。我們的女兒卡拉就屬於這個類型，並且她也教會了我如何對待像她這樣的孩子。事實上，她讓我意識到我自己應該也有類似這樣的特質。儘管這些孩子很小心翼翼，但他們常會變得很依賴父母和師長。例如，一旦卡拉「暖身」好了，這時如果必須離開她已經感到自在的友人家時，她會變得非常不安且啜泣。隨著時間推移，某種特質一開始可能讓大人感覺很難面對，但後來它卻可能變成可愛的。

　　個性謹慎的孩子需要感覺自己離安全底線很近。對待他們的關鍵是一步一步慢慢來，用這種方法可以使他們被新的活動和情況所吸引。這時父母就可以後退一步，但是當孩子有需要或有所求時還是可以去問父母。保持環境和日常作息的穩定性，也能幫助這些膽怯的孩子降低變動的感覺並增加安全感。

　　最後一種氣質類型是**活力充沛型**（feisty），和小心謹慎的孩子不一樣，他們很少退縮。活力充沛型孩子往往很活躍，佔所有孩子的 10%。他們情感強烈並且通常能製造樂趣。他們生活中充滿熱情，同時讓每個人知道他們的感受和意向。然而，這類型孩子仍可能使父母和照顧者受不了，因為他們很熱切、易受干擾、經常情緒波動大、生理節奏不規律，並

且對各種刺激反應強烈。

　　活力充沛型孩子需要彈性的父母以敏察他們的感覺，同時也對不被接受的行為設立界線。無彈性的父母不得不也變得有點彈性，才能擁有令人滿意的親子關係。活力型孩子需要更多的時間來體察和感受自己的情緒，才會慢慢安定下來。只有如此，孩子才會在心煩意亂時，更容易重新轉向新玩具或新活動。放眼未來，這種本質的孩子長大後可能比一般孩子更勇往直前、志在必得。

　　這些熱情的孩子需要平靜、安定的環境。父母可以善用孩子安靜的時候，除了強化親子關係，同時也肯定孩子較專注的行為。活力充沛型孩子需要許多劇烈活動和瘋玩的機會，也需要更多的監督來確保他們的安全。當他們找到感興趣和值得專注的東西時，他們安靜的時間往往會拉長。父母最好也能蓄積精力並且充滿熱情地參與他們的活動，這能獲得這一型孩子的認同。

　　這些也是我在我的諮詢室裡和附近的遊樂場觀察茉莉的兒子大衛之後，推薦給他們母子的策略。我和他的老師研商後，我們決定也可在學校使用同樣的策略。當我遇到大衛的爸爸豪爾（Howard），發現大衛的活動水準顯然並未阻礙到他們父子的關係。豪爾的舉止有風度且體貼，父子間的相處似乎比母子更好，因為他很享受那種激烈的體育活動，而這往往更能體現父親和孩子之間互動的特點。

　　然而，豪爾確實需要找到一些安靜時刻並設法延長那些時間，來幫助大衛拉長他的注意力和專注時間。因為他長期忽略這個問題，因此每當他和妻子談起大衛，兩人的看法常有許多不一致。在「男孩子就是這樣」的說法掩飾下，許多像大衛一樣的孩子並不容易被認為有需要協助。尋求客觀的專業觀察者的幫助，可幫助茉莉和丈夫一起為兒子謀求最大的益處。

　　探究孩子的氣質特徵，有助於大人欣賞他們的獨特性，同時讓我們洞察每個孩子的行為和需求。透過欣賞和接納這些正常自然的特質，孩子意

識到他們是美好而有價值的——他們會感受到被愛和安全感。同樣地，父母也感覺自己是很得體的人，因為他們能理解和愛孩子本質上的樣子。這種感覺能變成親子關係的基石，也能促使親子雙方都引以為傲。

地板時間

當茱莉自己的節奏和行為能與兒子大衛相配合時，她感受到一種和諧。我在辦公室附近的操場上觀察他們進行一次地板時間時，看到了這種情況。地板時間的指導原則指出，健全的情感發展是社交和心智成長的基礎。幫助茱莉的第一步是**觀察**（observe）孩子從事活動的狀況。我注意到大衛攀爬時的敏捷，和他因展現自己實力而自豪時眼裡所閃耀的光芒。

在家裡，同樣的行徑卻常搞得茱莉精疲力竭，當她沒有能力處理的時候，她覺得很有壓力，甚至會大為光火。然而，我告訴茱莉，在遊樂場攀爬大多是可以被無條件接受的，地板時間唯一的限制或規則，就是你不能破壞東西或傷到人，因為環境結構上仍有必要讓孩子感到安全和安心。茱莉這下子總算放鬆了，她鬆了一口氣，可以不用再糾正大衛，並讓他自由地玩耍，從事一些耗費精力的活動。

接下來，我鼓勵茱莉給予大衛一點回應，兒童心理學家葛林斯班稱之為**開啟交流圈**（open the circle of communication）。意思是加入孩子的活動，無論孩子正在做什麼，要認同他們當下的情緒，在這裡是指興奮。對孩子想要做的事情表示興趣，這有助於他感覺到自己是有價值的。在這個例子裡是指攀爬，亦即一種粗大動作技能的應用。

「哇！兒子，你真的很厲害耶！」她回說。以一種樂在其中並待在他附近的方式參與，她進入了兒子的世界，並且**跟隨他的引導**（follow his lead），這是葛林斯班指出的第三步驟。這支持了大衛演出自己的戲碼，並且在這個例子裡，也同時提供他一個誘因來配合母親的慢節奏。大衛稍微停了一下並對媽媽笑，很明顯他很高興媽媽喜歡他。然後，他又很快地

進行他的下一個挑戰。母親對他的支持鼓勵了他。

「媽咪，你看！」大衛驚呼著，一邊從爬桿滑到地上，當茱莉揚起她的眉毛投以讚許的眼光時，他笑了，然後很快地再爬一次。藉由語言和非語言的方式持續主動地表示讚許，茱莉鼓勵了大衛**延伸和擴大他的遊戲**（extend and expand his play），這是葛林斯班地板時間的第四步驟。茱莉以兒子為傲，而大衛也以此自豪。這看起來似乎是有感染力的——大大提振了親子雙方日漸低落的自信心！茱莉在大衛感到興奮的事上稱讚他，這增加了他的效能感。而另一方面，同樣地，茱莉找機會用這種方式回應兒子，也幫助她自己感覺更像個好母親。

過了大約二十分鐘的瘋玩，大衛回來我和茱莉坐著的公園長凳，坐在茱莉的大腿上。我們在遊樂場上的戲碼已接近尾聲。對一場激烈的表演來說，這是一個恰當且受歡迎的結局。這孩子已在**關閉交流圈**（close the circle of communication），亦即地板時間的第五步驟，也是最後一個步驟。在以孩子為中心的活動中，大衛接收到讚許的表情、姿勢和話語，並且在一個柔和而從容自在的時刻下向母親伸出了手。

大衛很高興看到媽咪也喜歡跟他在一起，母子倆的情感交流就此展開。茱莉開始感覺到做母親的踏實感。而大衛雖然在本質上並沒有太大的改變，但是他們的關係卻是可改變的。在母子雙向的慰藉和接納下，那是充滿溫暖的時刻。這種交互關係維繫了孩子的發展，並且支持和療癒了親子雙方受傷的自尊。茱莉以夥伴和激勵者之姿進入大衛的世界，這是日常中相對彌足珍貴的，因她平常只能被迫掙扎著去容忍和控制大衛極度活躍的行為。現在大衛漸漸能在母親的愛中感覺更自在。此更新的關係將有助於之後整天有效行為策略的執行，並引導大衛的社會性發展。

瓊·古德曼（Joan Goodman）和蘇珊·赫本（Susan Hoban）合拍的系列影片之一《馬不停蹄：照顧發展遲緩的過動兒》（*Around the Clock: Parenting the Delayed ADHD Child*），他們詳細探討了同時患有注意力缺陷過動

症以及語言、動作協調和學習等遲緩兒的父母所面臨的挑戰。雖然這些挑戰看似難以克服，但當把它們拆解成許多部分時，就能產生有效的因應策略。影片中拍攝了兩個家庭的日常生活，用他們自己的話講述真實的遭遇。

以上我們所討論這些地板時間的基本原則，同樣也可用來幫助嬰兒或光譜另一端的小孩。反應遲鈍或發展遲緩的孩子其實也渴望雙向愉悅的交流。擁抱或輕觸這樣的孩子；用輕聲和撫慰的嗓音講話或唱歌；或用孩子喜好的方式搖晃他，都會是很愉快而激勵的。父母用比較緩慢的節奏加入孩子的活動，能引發孩子的動機，使他在原有較快的節奏下得以回應父母——這剛好與茉莉母子原本的情況相反。

這些活動都可以融入每天的日常作息，例如吃飯、穿衣、洗澡、換尿布或上廁所。與孩子處得來的兄弟姊妹、親戚朋友們，都可以學習以這種方式來參與——建立更有凝聚力的家庭生活，並促成更緊密交織的關係網絡，這將使參與其中的每一個人都蒙受益處。

唐努（Donald）是我在帶領父職工作坊時認識的一位父親。他的孩子是屬於節奏較慢的，起初他因為這個原因而很難和兒子建立連結。他告訴我，他好希望生下的兒子是一個會喜歡和他一起從事戶外活動的小孩。他想要教兒子運動並和他一起享受像自己兒時和父親一起長大的那種陪伴關係。他的兒子凱文（Kevin）天生就失明，還有輕微的腦性麻痺。唐努當時非常絕望，他認為他所有的希望和夢想都破滅了，因為他對凱文的第一印象是，他就是一個完全無助的孩子。

唐努花了好幾年的時間才開始理解兒子的障礙。當唐努試著用與兒子相同的節奏和他一起玩，從而慢慢融入兒子的發展，他開始知道凱文的能與不能，並且意識到兒子還可以釣魚；這也是他自己喜愛的活動之一。陪孩子釣魚雖然不是件容易的事，但他所幻想過和兒子一起釣魚的一切，事實上都還是可能實現的。意識到這一點，有助於唐努再次編織自己的夢

想——既然帶兒子打獵應該是完全不可能了，但是釣魚仍是可行的。凱文仍會需要人幫他在魚鉤上裝誘餌，並且給予很多的指導。

在唐努意識到這一點的幾個月後，一個溫暖的春天早晨，他和凱文坐在自家附近一條小溪的橋上，手握著釣竿、魚線拋在水裡垂釣。對唐努來說，他的夢想實現了。那種釣客們追求的悠靜、樂趣和放鬆，就在當下。回想當初得知兒子診斷時認為一切都是不可能的，但現在一切都被緊緊地繫在父子的連結裡了。

每個孩子都一直不斷地成熟、成長且變得更有生命力。出生時並不明顯的氣質本質，以及正向和負向行為，都是慢慢展現的。在這段過程中，如何了解和接納孩子獨特的發展技能，將是建立親子雙向滿足的連結之關鍵。若期待過高、不能被實現時，將會引發挫折；反之若期待太低，就沒有挑戰性。對孩子技能的評估並走進他所在的狀態中，是一個持續性的過程。

人會猜想並且不知未來會如何，是很正常的事。對抗焦慮最好的解藥是能在此時此地找到振奮和喜樂，這能使親子雙方充滿正能量，來面對前方成長的挑戰。誠如普立茲獎得主、新聞工作者吉爾伯特・高爾（Gilbert Gaul）在他的《舉步為艱：我兒的成長路》（*Giant Steps: The Story of One Boy's Struggle to Walk*）書中的觀察：「生命並不是由許多的驚嘆號所組成，而是由許多微小平凡的時刻所串聯而成，如同項鏈上的串珠一樣。我們錯就錯在期望太高。接下來的失望和空虛，致使我們一直怨天尤人。」而當我們學會了活在當下，並把那些珠子好好串在屬於我們的項鏈上，怨懟才會褪去。

Chapter 5

父母如何停止暈頭轉向

理解與引導孩子的問題行為

「只要想像那不是你的孩子,每個父母都知道如何去養育別人家的孩子。」事實似乎如此,每當我對父母們演講,說到如何處理特殊兒的行為問題,我的這番話總會引發父母們一陣真心大笑。對我們這些為人父母者甚至是專家而言,討論別人家孩子的問題,實在是輕鬆容易多了。然而,想要在愛與管教之間找到平衡,確實是所有父母最大的挑戰之一。

當你火冒三丈時,如何學習退一步海闊天空,平心靜氣且客觀地檢視自己的生活,真是困難卻又重要的事。關鍵在於,父母要尋求其他成人的支持和洞見——包括配偶、朋友,或在特殊親職行為問題處理具有豐富經驗的專業人員。

本章提供父母在面對孩子行為問題時的策略架構:首先,認識與了解自己,以及你內心深層被孩子所激起的情緒;第二,發掘孩子日常問題行為背後所傳達的意義;第三,學習彈性地、堅決地執行和運用行為策略來產生改變。雖然已有許多實用的相關書籍可供參考,本章也會列舉一些,但通常還需要再加上個別化的專業引導為宜。如果你發覺自己花很多時間不斷告誡孩子不可做什麼,而非享受與你孩子共度的時光,那麼這也許是個警訊,提醒你需要尋求協助了。

與自我的內在連結

父母每天所面臨的生活壓力可能會把他們逼到盡頭。對許多父母來說，家庭生活並不像《奧茲與哈里特歷險記》（*Ozzie and Harriet*）、《還有明天》（*Life Goes On*）或《洛城法網》（*L. A. Law*）這些影集中的身心障礙者，都有著令人喜愛的迷人特質。現實生活中所有的人，包括身心障礙者，都會出現許多令人惱怒、考驗他人耐心的行為和習慣。當父母抱著或想起身心障礙的嬰幼兒時，心中難免會感到悲傷，但是面對學前特殊兒的不適應行為，也許會更加激起他們內心的怒氣，然後做出一些對孩子不利的行為。父母這樣的行為反應，也許會讓自己產生不夠理解孩子的罪疚感，導致一連串不易打破的惡性循環。

不久前，有位父親打電話來預約諮商。他叫喬治（George），是一位四十多歲、中等身材、穿著得體的中年人。他各方面的條件都很優秀，但是他合宜的外表下仍掩飾不了內心的混亂。他穿著精緻的訂製西裝，搭配著藍色的條紋襯衫，繫上一條顏色對比的多彩領帶。他是一家管理諮詢顧問公司的高級主管，在專業的事業生涯中表現出色。但當他告訴我，在他賺得所想要的生活，多麼期盼著兒子的出生時，他的眼神是呆滯的。

他說他內心累積的挫折感已讓他無法承受，種種的壓力導致他有結腸炎且皮膚起了狀況；一位關心他的內科醫生建議他尋求心理諮商。每當想起他四歲的兒子比利（Billy），他就感到心神不寧。因此，他也變得對妻子沒耐性，還會沒來由的對兩歲的女兒發脾氣。

他的兒子比利患有唐氏症（Down Syndrome）及發展遲緩。到目前為止，比利還沒法接受如廁訓練，他的口語也僅限於一些語詞。喬治和他的妻子莫琳（Maureen），曾在賓州哈里斯堡（Harrisburg）的一場研討會中聽過我的演講。喬治是我所指導過當地父職團體的一名成員，他一方面認為我應該可以理解他的心事，但一方面又覺得自己應該可以獨力解決問題，因此他才會延遲尋求協助。

　　在喬治的生活裡，他找不到人可以求助。近來每當他獨自坐在車內，他更會毫無預警地哭了起來。他與妻子已經結婚十年，感情十分親密，平時能互相傾訴彼此的困難。然而現在，每當夫妻倆談及兒子比利時，都得暫停交談才能避免溝通緊張，這也讓他們對彼此感到很沮喪。喬治告訴我，妻子覺得他在怪罪她生了一個唐氏症兒子，且怪兒子有多餘的染色體、窄額和眼神斜視。喬治不希望莫琳或孩子們成為他爆發情緒的對象，而且他也擔心經常這樣哭泣，代表自己是個軟弱的人。

　　喬治的情緒表達暢達無礙，至少在我的辦公室裡是如此，這種情形在男人中並不多見。喬治的情緒觸發了我在兒子塔立克出生時的那種激動，當我望向喬治的眼睛時，我感覺得到自己的眼中也充滿了對他的困境的同理──與我的悲傷緊緊交織在一起。他的言辭很流暢，彷彿他早已準備好該怎麼表達似的。

　　「有時候我覺得我的人生好像完了，沒有未來。莫琳很害怕再嘗試生個正常的兒子，也許造物主要給我們的就只有這樣。最近當我白天在辦公室想起這些事的時候，我就很不想回家。當這種感覺浮現時，我覺得我很難面對莫琳與比利。想到下班回家時比利不會跑過來抱我、坐在我大腿上，然後告訴我他今天白天做了哪些事，真的很令人失望。在我的想像中，他就應該是那樣活潑才對。別的父母談起他們的小小孩時，他們都好興奮，但我卻連聊聊我的女兒道恩（Dawn）都提不起勁，這對她是不公平的。我發現我自己在逃避他們，而且我也失去了下班回家的興致，還感覺有罪惡感。」

　　我告訴喬治，他自我表達得很好：「嗯，身為一名諮商師，我是個專業的溝通專家，所以我已準備好告訴你為何我會坐在這裡。我讀過很多身心障礙者的文獻，參加過許多工作坊和支持團體，且走過我所認知的悲傷的各個階段，但我其實也還沒走出來。大家都認為我已經擁有人生的全部，且認為我是個好父親，但我其實不喜歡別人這麼說，因為我知道這不

是事實，卻又不想讓他們知道我這麼想。」

我接著問他：「你覺得自己被困在什麼地方？」

「我覺得心中好像總是憤憤不平。我寧願自己是個正常孩子的壞父親，至少我兒子會跟我一起運動，或是做一些讓我可以炫耀的事情。最重要的是，即使我是個混蛋，他也會帶著姓我家姓氏的孫子來見我。我要再說一次，我知道這樣的想法對我女兒來說，是很不公平的，所以我就更常發脾氣了。暴躁的脾氣就好像傳染病一樣，毀了我的生活也感染我的家人。」

在這種情形下，我試著找出一些問題的引爆點，或如兒童心理學家索爾・費雪（Saul Fisher）所指出的每日生活的「**核心地帶**」（pivotal areas）。因此，我請喬治描述他一天的日常。

「我們家生活的日常，」他回答說：「並不是徹夜好眠的狀態，因為比利常常在凌晨三、四點醒來，通常他醒來後會想玩遊戲。因此，莫琳和我只好輪流起來照顧他，然後再哄他回去睡覺。最近，這種事對我來說愈來愈難，我常常容易對他生氣，但我以前不會這樣。但我發脾氣反而更容易使他清醒，且醒著的時間拉得更長。接著，我會開始吼他，但這樣就會吵醒莫琳，她就會對我生氣。我真的無法責怪妻子，因為輪到她起床照顧時，她並不會把我吵醒。我只覺得自己是個混蛋。無論我後來是否有再回去睡覺，我的每一天都是以暴躁的心情開始的。」

當我和喬治討論著接下來一天的日常時，我清楚了解到他在面對問題時很有能力，而且能管理許多隨之而來的突發狀況。他真是一個教養知識豐富、見識廣博的父親。我不禁想著，若他有個正常孩子的話，他會做得有多好！諮商接近尾聲時，喬治說道，他覺得自己有一種釋放的感覺，因為他已經開始卸下心中一些沉重負擔。我請他回去以後再多回顧他跟兒子在半夜裡互動的情形，這樣我們才能理解並修正他處理引爆點的方式。

隔週當喬治再回來諮商時，他看起來很沮喪。他開始告訴我他的家族

史，以及他為何這麼希望生個兒子。他的父親花了許多時間和他及他的哥哥一起打棒球，還帶他們去看費城人隊的球賽。他希望自己也能與自己的孩子做這些事情，並將這個傳統傳承下去。他發現近來每當行經小聯盟球賽時，他就會開始啜泣。他懷疑自己這樣的狀況是否正常，我告訴他，那很正常。

「你知道嗎，那時候我感到有罪惡感。這不是比利的錯，我對棒球失望才是我的錯。他是個性非常平和的孩子，每個和他相處過的人都會告訴我們，他的能力不錯。半夜裡他喜歡和我玩一些有點耗費體力的遊戲，而我也喜歡那樣，在那些時間裡，我覺得很愉快。」

我問他，上一次他半夜起來和兒子一起玩遊戲時，他的想法與感受如何。

「啊，這倒是有點難想的回家作業，讓我來告訴你真相，我準備把我的心事全都講出來。我擔心你聽我說完後會如何看我？」

喬治的聲音開始顫抖，他那燙得平整的整潔西裝，再也無法藏得住他的苦楚。他變得面無血色、神色茫然，輕輕地靠向我說話。

「當我在半夜發脾氣後，我希望比利和莫琳都死掉算了。然後，我就可以從這樣的重擔解脫──多麼厭惡又醜陋的重擔啊！然後，我就可以繼續過我的生活，……現在，我被他們兩個人困住了。」

這時，眼淚慢慢從他的雙頰滑落，喬治往後靠向椅背、癱在沙發椅上，他抽了一張衛生紙，深呼吸了幾次，再拭去淚水。

我等待了一會兒，我問他，今天流下的淚水意味著什麼？

「能把心中所想的說出來，我感到輕鬆許多，這些想法在我腦海中已經存在一段時日了。你要如何告訴你所愛的女人，你有時多希望她能消失在這世界上？我的淚水像是一種解脫，而不是軟弱的象徵。我不知道你現在對我的想法是什麼，但你看我的眼神還是很仁慈。我不知道支持小組中的其他人是否也有這樣的想法。也有人跟你說過同樣的話嗎？你可以告訴

我嗎？」

　　既然喬治能夠堅強地承認自己有這些駭人的想法，他也許很快就會有勇氣去探問其他人內心真正的想法。當你親身聽到你所認識的人的想法時，那是很釋放而療癒的。至於我所聽過的——我已經聽過很多、很多次，人們流著淚訴說類似的事情。那種怒氣其實是哀傷的一部分，就如我在前一章所說的。對我們大部分的人而言，這些淚水來之不易——不是所有的男人都能像這樣哭出來——即使內心常在流淚。能承認、接受與擁抱你的哀傷，並視之為正常且接受它在心中造成的難受，是療癒過程的一部分，也是通往內在平安的道路。

　　對孩子的怒氣，會導致父母自我形象低落。這種不適任的感受通常源自處理孩子的行為，例如睡眠問題。這些感覺尤其常見於身心障礙孩子的父母身上，因他們常感受或經歷高度的壓力。父母必須承認自己心中有這些不舒服的感覺。為了要重建自我的「好父母」形象，他們需要清楚且「客觀地」思考生活中實際情況的處理。

　　起初，喬治並不想和妻子分享他的負面想法，但最終他還是願意這麼做。他告訴我，現在的他更有能力去處理比利半夜起床的問題了。我請他在心裡好好地記著這段期間發生過的事情。在夜深人靜時，當他卸下自我的武裝，正是他發現自我人格黑暗面的時刻。而這些時刻卻也是他成長的機會。我自己也曾經有半夜起床照顧塔立克的經驗，我對喬治內心那種可怕的感受歷歷在目。我也深深知道，能承認自己有如此駭人暗黑的想法，是釋放與打破內心隨之而來的羞愧的第一步。

　　當我下一週再看到喬治時，他從等候室走進我辦公室的腳步是輕盈的。他熱切地笑著看我，「我覺得自己好像輕了十公斤，」他開口說道，「而且我比較少生氣了。雖然還是睡眠不足，身體也沒有好起來，但我比較不會再對眼前發生的事生氣了。我不再將脾氣發在莫琳、比利和道恩身上，當輪到我起床照顧比利時，我也比較願意陪他到他入睡。我可以輕輕

搖著他、唱著催眠曲，做一些幫助他入睡的動作，而且一點也不會像以前那樣發怒，那只會讓整個情況變得更糟。」

我告訴喬治，當我們改變自己或親子問題的處理方式，就會連帶改變孩子。於是我又問他，他和莫琳之間的關係變得如何？

「她覺得我現在處理事情的方式比以前好多了，所以我就和她分享你我的談話內容。她能理解我所說的，而且給了我一個擁抱。對我來說，意想不到的是，她告訴我，她早就感覺到我好像想要拋棄她和比利。她說她一度覺得自己似乎不值得再活下去。但那並不是我所認識的她，我從不知道她有那種感受。更進一步，我現在能夠向莫琳承認我內心的那些感受，我感覺我跟她更親密了。我知道很快我們又能無話不談。」

現在這對夫妻已能夠彼此慰藉，並且一起想辦法處理未來發生的問題。但當他們一籌莫展時，也許仍需要專業的導引。這也是許多家有成長階段孩子的常見案例。然而，喬治所需要的密集心理治療可能是短期的，因為他的主要情感關係──他的婚姻──能提供他所需要的情感支持。

喬治顯然必須面對內心的憤怒，以認識他自己，並且開始清晰地思考孩子行為問題的處理。換作其他的情況，父母可能會因為孩子在公共場所出現問題行為而引發困窘、對孩子嚴厲處罰後而引發罪惡感，或對孩子不夠了解而產生不適任感。無論是哪種情況，理解和擁抱你內心的自然反應，並且與他人討論這些反應，才是接納孩子和找出解決之道的重要關鍵。

● 理解孩子行為背後的意義

一旦孩子開始可以自由活動，並逐漸有能力表達他的需求和欲望後，權柄的課題就益發重要了。接下來的許多年，父母將會不斷地面對一系列的問題，例如：

- 我何時可以說「好」？
- 我何時可以說「不行」？
- 我如何堅持執行規定？
- 我如何知道我是對的？
- 哪些事對孩子是安全的？

　　從孩子出生開始，親子便透過微笑、眼神注視、哭泣和逗笑來學習相互理解。當孩子的移動力增加後，例如會翻滾、蠕動、爬行、在家裡遊走、走路或攀爬等，隨著孩子的成長，父母需要作愈來愈多的決定，以規範哪些事可以被允許，以及如何確保規範的執行。孩子滿週歲後的發展會變得更加複雜且微妙，更需要直接指導與口語引導。親子之間的溝通，可以採用口語或是肢體，來傳達「**不行**」（no）的概念。

　　對自己孩子生氣是不好受的事情。容易生氣的父母，會使孩子感覺自己不被愛、蒙羞、被父母遺棄，而且會從小就記得。根據艾倫・蓋林斯基的書《親職之路六階段》──還有我帶領父母團體所得的結果也印證了──未達成的期望通常是父母怒氣的核心來源，此情緒波動的背後，往往夾雜著連父母自己都未意識到的罪惡感，以及對自己行為的懊悔。例如，喬治在半夜起身照顧孩子時，他的憤怒其實來自於自己對完美兒子的夢想破滅了。

　　特殊兒的父母所面對的孩子行為的挑戰，有時候是難以招架的。要保持原本的客觀視角是極困難的。並非所有的特殊兒都有這些問題，但他們在成長的過程中出現問題行為的機率卻隨之提高。有些孩子藉由強烈的情緒表達、咬人、踢人，或其他用力的肢體行為，來吸引家人或社區他人的注意。和一般的孩子相比，他們通常難以進行活動間的轉換，並且很難與父母或重要他人分開。

　　他們外在的行為表現，也會吸引父母的注意。例如，當孩子在超市大

發脾氣時，其他的顧客也許會質疑孩子的父母為何無法管好孩子。而父母可能會為此感到丟臉，並認為自己在別人眼裡是不適任的父母。此時父母心中的挫敗感與怒氣，對家庭都是非常有害的。

就像其他時候的經驗一樣，父母很自然地也會出現羞愧感，恨不得能立刻鑽到地洞，或希望孩子可以立刻消失。在困窘時，父母其實很難有清晰的思考，特別是收到周遭善心人士的建議，那些基於他們自己帶孩子的心得，或是從身邊重要他人聽說的方法。

當孩子的外表看起來愈正常，父母愈容易得到不請自來的建議，因為孩子從外表上看不出什麼明顯的問題。過動症、自閉症和其他神經發展異常的孩子，常容易引來別人無心的注意，致使他們和父母的生活更不容易。相反地，如果孩子的障礙是顯而易見的，那麼周遭的人對父母較容易抱以同情。

兒童心理學家魯道夫・德瑞克斯（Rudolf Dreikurs）發展出一套理解與回應孩子錯誤行為的方法。他的方法適用於所有的孩子，但特別適用於嬰幼兒，或各類型身心障礙及發展遲緩的兒童。德瑞克斯的觀點主張，孩子不適當的行為表現是用來表達他們的溝通目的。在這個架構中，所有的行為，包括那些**不當行為**（misbehavior），它們的目的包括四類：引起注意、獲得主控權、展現不足之處，或採取報復。

首先，所有的孩子都希望獲得**注意**（attention），滿足嬰幼兒和年幼孩子的注意需求，是所有父母的重要工作之一。當嬰幼兒飢餓、不舒服、需要換尿布時，他們會用不同的哭聲來告知父母，父母學會辨識孩子不同的哭聲以了解孩子的需求。同樣地，也可以從孩子所表現的行為去猜想他想要的是什麼。行為背後的可能性非常多，例如，孩子可能是：

- 飢餓
- 想睡覺

- 害怕

- 刺激量過多

- 刺激不足或無聊

- 因不被了解而挫折

- 逃避某事物

- 過敏

- 身體不舒服

有些孩子在感官知覺的訊息處理出了問題，這些孩子在視知覺、聽知覺及動作與觸覺上有困難。例如他們可能對於光線過亮、聲音過吵，或無預警的觸摸或移動，會感覺異常沮喪。他們也可能無法有效地運用自己的肌肉，因而在學習跑、跳、單腳跳等運用大肌肉群的動作（粗大動作）上有困難。如果需要用到小肌肉群時（精細動作），他們做下列活動也會顯出困難，例如：扣鈕釦、拉拉鍊、切東西或書寫。如果孩子的問題根源於感覺系統，那麼感覺統合治療（sensory integration therapy）也許能夠改善這個問題。在《不怕孩子少根筋：輕鬆克服感覺統合障礙》（*The Out-of-Sync Child: Recognizing and Coping with Sensory Integration Dysfunction*，智園出版）書中，幼教專家卡羅·科雷諾維茲（Carol Stock Kranowitz）便幫助父母釐清這方面的問題。

口語和非口語能力有限的年幼孩子必須透過行為來傳遞訊息給父母。這就是所謂的**溝通意圖**（communicative intent）。孩子行為所發出的訊息，很自然地會刺激父母猜想孩子想要什麼。當孩子的這些訊息被誤解時，特別是當孩子使用不恰當的社會行為表達時，親子雙方都會感到很挫折。毫無疑問，父母的焦點可能會放在這個不被接受的行為上，並且試圖阻止。這麼一來，親子雙方的挫折感都會加劇。

當父母未理解孩子的行為意圖就試圖阻止行為的發生，孩子便無法順

利傳達他的溝通意圖。當孩子持續不斷地出現相同的行為，親子之間的關係就會更加緊張。這種不當的社會行為，也許就是孩子唯一能用來表達自己需求的方式。當父母試著了解孩子的溝通意圖，就能開始接收孩子傳達的訊息，並引導孩子使用適當的社會行為來表達。

當你能理解孩子為何表現這些行為時，你就可以同理他的觀點。父母同理孩子的意圖，並不意味著同意或屈服，而是去**理解**（understanding）。先同理孩子的行為，就更容易改變它。例如，三歲的小女兒不想再玩積木時，她開始去推五歲的姊姊，母親若理解這是小女兒覺得無聊，但因語言表達能力有限所致，就不會為她的不當肢體動作而責怪她。之後母親便能請小女兒指出她想要做什麼。

有時候，孩子想要的不只是被注意，他們更需要的是一種**掌控感**（a sense of power），並且覺得可以掌控環境。有時候，孩子會想要爬到父母頭上並握有權柄，這是他們發展獨立能力的重要一步。發脾氣，就是親子之間權柄角力的例子。當孩子發脾氣時，通常父母會覺得惱怒與生氣，有些父母會與孩子相爭，有些父母則會屈服於孩子。與孩子相爭，會強化他的抗拒，或讓孩子大膽地對抗父母。而假如父母屈服於孩子，則會讓孩子學到，可以利用發脾氣來達到自己的目的。父母有上述這些反應，都會強化孩子想贏過或控制父母的欲望。

然而，父母避免衝突，反而可以幫助孩子學到如何建設性地使用權柄。客觀觀察並分析發脾氣的模式是有點困難，但藉由觀察發脾氣的情形，通常可以學到如何避免引發孩子發脾氣的情境。不久前，有一位女士來找我諮詢他孩子發脾氣的情形。他的三歲兒子喬許（Josh），幾個月前才剛進入一個學前特殊教育班就讀。和同齡的孩子相較，喬許會說的話非常少，但是他在這個班的進步情形良好。他發脾氣的時間會持續半小時或是更久，當喬許的父親在家時，這種情形就不會發生，也因此常讓母親覺得自己很不適任。

　　喬許的母親十分挫折，覺得自己很沒用。她沮喪的情緒常破壞了她與兒子的午後時光。我問她，何時會發生孩子大發脾氣的情形，她告訴我每天都會發生，特別是當孩子放學回家以後，她正在幫兒子準備午餐時。由於這種情形日復一日地打擊她，致使她也沒有餘力去思索孩子發脾氣的行為可能存在某種模式。我說出心中的疑惑，會不會是因為喬許放學回家時已經肚子餓了，而他又尚未有能力理解需要等待才能吃飯。喬許的母親也很贊同我這個疑問。因此我建議她，也許可以在喬許放學回家以前就先把午餐準備好，他一回到家就可以馬上吃午餐。

　　不久後，喬許的母親打電話告訴我，喬許已經不再出現放學回家後大發脾氣的行為，而且他們彼此都很享受午後的相處時光。這真是太完美了，令人無法置信。這位母親已不再需要在喬許的等候時間與他相爭了，而是在他的語言能力正逐漸發展時，提供他更多的遊戲活動、地板時間和正向溝通。當然，並非每個問題行為都能如這個案例一樣容易解決，但這個案例透過積極防範並提升親子雙向互動的方式，描述了一種可減少孩子發脾氣的作法。

　　有時候，孩子會非常洩氣並做出一些不合宜的行為，其目的在**展現**自己的**不足**（display inadequacy）。當然，這種情形更常發生於學習困難孩子身上。孩子之所以這麼做，也許是希望父母能停止設定新的期望，例如學完語詞後又再進到學句子。因此孩子若有這種行為，代表他在傳達一種無助感。但這也會引發父母的被動性與無望感，於是又形成另一個負向溝通的循環，強化一些負面感受，例如：無論我怎麼做都於事無補；無論再怎麼努力，孩子都不會有進步。

　　以孩子學習用叉子吃飯為例，每當食物掉在地上時，孩子就會哭鬧、踢桌子，由於通常父母都不希望孩子感到挫折，因此不再期待孩子使用叉子進食。然而，為了鼓勵孩子在長遠的未來能適應並降低挫折感，父母仍必須強調孩子既有的技能，鼓勵他嘗試一切，肯定每個微小的成功經驗。

無論進步有多小，都要嘗試使用叉子吃東西。因此當孩子用叉子吃卻又讓食物掉地上時，要以鼓勵回應他，請他不斷嘗試。

將孩子面對的挑戰拆成多個小部分，例如用任何方式成功使用叉子，都可讓孩子有成就感。學習欣賞每個小進步，能使父母不再感覺那麼無望，並能幫助孩子堅持努力下去。當然，這個原則適用於所有孩子，但身心障礙孩子更需要多被理解，因為他們的障礙因素會延緩或抑制學習，因而需要花更多時間才能達到精熟。

至今，我腦海中仍會浮現塔立克終於學會用吸管喝飲料的興奮表情，那時他九歲。這對其他孩子來說，是多麼簡單的一件事，但是對塔立克而言，卻是成長的一大步。我很為他高興和開心，他燦爛的微笑似乎說著，他為自己感到很自豪。

最後，當孩子心裡感覺受傷，他們也許會想要**報復**（revenge），這是為了和對方「打成平手」的一種反擊，常發生在三到五歲的幼兒身上。例如，若孩子睡前不願意收玩具，他們也許會因此踢或咬想收走玩具的父母。這是在傳達一種受傷的感覺，也常常被視為對孩子缺乏尊重的結果。突如其來的舉動，父母除了感覺受傷外，有時候也會被孩子的行為激怒，從而體罰或責備孩子，以取得平手的感覺。這樣的回應，只會強化孩子反擊的意圖，逐步升高親子間情緒與肢體的張力。

以報復為目的之行為，也許是最難客觀剖析的；這通常也需要配偶或其他能給予支持的成人一起透過團隊合作的方式來控制。對父母而言，要克服自己心中負面的情緒可能極為困難，但避免報復，會是有效回應的關鍵。可使用暫時隔離法（time-out，本章稍後會討論），同時一面接納孩子，一面用言語讓他知道，你明白他心中其實又氣又受傷。這麼做可以平衡孩子受傷的感覺，通常可明顯使孩子放下武裝，並幫助他感覺被愛，至終讓他們覺得採取報復是沒有必要的。

當父母能意識到孩子總是試圖想傳達一些想法，且所有不當行為的目

的都來自於這四種類型之一，這有助於化解親子之間逐漸升高的緊張關係。通常，當父母開始從這個角度思考孩子的不當行為時，我可以看見父母明顯地放鬆了。父母這麼做，可以知道如何改變不當行為，同時提供適當的引導，成為孩子的正向楷模。

● 改變行為的策略

和一般同儕相比，身心障礙孩子的發展歷經不斷變化的過程，有些今天或明天還適用的管教原則，到下週或下個月可能就不管用了。當父母擁有一系列正向的教養策略時，面對孩子的問題行為時就比較有能力因應。正向管教的目標，在於讓孩子形成自我管理的能力，使孩子能表現適齡的反應，並與父母合作。當父母採取正向的教養策略時，也會對自己和孩子有較正向的觀感。父母宜注意下列這些作法，把目標放在引導孩子學習理解不同情境下自己被期待的行為，並避免施予無效的處罰，包括：

- ·威脅，通常父母不執行這種方法，此方法會容易降低父母的威信。
- ·大吼，這種方法通常無效，並且，除非父母提高音量，否則孩子不會聽從他們的話。
- ·侮辱、謾罵，與其他孩子做負面的比較，這種方法讓孩子覺得很丟臉。
- ·收回與孩子問題行為無明顯關聯的特權並惹孩子反感。
- ·打屁股，這是成人最常見挫折的表現，也會讓孩子學會肢體攻擊，或變得膽小被動、容易害怕。

著名的兒童身心科醫師海姆·吉諾特（Haim Ginott）認為，打屁股教導孩子學到「當你生氣的時候，你就可以打人」。雖然用打屁股來減少不當行為，可能暫時可維持一段時間，但卻無法教導孩子適當的行為。打屁股也許可以釋放父母的怒氣，但打完孩子後，多數父母都會感到有罪惡

感。此外，許多孩子會藉由父母的罪惡感去獲得他們想要的各種東西或特權。就如吉諾特所言：「我從沒聽說，有孩子因為被打屁股而變成更有愛心的人。」

強調正向

預防勝於治療，給予所期望的行為正增強，比防堵不當行為的發生更好。父母很容易花許多時間聚焦在處理孩子的問題行為，特別是當孩子的行為表現跟別人不同時，更會令父母不悅。此時，父母希望減少或消除孩子的不當行為，期待孩子看起來正常一點。這就是為何父母的焦點通常放在問題行為上，而忽略了孩子的強項。

當孩子的不當行為持續大量地被注意，他就認為這是與父母取得連結或歸屬的方式。然而這也使父母必須一直糾正孩子，並且因而產生沮喪或罪惡感。儘管為孩子設立界線是有必要的，但仍有必要透過關注及讚許好行為來加以平衡。這能使孩子表現出更多大人說「可以」的行為，並且減少「不可以」的行為。這種方法稱之為「**遇見孩子的好**」（catching the child being good），能讓親子都感覺快樂一點。

艾倫・蓋林斯基在一間一般托兒所做了個非正式的實驗後發現，父母常常過度放大孩子難以掌控的時間，卻小看孩子願意配合的時間。我曾經與兒童心理學家勞倫斯・夏皮羅（Lawrence Shapiro）學習過「四比一法則」（Four to One Rule），這個方法教你有效地保持正向態度。根據這個法則，父母在對孩子的一個負向或不當行為加以責罵前，必須先讚許他四個良好表現。

在回應孩子正向行為的同時，也培養他們的正向自我形象和自信。請注意，在糾正孩子不當行為之後，要盡快找機會對他後續做到的良好表現加以肯定。這能讓孩子在他的行為被糾正後，仍能感覺自己是被愛的且有價值的。

設立界線

孩子既需要感覺被愛和正向的注意，也需要有人為他設立界線，這兩方面若有所偏頗，他們的成長會受到抑制。這種情形對身心障礙孩子而言尤其重要。他們面對嚴峻的行為挑戰時，在合理的期望下，進步才更容易顯現。相反地，不切實際的期望，也許會打擊他們的自尊。對父母而言，無論是教養一般孩子或特殊兒一直到孩子長大離家前，父母的內心都難免會不斷掙扎著如何設立界線及建立威信。

眾多親子衝突的核心，在於父母都期待孩子可以有不同的表現。而成功地設立界線是基於對孩子技能的切實評估。掌握了孩子的能力現況，可避免設立不切實際的界線；且重要的是，不論設立什麼界線，父母還須了解孩子的障礙對他是否容易越界造成的影響。孩子也許無法表現出父母期望的行為，或發展預備度已足以達成期望；因此，尋求其他父母、朋友、教師、治療師及了解你孩子的醫師等人的協助，或參考相關書籍，父母較能建立對孩子合理的期望。

兒童心理學家暨身心科醫師葛林斯班建議父母，在增加對孩子的限制時，同時也要增加地板時間的量。父母的同理與溫情有助於孩子意識到，你正透過與他建立愉悅的連結和設立界線來教他一些事情。這麼做也會讓父母比較不會有罪惡感。葛林斯班也建議，一次只要教導孩子一個重要技能就好，並且要求的原則必須是廣泛情境下都可執行的，然後頻繁地、冷靜而堅持地實施這些原則。

當我們開始設立和執行規則時，無可避免也會重新回顧我們的童年。許多父母都會刻意避免重演兒時受過的傷害，在此前提下，我們會設法重建我們的童年，並希望成為我們心中期望的那種父母。在強制、服從權威的教養中長大的人，會努力追求自己的彈性和同理心，因此也就更難去設立界線和執行規則；然而，在縱容寬容的教養下長大的人，也許渴望更多

的結構化和規則，從這些明確堅定的方向中獲得安全感。假如我們希望成為成功的父母、幫助孩子發揮潛能，那麼不論是哪一種環境，我們都需要不斷地修正自己有彈性和立界線的技巧。

在為孩子設立界線或下指令時的用語，能幫助父母保持界線的明確，並讓孩子更願意配合。比起負向語言，正向語言的效果最好。例如，我們可以說：「請輕輕關門」，而不是說：「不要甩門」；或是說：「可以吃小口一點」，而不是說：「不要吃那麼大口」。在提出要求時，也可用比較和藹的語氣，例如：「再玩幾分鐘後，我們就要回去了」，而不是說：「不要再玩了」。有時，說出具體明確的要求，會比一般的要求更能得到回應，例如說：「把積木放在這裡」，而不是說：「把玩具收好」。這些技巧都能幫助我們創造正向的氛圍，減輕心中的罪惡感，並預防心裡不斷醞釀怒氣，最後破壞親子關係。

● 重新引導孩子

蹣跚學步的幼兒都渴望探索周圍的世界，也因此可能碰觸到危險或不恰當的物品。而具有衝動過動，或因認知缺陷而無法察覺危險的大孩子，也會讓父母有類似的掛慮。這種困難，又因為孩子發展上異於同齡孩子的行為，更加突顯父母心中夢想的失落。父母可能因為被迫付出額外心力來監督孩子，而導致體力上的負荷和壓力。然而，藉由轉移孩子的注意力，並重新導入安全接納的環境，常常可讓親子互動變得更加愉快。

轉移注意力，對於好奇心強與注意力短暫的孩子而言，是個有效且尊重孩子的方法。例如，若六個月大的嬰兒緊抓住父母的頭髮不放，造成父母很不舒服，這種情況下的簡單作法是，你只要拿有趣的物品給他玩，情況就可以很快地轉變。孩子的注意力會從父母的頭髮移開，重新轉到他所喜愛的東西上。

　　這個技巧對我兒子塔立克來說，非常有幫助。塔立克十分好動，我想他可能是受到尖刀上的亮光所吸引，常會去拿一把小刀開心地揮舞和玩著。如果我強行把刀子拿走，那麼不當行為處理後果的惡性循環會就此展開，他會很沮喪、哭鬧、不斷跺腳，持續至少一小時以上，因為他會不斷地想要拿回刀子。

　　光是這樣持續一個小時的衝突，真的是會讓你「很頭大」。因此，這時候我會輕輕地叫他的名字，與他交換他喜歡或想要的物品，例如橡膠球、橡皮蛇等，這種方法通常很管用。看著他走過來，並且願意跟我交換東西，真的有如在變魔術。他會全心投入物品的交換，並且忘記剛才刀子的事情。之後我會很快地將他帶到房子的其他地方，重新把他安頓下來，並避免再次發生同樣的問題。與其破壞他的樂趣，或讓我感覺被他吃定了，用這個方法讓我感到是個能勝任、愛孩子、了解孩子的父親。

塔立克拿著史努比玩具自得其樂

忽視不適當的行為

　　儘管知易行難，但請記住，無法被注意的行為，就不會得到增強。如我們前面討論到的，通常孩子表現不適當的行為是為了獲取注意力。但鼓勵孩子的合宜行為仍是比較容易的，這能將不當行為降到最低。許多動物、孩子與成人的實驗研究結果顯示，沒有被增強的行為，就容易消弱或褪除。

　　這個技巧很適合用來處理一些比較沒有破壞性、危險性的小問題，例如孩子抱怨碎唸、悶悶不樂、啜泣、發脾氣、企圖干擾別人、亂罵人等。當然，這些問題通常會被視為「重大」問題，因為它們挑戰到自認愛孩子又好脾氣父母們的權威。計畫性地持續忽視孩子的碎唸抗議，通常那樣的行為就會減少。然而，一開始執行忽視時，這些行為出現的頻率、持續時間和強度，可能會先增加。原因在於，孩子會設法把父母拉回舊有的反應模式。因此，在孩子行為減少之前，父母最好先有心理準備。

　　瑞克（Rick）和茱蒂（Judy）為了兒子凱斯（Keith）的問題來找我諮商。每當凱斯玩得正開心時，他就不願意與爸媽一起出門，並出現哭鬧行為。四歲的凱斯語言能力有限，會賴在地板上、拒絕配合。我問瑞克和茱蒂，在學校時是否也會發生這種情形，他們說學校老師處理得很好。我建議他們可以問問學校老師處理的方法。據他們後來的了解，學校老師只是期待凱斯能配合，並且做好出門或轉換活動的準備。雖然凱斯有時也會抗拒老師的要求，但從未像在家中那麼劇烈。

　　對瑞克和茱蒂而言，他們很難忽視孩子的哭鬧行為。當凱斯不願放下手邊遊戲時，他們會覺得難過而有罪惡感；但屈服於凱斯則會增強他的哭鬧，並且讓凱斯在家中的地位居上風。我建議這對父母可到學校觀察孩子，看看當老師要他合作或配合時，他是否會不願意。父母從觀察中發現，當老師忽視孩子的哭鬧後，他會很快地聽從老師的指令，並且回復平

和的心情。瑞克和茱蒂藉由檢視自己的情緒，並實際觀察所實行的策略，他們就能擬定行為改變的策略方案。

建構安全環境

幼兒透過探索周遭環境來學習，但這麼一來就必須注意這個幼兒會因無知的碰觸而造成什麼損傷。為了容許他們獲得更多真實的體驗，父母可以建構一個適合成長的安全環境。這個策略通常被稱為「**兒童適用**」（childproofing）或「**嬰幼兒適用**」（babyproofing）。透過建立一個能減少說「不可以」的環境，父母在家中能創造更正向的氛圍。父母就不必再一直行使權威，孩子也可以在家中快樂玩耍。

一旦嬰幼兒開始會自主移動，家中就必須馬上布置兒童適用的環境。很重要的是，家裡要有許多讓孩子自由、安全地玩的玩具，孩子也不會一直去打擾父母。例如，在廚房裡較低的櫥櫃上配置安全的門閂，其中一個櫥櫃的門還可以打開，裡面放著安全且摔不破的器具，例如塑膠容器或塑膠碗。如此一來，孩子在等待晚餐的同時，也可以快樂地玩。

特殊兒比同齡孩子更長期需要這種安全的環境，有時候甚至是一輩子都需要。當父母看著別家同齡孩子不斷地發展成熟，愈來愈不需要兒童安全措施，且別家父母感覺居家生活愈來愈方便自由時，這可能會讓父母感覺心痛。另一方面，當你意識到你仍必須一直採取兒童安全措施，這種景象是很衝擊的。

設定可預期的時間表與生活作息，是另一種建立環境結構的方法。例如，先穿好衣服再吃早餐，先洗完澡再進行睡前活動。當孩子能預知下個活動要做什麼，他們會覺得有安全感，並且有一致的行為反應。當父母將孩子的作息時間結構化，就可減少因不願轉換活動而發脾氣的情形。例如，他知道洗完澡就是要準備睡覺，因此現在該停止玩遊戲並將玩具收好，準備去洗澡。

塔立克學會在提示下控制拍打
的雙手

讓孩子作選擇

讓孩子作選擇，能學習為自己的行為負責。這個策略也促使孩子學習
與大人、兄弟姊妹和同儕合作。簡單的作選擇能培養孩子的獨立性與掌控
感。當孩子可以調控適合自己能力的生活，他會更願意配合接受一些規
約。然而，父母仍是提供哪些選擇的一方，以執行對孩子設立的界線。

技巧純熟的父母會懂得提供結構化的選擇，既能吸引孩子，又是自己
所能接受的範圍。例如，父母帶孩子去購物中心，抵達後孩子想要帶許多
玩具下車，此時父母可以說：「挑兩個就好，那樣就很夠囉！」同樣地，
為了讓孩子隔天早上穿衣服更順利，前一天晚上就可以給他兩種選擇，因

為即使語言能力有限的孩子，也會有明顯的喜好。此外，這個策略在點心時間也非常好用，我們可以藉此提供孩子既健康又好吃的選擇。

🌑 自然又合乎邏輯的後果

提供自然又合乎邏輯的行為後果，是一種導正孩子不當行為的方法。**自然的後果**（natural consequences）源自於自然界的法則。例如，孩子如果不吃正餐，那麼在下一餐之前不允許他吃任何東西，他就會覺得肚子餓。**合乎邏輯的後果**（logical consequences）來自於違反社會合作的法則，例如瑞秋（Rachel）不願和梅麗莎（Melissa）分享玩具的後果是，梅麗莎也許就不願意繼續和她玩，或下一次也不願意與瑞秋分享玩具。

自然後果並不需要大人介入。當孩子拒絕吃東西，就自然會肚子餓並向父母要東西吃。此時，父母告訴他必須等待，他就會學到教訓。但當有危險時，父母就必須果斷地介入處理。例如，我們不會讓三歲的孩子跑到馬路中間，然後讓她學到被車撞的可怕。在這種情況下，父母需要設立一個合乎邏輯的後果：

「路邊不是你玩的地方——這樣做，你可能會被車子撞傷。你可以選擇在屋子裡或院子裡玩。如果你靠近馬路，那你就必須立刻進屋子。你想怎麼做？」

然後，如果孩子依舊走近馬路，他就違反了父母所設定的界線，那就得馬上進屋內待一陣子。父母之後可以再次詢問他，想要作哪個選擇。但是對於無法理解危險概念的孩子，很顯然，父母就不宜給他這樣的選擇。有時候父母會一味地相信孩子有能力理解危險，即使連專業人員都不認同孩子可以。在這種情況下，是極其危險的。倘若父母對孩子的理解狀況有任何疑慮，那麼，讓孩子在安全的範圍內犯錯才是明智的。

但其實生活中許多情境不見得都有自然的後果，因此父母需要設立合乎邏輯的後果。合乎邏輯的後果能符合特定情境的需要，並引導孩子發展

社會性的合宜行為。合乎邏輯的後果是以堅定而友善的方式給予。有時候父母很難在事情發生的當下，思考事情的邏輯後果該如何。讓我們來看這個例子，一個三歲孩子將兒童三輪車騎得太靠近馬路，父母通常會告訴他，不要將三輪車騎得太靠近車道，也不要騎到馬路上，否則他就必須很早上床睡覺。然而，騎三輪車和上床睡覺，其實是不相干的兩碼子事。合乎邏輯的後果應該是，如果孩子騎得太靠近車道，那麼他的三輪車將被沒收，留到下一次再騎。

提供喘息時間；暫時隔離

給孩子一點冷靜的時間，是幫助孩子重新控制自己的有效策略。父母在不得已的情況下，當其他所有方法都嘗試失敗後，再使用暫時隔離（簡稱暫離法）。暫離法對具破壞力的行為很有用，例如孩子脾氣大到大人無法再忽視的地步時、持續性地干擾或打斷他人，或有咬人、踢人、打人等攻擊行為。暫離可以拿來作為選擇時的選項，也可以當作一個合乎邏輯的後果。大人可以讓孩子作選擇：要自己冷靜下來，或選擇被暫時隔離。

在我的經驗裡，我發現這個技巧是最常被氣急敗壞的父母用來對付孩子問題行為的策略，卻也是最常被誤用的一種。通常這個技巧被大人用來取代大吼大叫、打屁股，但這其實不是暫時隔離真正的目的。如果孩子僅僅是被排除在父母的怒氣之外，那麼他們還是不知道該如何改變自己的行為。父母實施暫離技巧時，必須冷靜堅定，而且還要有同理心。如此，不僅孩子可以學會控制自己的行為好再和大家一起，父母也可以同時得到冷靜的機會，控制自己被孩子引發的負面情緒。

這段喘息時間必須延續到孩子冷靜下來為止。使用這個方法的最佳原則是，暫離時間的長度依孩子的年齡計算，每多一歲，多加一分鐘。暫離的用意並非拒絕或孤立孩子，而在教導自我控制。最後，孩子必須判斷自己是否已預備好解除暫離。父母可以對孩子說：「當你覺得你已經冷靜下

來而且準備好重新回去玩玩具，你就可以出來了。」這個方法能幫助孩子達到內在的自我控制。父母如果不太確定孩子到底能理解多少，可以請教孩子的導師或其他專業人員。暫離的場所必須遠離人群，簡而言之，孩子需要一個安靜的空間。當暫離結束後，不急著立即跟孩子討論問題──只要繼續進行接下來的活動。討論暫離會吸引旁人對孩子問題行為的注意。

雖然引導身心障礙孩子的行為非常困難，但還是有很多的機會可讓你探索和理解孩子各方面的發展。與此同時，身為父母的我們，隨著孩子的成長掙扎和尋求需求滿足的過程，也可以一邊認識我們自己、檢視我們的期望和內心的沮喪。在每天的作息和行為中，其實都蘊藏著無數可供孩子學習的機會。

父母每天與孩子的奮戰、設立界線、協商和問題解決，在在都是為了找到最適合親子的連結方式。本章所描述的觀點與技巧，是想幫助你與你孩子同步，並且跳脫障礙的限制，以找到引導孩子發展的方法。

孩子會經歷每一個發展階段，父母也會經歷不同階段，親子共同走過每個階段。雖然父母需要學習使用權柄，孩子需要學習順服引導，但事實上親子一路走來都在不斷塑造彼此。基本上，無論我們有哪些地方受限，親子雙方都有共同的需要──就是堅定、愛孩子且知道如何處理問題的父母。

Chapter 6

爸爸小組

大男孩別哭泣

泰德（Ted）很自在地談論著自己、小孩和每天的生活，突然間，他不發一語，只是望著天花板。同一空間裡還有十位男士與我圍成一圈坐著，大家都很有耐心且充滿好奇地等他繼續說下去。今天，我們聚集在俄亥俄州的哥倫布，要來討論身為特殊兒的父親會遭遇哪些挑戰，我擔任這個小組的帶領者。沉靜了一會兒，大家開始坐立難安，於是我問泰德，是否還有想和我們分享的事情。

泰德仍舊望著天花板，欲言又止地說：「我還有好多話想說，但是，我害怕我再繼續說下去，會失控地哭出來……，而且，我的淚水可能會一發不可收拾。」

很明顯，他的眼睛向上看，是為了不讓眼眶裡的淚水滑落，當他的臉慢慢朝下，看著其他的團員時，眼淚便輕輕地從他的左臉頰流下。這個景象雖然令我們措手不及，卻也細膩地傳達出男人的情緒。坐在泰德右手邊的爸爸，伸手過去擁抱他。這個突如其來的事件催化了其他的爸爸們，讓他們也跟著願意敞開心胸，團員中許多人都熱淚盈眶地接續著分享，聲音中都蘊藏著深厚的情感。

泰德無意間道出了更多他原本不想表達的訊息，但他的坦誠釋放了其他在場的父親，讓他們也不自覺地從桎梏裡掙脫，願意表達深埋內心的情感。這是否因為我們已將這些情感禁錮得太牢、太久，以至於讓爸爸們相

信，一旦他們哭了，淚水將一發不可收拾？

男人情緒的反思

　　星期六的早晨，我被鬧鐘音響傳來的爵士樂叫醒。今天是母親節的前一天，對我而言，今天是個工作天，我的行事曆上預定這個週末要去帶領一個有多重障礙孩子的爸爸小組。過去幾年來，我已經輔導過這群孩子的家長團體幾次，但是從未接過爸爸小組的輔導。因此，今天將會是不一樣的一天，彷彿有個獨特的挑戰等著我，因為男人總是習慣隱藏自己的情緒（生活中，我們男人對自己、對女人、對孩子而言，常常是一個謎）。

　　正當我在沖澡與刮鬍子的同時，先前的思慮又浮現我腦海中：今天將會是怎樣的情況呢？小組的團員會將我視為一個男人中的男人嗎？或是一位唯唯諾諾、儒弱無用的心理醫生？連我自己都笑了，自從我五、六歲以後，我的認知中就有這樣的想法，所有的小男孩都希望自己擁有男子氣概，也害怕被別人稱為娘娘腔。如今這種不安又油然而生了。可見兒童早期的特殊經驗多麼具有影響力，那個記憶仍持續不斷至今。即使是真男人，也會有感到擔憂的時刻。於是我清醒地提醒自己，這可不是電視影集《妙爸爸》（*Father Knows Best*）的完美戲碼。

　　男人間的競爭，是否會導致我們最後無法完成任何事情？男性的攻擊性是否會傷害了彼此？即使這些問題揮之不去，我仍覺得自己已經準備好面對今天的挑戰了。這種混雜著自信和不安的情緒，提醒我看見內在自我裡，有一些戒備但又有略佔上風的優勢，讓我可以好好來為今天的工作盡心竭力。

　　我真希望今天能和家人一起待在家，他們計畫今天要整理院子。氣象報告說，今天是個溫暖的晴天，整理庭院時，卡拉一定會湊近花叢去聞花香，不知道我和安東妮特一起種的向日葵種子到底發芽了沒。我明白這種心情是面對今天的挑戰工作所產生的一種矛盾。我應該要去工作，但是我

又想留在家裡。雖然以前我也常常有這種感覺，但是今天這種感覺特別強烈，因為今天的工作非比尋常，男性小組尤其需要花心力；想要讓男人敞開心胸，是不容易的。

我告訴自己，今天晚上我就會回家吃晚餐，況且回家時天色應該還很亮，還可以好好欣賞庭院裡春天的花朵。我喝完了柳橙汁，把今天的講義放進公事包裡，然後走去開車。早晨的空氣充滿著馥郁的花香，左鄰右舍的灌木叢也盛開著花朵。我在賓州收費公路上向西行駛，並在 80 哩處停下來買了杯咖啡，然後在車裡小口啜飲。

在我重新發動車子前，我又花了幾分鐘看看今天工作坊的講義，以及我最近做的筆記。我特別想起心理學家山姆·歐社森（Sam Osherson）在他的書《找尋父親：男人世界的未竟之事》（*Finding Our Fathers: The Unfinished Business of Manhood*）所指出的：為何父親會在孩子心中留下這麼長遠的影響，並對孩子的認同感扮演如此重要的角色？男人如何處理自己與女人、周遭男人以及孩子的關係，通常都與他和自己父親間有未解之結有關。在職場世界裡，男人也常強烈地被他的父親所影響。許多人與他們父親的關係時常很糾結，有時甚至終其一生都在找尋一些方法，以使這段生命中的核心關係能令人滿足。

● 男兒的淚痕

我回到車上，繼續開著車前行。黃、白色的野花綻放在公路兩旁，我將車內的收音機調到爵士樂電台。我想起第一次看見我父親哭的情景，那也是我第一次被情緒淹沒的時刻，就是我的弟弟唐恩（Don）過世時。

雖然現在想起這件事，我仍會傷痛滿懷，但我覺得詮釋這段逝去夢想之旅的唯一方法，就是從男人的觀點回溯弟弟的逝去，以及過程中我從我父親、我外公，和我自己身上所學到的經驗。

那年，剛滿二十九歲的我，剛結第一次婚，唐恩則快滿二十三歲。我

是家中八個孩子中的老大，唐恩排行老四，那時他還跟爸媽住在一起。在
1977 年十二月的一個夜晚，天氣寒冷又多風，我參加派對結束後開車回
家，小心地避開路上的碎冰積雪。

回到家後，我立刻上床睡覺，希望明天一大早能爬起來接聽唐恩打來
的電話；因為前一天下午我們已經約好隔日一早碰面，一起去慢跑，他告
訴我他那天晚上不會出門。因此，當星期天一大早我被電話聲吵醒時，還
以為是他打來的電話。但電話中傳來的卻是我母親告知我一個惡耗——我
的弟弟被大卡車迎面撞上。可能有別輛車子打滑，另一名司機的狀況相當
危急，而唐恩就這樣走了。

「他說好今天早上要打電話給我的！」我不斷地對母親重複這句話。
他應該是待在家裡才對。母親請我立刻趕過去，我腦中一片空白，以至於
忘記告訴她我會立刻過去。

我匆忙穿上衣服，腦中還一直想著：唐恩不可能發生這種事，剛剛的
電話應該是他打來叫醒我的才對，等我到爸媽家時就會見到他了。我走去
發動我那台 1971 年份的古董福斯金龜車時，冬天十二月的冷空氣沁入了
我的胸口。這段通常需要花二十分鐘的車程，那天居然很快就開到了，我
想留給自己更多的時間思考，但根本沒辦法。這棟我曾經居住過的房子，
隱約地矗立在我面前。

我把車停進庭院車道時，父親出來迎接我，他早已在窗前等候多時，
這是他從未做過的事。他越過被晨霧覆蓋的草皮，跑過來擁抱我，傷心得
淚如雨下，我可以感受到他胸口的抽搐，以及他身體的顫抖。

打從我長大後，這是他第一次主動擁抱我；小時候，當他工作回到家
時，他會呼喚我前去。這也是從我有記憶以來，第一次看見他哭泣。以
前，我多數見他情緒暴躁生氣、難過，但卻從未見過他流淚；我不知該如
何面對他。這是我第一次真正意識到，唐恩真的永遠離開我們了，我再也
見不到活生生的他了。在那男性流露的真情裡，有著最嚴肅的表情。從小

到大，男人心中的格言是「男兒有淚不輕彈」，但現在我可以釋懷，既然我父親可以哭，那麼我也可以。

我對那天早上我母親的記憶並不深，可能是因為在此之前，我已經見過她哭過，知道她啜泣的神情是什麼樣子。她是很容易掉眼淚的人，但通常過一段時日後，她的情緒就又會回復到正常的狀態。然而這一次，她絕望至極，也因此她連續好幾個月都因哀傷病倒。

過了一會兒，外公叫住了我：「哈囉！羅伯……」他的聲音哽咽了，他無法控制地放聲大哭。這個在我生命中另一個從未哭過的男人，現在也淚流滿面。我想安慰他，卻不知如何是好。那天接下來的時間，每當我看見他，他都試圖壓抑著心中的悲痛，但我可以從他的眼中看到他從未有過的傷心，從這位我母親家中的男性長輩流露出來。

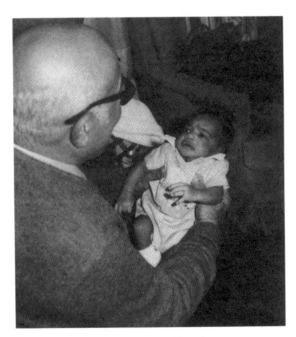

我的外公抱著塔立克

我弟弟埃爾（Al）抱著塔立克

那天早晨我忙著打電話通知家中的親友，並且請他們轉告這個消息。我很難過，我的聲音顫抖著，但我並沒有哭泣。因為我認為此時的我一定要堅強起來，協助我父母度過今天。身為長子的我──這是我一生的職責，我要做好這個工作。

下午回家後，我到浴室裡沖個澡，在將蓮篷頭的水調熱時，我的眼淚滑落下來。當淚水和著熱水沖刷我的身體時，我全身顫抖著。我不希望眼淚流下來，我也無法讓它們停止。大約過了很長一段時間，我的身體才逐漸停止顫抖。我的思緒、我的心和我的全人，都被哀傷所充塞。方才我全身肌肉是如此緊繃，直到現在才放鬆下來。

接下來幾天，我的記憶是模糊的，但是，唐恩的告別式在我記憶中卻顯得格外清晰。我依稀可以看見外公外婆、爺爺奶奶、叔叔阿姨舅舅們、表兄弟姊妹們、家中朋友們和唐恩的朋友們哀慟的神情，聽到他們抑制不住的啜泣聲。教堂裡滿是震驚的人們，一位身體健壯的年輕人就這麼驟然離世，直教眾人感到意外。加上唐恩的樂觀性情與愛笑的特質，失去他的哀慟之情，讓此情此景的對比更為鮮明。

告別式當天，人們不斷地問我，我父母的狀況可好，沒有人問我好不好。我想我弟弟妹妹們應該也跟我一樣有相同的經驗。但事實上，我不知道怎麼問自己這個問題，因為我連自己好不好都不知道。我和其他弟弟們都隨侍在靈柩旁，而妹妹們則陪伴著父母和外公外婆、爺爺奶奶。他們哭

泣著，而我們兄弟們則強忍悲傷，表現出勇敢的模樣。

　　家人們的哀傷使靈柩更加沉重。我們將靈柩放下墓穴時，我再也按捺不住地啜泣，儘管此時我希望自己可以忍住悲傷、不哭出聲。即使身處現在，當那一幕浮現在我心中時，我仍可感覺內心不斷地顫抖著。當下，我弟弟瑞奇（Rich）用他的雙臂溫柔又厚實地擁著我，漸漸地，我才又恢復平靜。我現在仍能感受到瑞奇那天用膀臂環繞我的感覺。

　　現在回想起來，我父親、外公、弟弟們傾洩而出的情感，是我人生中情緒成長的起點，它讓我成為一個更完整的男人。雖然我希望有其他更容易讓人接受的成長方式，但這就是我所走過的人生路徑。接著，就是我兒子塔立克的到來，藉由他真實的存在，促使我必須更進一步成長。

　　由我兒子所激發的探索，引導我探尋我與父親之間未完成的父子關係。對所有人而言，父親是我們人生中最有力且影響我們最大的人。

　　在前往父親團體的路上，我對於屆時父親們可能會在小組中表現出生氣、羞愧、愛等情感，而感到緊張不安。團員間會不會引發競爭的火藥味，並導致我們發生衝突或製造出新的傷痛，抑或就此掀開我們各自內在的舊傷痕？這些都是男人間常發生的事。

　　在這之前，我已經見過許多這樣的男人，而我們對待彼此都相互尊重，特別是因為我們都帶著家有特殊兒的傷口，我想我們當中大部分的男人應該都不必劍拔弩張即可好好地連結彼此。我們都是面對相同敵人的騎士──至少我自己是這麼認為──這樣想幫助我準備好自己去面對待會兒要帶領的團體。我希望團員們心中的高牆能夠倒下，而且沒有人會覺得受傷，因為我們都懷抱著共同的需求而來。

　　山姆・歐社森曾經指出，這種令人不舒服的張力、左右為難的困境，常見於彼此沒有連結的男人之間，以及父子之間，但這是一種正常且自然的情況。我們心中總是渴望與父親相互連結，然而，我們卻也會衝動地抵擋與逃避這種親密。這也許能幫助我們解釋，為何男人不習慣直接說出他

們的感受，反而傾向間接透過敘說他們奮鬥的故事來表達情感。

我記得小時候當我父親下班回家時，我有多麼興奮——當他對我生氣時，總是讓我覺得自己微不足道和疏離；但當他將我抱起坐在他大腿上，問我說：「我的小寶貝，你好嗎？」又讓我感到如此溫暖快樂。猶記得上大學時，年少氣盛的我和父親在一些政治立場與生活方式的意見不同而起衝突。然而，隨著時間過去，我們父子最終逐漸調和彼此的差異，並學會尊重這些差異。許多男人在數算他們與父親之間類似的經驗時都發現，這當中好像還少了些什麼東西。也許這就是這兩本暢銷書——羅伯特·布萊（Robert Bly）的《上帝之肋：一部男人的文化史》（*Iron John: A Book About Men*）和山姆·金恩（Sam Keen）的《腹中之火：當男孩長成男人》（*Fire in the Belly: On Being a Man*）——所描述的那種內心對父愛的渴望。

男性總被認為應該要「堅強、無聲」，而我們大部分印象深刻的經驗是我們獨自一人承擔所有事情，不吭聲，也不與別人分享。但從我個人的經驗發現，當你向別人訴說自己的生命故事，並且接受來自他人的同理時，那是多麼令人釋懷。其實很多時候，我們都只是希望別人能像朋友一般地傾聽與理解我們的心。我希望我也能熟練地引導團體成員彼此之間激起有意義的火花，就如同這些過去經驗對我的影響一般。

這種蘊藏在我能力之中的影響力，造就我在帶領男性的團體時能更快更深地連結團員，點燃小組的動力。也許這是因為我能用不同的方式傾聽團員們所透露的情感，或是向他們多揭露一些我的想法，或多問他們一個問題好讓彼此的互動更豐富、完整些。現在，我已經不再逃避那些每天讓我不舒服的親密人際關係了，我也比過去更能和這些角色奮戰——不論是作為丈夫、兒子、哥哥、父親或朋友。

在 1990 年代後期，一位智能障礙青少年的父母來找我諮商。當我見到這位年輕人的父親，我問他，生下一個障礙兒，並且他是姓你的姓氏時，你的感受如何？這位父親是一名成功的商人，他回道：「你知道的，

你已經經歷過了。」男人們常常說這種話來與另一個男人對話，但其實他們的內心仍然試圖逃避分享他們真實面對的情況。敞開胸懷並不被視為「男子漢」應有的特質。

於是，這一次我回答他：「我很明白我自己內心的感受，你能多告訴我一些你內心的感受嗎？」嗯，就是這樣——再多問一個小問題——能讓他敞開說出自己的沮喪，分享他對未來的擔憂。最困擾他的問題是，他這個兒子可能永遠無法完全獨立，而且他另一個兒子與女兒會覺得，當爸媽過世後還得照顧這樣的手足負擔真的很重。這種對未來的擔憂，常見於身心障礙者的父親，且過去文獻亦有探討。一旦他願意告訴我這些事情，我就更能幫助他思考這些問題。

當我繼續開往目的地的過程中，我很容易迷失在自己的思緒裡，這種情形從我小時候就有了。我經過了青翠蓊鬱的鄉間，下了收費高速公路，順著路牌的指示，我開到了旅館。來參加這次團體的家庭都下榻這間旅館，活動也將在此舉行。我原本就計畫早一點抵達會場，可以與已經到達的團員們共進早餐，這樣能使我帶領團體時更自在，並且「感受」一下這個團體的氛圍。每逢我帶領工作坊或團體之前，我都會盡量提早到達會場。眼前我仍會感覺自己有點緊張與習慣性的害羞，即使面對特別的今天也不例外，因為我是來見一群多年不見的老朋友。

加入這些家庭

這群坐在輪椅、挂著助行器、撐著枴杖的孩子們的身影，讓我很快便找到這些用著早餐的家庭。就像我的兒子一樣，這些孩子年紀愈來愈大，體型也愈來愈壯。隨著年歲的增長，這群孩子的力氣和限制也益發明顯。這些孩子中，有些是腦性麻痺，手腳動作有障礙；有些是顏面傷殘；有些是視覺障礙或聽覺障礙。他們有的心智能力正常，而有的則有智能障礙。他們的父母或兄弟姊妹都和他們一起來參加，這群人看去就跟一般人沒兩

樣。

這些孩子的年齡從學步兒到青少年都有，我看了內心突然一陣辛酸，當你看到別人的問題比你的問題還嚴重時，會使你覺得好過一點嗎？我心中想起歌詞「多虧主的恩典，使我沒有更慘」（There but for the grace of God go I）或是冒出「別抱怨，總有人比我更慘」，至少我的兒子沒有肢體障礙或是外形殘缺──因為這樣想而得到安慰，真的很怪異！但這就是真實的感受，詭異卻又人性化。我想，來到這裡會有這種想法，或是這樣說出口，都是可以接受的，因為這些父母如果遇見比他們孩子更嚴重的經驗時，可能也都會有相同的想法。多麼弔詭，但又多麼真實的人性啊──就是這種存在於彼此之間有聲與無聲的相連，使我們在一起時都能感覺自在些。

空氣中瀰漫的香味，引我走去享用這頓豪華的自助式早餐：玉米片、水果、馬芬蛋糕、奶油炒蛋、培根肉、煙燻腸和各式果汁。我盤子裡盛滿了食物，然後我找到一個空位，那一桌坐著兩位我認識的團員。本質上我還是一個容易害羞的人，但能遇見認識的人，我便鬆了一口氣，因為我不需要再去認識新面孔。我與他們互道早安，並加入他們的談話。在這裡我覺得更像是個家了──我是一名同路人，而不只是個專業的「專家」。他們對我的到來也感到很自在，直呼我鮑伯（Bob），同時也很尊重我專家的身分。

喬治（George）和伊撒（Isaac）正在談論身心障礙者倡議的議題，他們的妻子莎莉（Sally）和馬莉（Mary）正在協助自己的孩子吃飯，我們互相問好。他們問候了我的家人，因為我家人上次跟我一起參加了他們的聚會。伊撒是位非裔美國人，他積極投身於人權工作，從這個角度來看，他似乎非常能將他的工作與他十幾歲女兒的問題結合，堅定的為他女兒的長期需求而奮鬥。喬治在他的家鄉擁有一間五金行，並且也投身於公益團體。

　　整個餐廳裡，都是代表出席的男士們。在我以前的經驗裡，很少碰到這種情況，過去這種小組活動通常都以女士出席居多並由她們來主導，而特殊兒的父親們多數時間是隱形的。我今天的任務之一，就是來揭開這個神祕的面紗。我的觀察發現，障礙程度愈重的身障者的父親，往往會更主動積極地參與其中。

● 新好男人

　　男人常常會以極端的方式來做出回應，而特殊兒的父親就屬於這種類型。他們若不是非常積極，就是非常退縮至幾乎不存在，多數父親似乎都是缺席的。許多專業人員從這個觀察結果假定，父親們其實並不希望參與其中。但事實果真如此嗎？或其實男人們是以不同的方式來面對失落後的哀傷，因此才會以不同的方式來回應及參與？

　　在 1970 年代以前，學術文獻上都大大忽視了父親在兒童發展過程所扮演的角色。雖然父親被視為家庭的供應者和保護者，卻被認為不需要每天參與孩子的教養活動，除了期待他執行家規以外。記憶中，好像大家都曾聽過：「等你爸爸回來，你就完蛋了。」社會科學家在強調母親的重要性的同時，似乎忽略了父親的重要性，以及孩子成長和發展所需的家庭生態環境，連「**父母**」這個詞，也成了「**母親**」的同義字。這種趨向同樣存在於特殊兒的父親當中。因此，關於父親議題的文獻相當有限。

　　當父親的角色「重新被發掘」的同時，許多男人正對他們傳統的角色感到挫敗。1970 年代以後，研究人員發現，父親要成為養家餬口的經濟支柱的責任感，有時候反而扼殺了他們養育孩子的天性，但事實上他們同樣也可以是溫柔的，能投入教養孩子並提供紀律規範。再者，隨著愈來愈多婦女步入職場，父親們也變得更加投入每日的子女照顧。

　　人類學家韋德‧麥基（Wade Mackey）在他跨文化的研究中指出，當男人花時間與孩子相處時，他們外在的互動行為表現也更接近女人，特別

在教養方面。並且，不論孩子性別為何，情況都是如此。

任職於全美國家兒童健康與發展中心（National Institute of Child Health and Development）的發展心理學家麥可・蘭姆（Michael Lamb），是一名研究父親議題的領銜學者，在他的回顧研究中揭示，父親和母親在與新生兒的互動上呈現了一些顯著的差異。母親花較多的時間照顧嬰兒的基本需求，而父親則偏向和嬰兒玩遊戲；與孩子玩遊戲時，父親比母親更精力充沛且大而化之。然而，父親與母親都能採用適合孩子發展程度的遊戲來陪孩子玩，這意味著，不論父親或是母親，對孩子的發展都具有敏銳度。

蘭姆在其他專業文獻裡也發現一致的結果。父親和母親在起初面對身心障礙孩子時的回應並不同。父親的情緒表露似乎較少，且傳統而言他們較專注於孩子長大面臨的問題，例如經濟的負荷。而母親則較能敞開自己的情緒，並且更關心日常照顧的負荷。每天較少與孩子互動的父親，否認孩子的障礙與影響的時間也較長。愈來愈多關於男性的文獻告訴我們，男人表達情感的方法不同於女人，起初他們多會採取否認方式，以避免表達情感。我很好奇在我即將面對的團體裡，男士們會如何表露他們的情感呢？

專業文獻也已指出，父親們對兒子都有更高的期望，也因此，當兒子無法達成父親的夢想時，父親會更容易失望。這有如對男性自尊的極大打擊，一個父親顯然失去了繼承者。同樣地，當母親無法為丈夫生出一位繼承者時，他們也會認為被剝奪了擁有「一個模子印出來的」子嗣的權利。

現今已經有一些強而有力的科學資料透露了些端倪。賓州大學的社會學家飛利浦・摩根（S. Philip Morgan）歸納一萬五千個家庭的研究結果後發現，家中有一個兒子，最有可能維繫父母間的關係。家中有一個兒子，有助於父親更主動承擔起親職的角色；而家中擁有兩個以上的兒子，則更能堅固父職參與。摩根博士在 1993 年 5 月號《育兒》（Child）雜誌中也透

露一個驚人的統計推估,據他估計,每生一個男孩就可以降低 9 % 的離婚率。

暖身預備

用完早餐後,我需要有一點單獨的時間作預備,因此我離開餐廳前往今天活動的場地。大部分的家庭也才剛吃完早餐,並且把孩子帶到兒童看顧區,看顧區是由本次活動主辦單位所提供的。會議室就在餐廳隔壁,透過大面透明的玻璃窗,可以看到外面的高爾夫球練習場,以及蘭開斯特郡(Lancaster County)起伏地形的鄉村風光。會議室裡,已擺好了我所要求的二十五張椅子,且圍成一圈。

小組團員開始陸續走進會議室。他們站在會議室門邊,互道早安彼此介紹,並聊著今天的天氣有多美好。我答應大家:「我們今天會找一些時間到戶外走走。」視情況當場決定,是我帶領團體讓大家一起參與的慣有風格。愈來愈多團員紛紛走進來了,門邊也變得擁擠起來,但是似乎沒有人想向場地中心移動並找位置坐下。我意識到,當夫妻分開時,就會產生一種尷尬的氣氛;太太們都在樓下大廳聚會,也沒有人妨礙他們進到會議室,但我感覺這群孤單的男士們似乎不知所措,只會望向我,我必須讓他們感到更自在一點。

當門邊已經沒有空間可站的情況下,他們終於往會議室中央靠近。為了讓活動可順利開始,我便先坐了下來,並邀請大家也來坐下。我感受到大家內心都鬆了一口氣——活動總算要開始了,接下來領會者會帶領大家進行下面的活動。團員們的年紀看上去從二十幾到五十幾歲都有,大概也有六十幾歲的;大多數是白種人,有一些非裔美國人,一位西班牙裔,還有一位來自中東。

首先,喬治向團員們介紹我是誰,提到現場的許多人以前都見過我,而我是一位身心障礙孩子的父親,也是一位曾在研討會與工作坊對專業人

員和家長們分享的心理學家。接著，我跟大家分享了一些身心障礙孩子父親會面對的問題，並且點出他們很少出現在與孩子相關的會議上。那麼，他們都在哪裡呢？通常他們是在家照顧孩子，因為這樣妻子就可以出門參加會議。儘管如此，他們的妻子還是會感覺負荷過重，而且有很大的心理壓力。但是留在家中照顧孩子的男人們卻認為，他們已經在幫忙妻子了。在彼此都覺得自己已經在付出的情形下，夫妻之間感受到的盡是牽制與負荷。

當我環視在場的父親們，我發現許多人眼中發出理解的亮光，同時點頭表示贊同。我心中有很大的納悶，今天這個沒有妻子在的小組，究竟會發生什麼特別不同的事呢？

我接著評論說，男人婚後常會與他的朋友們漸行漸遠，與其他夫妻的交際則愈來愈多，然而，女人婚後仍偏向於保有她們的朋友圈，就如史都華・米勒（Stuart Miller）在《男人與友誼》（*Men and Friendship*）所說的。在擁有一個重度障礙的孩子後，我們男人變得更孤立了，這樣的狀況使我們更難與其他男人維持或建立友誼。當你無法像其他的男人一樣誇耀自己孩子的成就，你會怎麼辦？當別人問起你的孩子，你該怎麼回答？當你在搜尋合適的語詞來回應時，你如何處理哽在心頭的酸楚？我對大家說，今天也許我們可以用一些過去未曾用過的方式來交流一下。

我希望大家從自我介紹開始暖身，因此提議我們可照著座位順序自我介紹，分享彼此當父親的一些經驗和對今天活動的期待。現場出現短暫的沉默後，我右手邊的一個灰髮男士班恩（Ben）開始自我介紹。班恩的兒子現在二十幾歲，他已經參加這類研討會多年，但這是他第一次知道有男士小組，他總是從這些研討會中獲益良多，也對今天的活動充滿了期待，希望可聽聽別人的心得。

他左手邊的男士吉姆（Jim）接著自我介紹。吉姆看起來與班恩的年紀相仿，他的兒子二十九歲，他與妻子照料兒子的特殊狀況已有相當長的

時間，他們都非常投入家庭，但妻子希望他更常參與她也參加的會議活動。吉姆希望能提供妻子更多的支持。

下一位是哈利（Harry），是個常常出差的業務員。他的身心障礙孩子六歲，每當他在家時，妻子看起來似乎總是對孩子沉重的照顧量感到壓力很大。他很想多幫忙妻子，也為他必須常出差而感到愧疚。但是他看起來似乎也為此深受打擊，且缺乏奧援，儘管他沒有直接把這些心情說出來。

史提夫（Steve）是一個非裔美國人，他述說自己住在鄉下有多麼孤單，許多次週末聚會結束後，他都下定決心要打電話給伊撒（另一個與會的非裔美國人），並與他保持聯絡。然而，除了會議之外，他們從未有更多的聯繫。我想我們都曾經有過這種感覺，也沒有再保持聯繫。拖延，顯然是男人生活模式的問題之一，特別是在經營人際關係方面更是如此。

參加的成員中有些人是繼父，傑克（Jack）是一名油漆工，他的未婚妻有一名三歲的聾盲孩子。他很簡潔有力地分享自己是家中六個孩子之一，以及他很希望給自己孩子更多的關注，比他父親給他的更多。他試著在婚前學會如何當爸爸，但他不知道什麼樣的幫助對他的未婚妻才是最好。他的未婚妻希望這個週末他能跟她一起來，於是他就來了。

● 透過生氣與沮喪連結的動力

上述這群男士是不是都展現了典型男人在面對失落、支持配偶及否定自我感受時會有的表現？男人被期待如何面對失落？如喪親處理專家卡蘿‧斯島德雪（Carol Staudacher）在《男人與哀傷：失去所愛時的生存手冊》（*Men & Grief: A Guide for Men Surviving the Death of a Loved One*）中的章節所示：掩蓋情緒、處理實際的細節、支持他人、撐起失落的挑戰，甚至對傳統男子氣概的考驗等，都是男人面對的課題。然而，男人又被期待不能情緒失控、不能公開哭泣、不能擔心憂慮，或是不能表達難以承受的憂傷。

在《非比尋常的父親》（*Uncommon Fathers*）書中有一篇短文，加拿大

作者政治科學教授洛依德·羅伯森（Lloyd Robertson）寫到，他很擔心自己對女兒凱娣（Katie）的挫折與洩氣，會比對她的愛來得更強烈。凱娣生下來就有嚴重的腦傷，當他主動參與妻子對女兒的照顧時，他發現自己的心情很愉悅。他若僅僅站在一旁看著孩子面對生命而掙扎，並看著妻子受苦，他會覺得更加心碎。相較之下，加入和協助妻子就讓他感覺好多了，而這種參與可以破除令人難以逃離的哀傷。羅伯森在童話故事「美女與野獸」中發現了同樣的道理，當故事中的英雄愛人如己時，魔咒就會破解。在照顧身心障礙孩子的過程中，父親們可以學會無條件的愛。

在這個會議室裡，此刻就是身為領會者的我介入的最佳時機。我們今天進行了一半的自我介紹，大家都站在堅定的立場支持妻子。即使現在還只是在暖身階段，但機會來得太寶貴，不容錯過，所以我邀請後面自我介紹的團員，可以分享他們對男人失落的看法。

「我今天要來這裡真的很生氣。」恰克（Chuck）這個穿著慢跑 T 恤的年輕人說道。「我的女兒只有十八個月大，我希望她是發展正常的。我對於這個週末必須來這裡感到非常火大，我也很氣我太太得在這裡過母親節。」他說話明顯地帶有情緒，我可以感受到全場氛圍變得不安。男人的怒氣意味著什麼？何謂對事情適當的回應？我隱約可感覺到恰克內心是抗拒參加小組的，但是，我可以理解他為何那樣想。我自己也不希望來這裡，如果今天我的兒子是正常的，我也不會在這裡。

班恩回應了：「這些都會過去的。我記得自己也曾經怒不可遏，但你就是去克服，這需要一段時間。你會度過這個難關的。我的信仰真的幫助了我。」

「你會有不同的觀點，然後你會變得更豁達些。」另一個中年男士接著說。

「你不會懂的，我才不想讓問題過去。我不想來這裡，我只是努力讓生活看起來很正常。」恰克用力強調。

傑克很快地聲援恰克說：「你們這些老人家的想法還真不一樣。」他的話引起眾人哄堂而笑，但是會議室中的張力似乎也逐漸升高。

「你說的『老』是什麼意思啊？我們只不過是成熟而已。」麥克（Mike）說話了，他到目前為止第一次發言。這話又引起更多的笑聲，而這次似乎讓全體團員們都凝聚了起來。於是麥克便接著自我介紹，並分享他的情況。

之後，下一個團員說：「也許當恰克說他很生氣時，其實是在為我們大家發聲，因我們或多或少都感受過這種傷痛。」我一直都感受到團體中有些許張力，但透過我的專業判斷及對團體歷程的信任，我知道團體的發展將會再度把大家拉回剛才的話題。也許這個小組會期待我做這件事，而某種程度上，我也對自己有些期待。畢竟擁有一個十三歲特殊兒的我，在這個小組中應該也屬於中間年紀的人吧。

此刻我需要促進團員中年輕一輩與老一輩彼此的經驗能相得益彰。我該如何幫助他們處理男性那暗藏著憤怒與毀滅的怒氣呢？男人傾向用生氣來掩蓋難以表達或不願承認的情緒。你認為擁有身心障礙孩子是一種個人的失敗嗎？我做過最恐怖的惡夢是，半夜醒來後發現我又回到兒子兩歲時的時光，然後這一切又必須從頭來一次，這可能已超出我的能力負荷了。身為一名團體帶領者，我的工作就是，當團體成員內在深切的情感開始浮現時，我需要為他們點出心聲，並引導他們表露出來。

湯尼（Tony）介紹自己一結婚就撫養一個身心障礙的女兒，女兒的生父遺棄了她與生母，湯尼很愛女兒的母親，因此當他結婚時就收養了這個女兒。眼淚不停地在湯尼的眼眶中打轉，他對於女兒和妻子的處境感到非常難過與不捨，而生活對家中每個人來說都那麼不容易。接著，湯尼開始啜泣，哭聲也漸漸急促起來。坐在湯尼左邊的男士用手摟了摟他，我們其他人都安靜等待著，我猜大家也都同樣在想著自己的傷痛。

突然間，湯尼的鼻血流個不停，每個人都屏氣凝神地望著，幾個團員

迅速跑去協助湯尼，將他扶到門邊，那兒有兩張椅子可以讓他的身體伸展，並且頭能向後靠著讓血不再流出。湯尼的眼淚這才停止。

「需要送他去醫院嗎？」有人問道，湯尼說他沒事，並希望團體能繼續進行，他不希望因為離開團體而錯過參與。我問他以前是否常流鼻血？他回答說，每當他感到沮喪難過時，就會流鼻血。於是我了解活動應該可以繼續進行了，但我也提醒他，需要協助的時候請說一聲。接著，我回到座位告訴大家湯尼的想法，團員們的反應讓我知道，大男孩們在這裡哭，是可以被接受的。活動暫時中斷後，現在又可以安心的再繼續了。

「也許湯尼的淚與血，道出了我們的一些心聲，就如恰克的氣憤一樣。」在我請下一位繼續自我介紹之前，我做了這樣的結論。

海瑞（Harry）是個孩子已經成人的灰髮父親，他接著說：「在湯尼自我介紹之前，我就已經知道自己要說什麼，但是現在我想說的是，我不知道該說什麼。我很敬佩他能勇敢地流淚，然後，我也是成熟男人之一。」他笑了笑。

下一位是福雷得（Fred），他分享：「我們唯一的兩歲兒子，視力與聽力都很弱，這對我們來說真的不容易。從前我是一個熱情且熱愛活動的人，我是特種部隊的空降兵，我的興趣就是飛滑翔翼，這些是我認為一個真男人應該要會做的事情。但面對這樣的小孩，我一點心理準備也沒有。上週我參加兒子學校主辦的父親日，有五位父親出席，但我們都在角落陪自己的孩子玩，沒有人像我們今天這樣真正的聊天。這裡真的很不同，我需要更多像這樣的頭痛止痛藥。」

最後，輪到喬治做自我介紹。「我最小的孩子出生時就有一些問題，我前面生了兩個孩子，一個兒子和一個女兒。現在這個排行最小的已經三歲了。我有自己的事業而且做得很成功，但我從來沒想過這樣的事情會臨到我身上。我住在鄉下，在那裡我需要很努力爭取與推動，才能讓我兒子得到所需的服務。我的人生已被這個小傢伙改變了，我現在會花許多時間

在家陪伴太太和孩子們。以前，儘管我很想多留一點時間給家人，但卻很少實際做到。現在，我很享受能多多陪伴家人。當然，我也希望我孩子都沒有這些問題，但我現在變成一個更好的人了。我也不再想要其他方式的生活了。」

原本僅規劃十五至二十分鐘的自我介紹時間，最後居然用了超過一個半小時。湯尼的鼻血止住了，現在他又可以回到團體來。我也需要稍微調整一下今天早上的活動計畫。誰說男人無話可說？今天的團體，就如我曾經帶過的其他團體一樣，都破除了這個說法。

為了遵守我的諾言，讓大家在美麗的早晨能留一點時間到戶外去，於是我總結了先前大家的分享及接下來的流程。我們要利用在戶外的那段時間，讓大家來回憶自己的父親。這些記憶對某些人而言是溫暖的；然而，對有些人而言卻可能是痛苦的。我拋出一些問題作為這個階段的討論方向。為了給予更仔細的引導，我先分享了自己的一些經驗，包括我父親因我弟弟過世而難過大哭的事。重點在於深層挖掘內心的情緒——那些生氣、羞愧、哀傷與愛——然後說出來與團員分享。下個階段將如同團體開始那樣，團員們會有機會敞開心扉發表浮現出來的想法和情感。

我讓團員們報數，每組三個人，總共分成七組。接下來四十五分鐘的時間，就讓團員們自由去散步、聊天、互相認識、完成指定的分享任務。雖然那種格格不入與躊躇不前的氛圍再次出現，但很快地，暖和的陽光催促我們再度往前。各組團員們漸漸步出會議室，各自走向能眺望高爾夫球場的露台。

有一個小組留在露台，在和煦的陽光與美麗的風景下聊天；另一組聚在球場開球區的一張長板凳邊。有些組走去開球區外的林蔭步道，還有一組找到一個野餐桌，而另一組則坐在草地上。不論大家在哪裡，都盡興地聊著。

從我的觀察中發現，在有人流淚與流血後，團員們現在比較能分享自

己了；但是，對於分享和父親有關的事，仍很難啟齒。當集合時間到、該回到室內的時候，大家仍在外面逗留——或許他們都希望繼續待在較親近的小組中。當我們走回大團體時，各組的團員們仍在繼續聊天。能看到這群男士真心誠懇的彼此相待，真是太好了！在剛才的分組行動裡，團員們變得不一樣了，開始更緊密地連結。

放鬆心情向前看

每個人都不想結束這樣的經驗。當團員們再度回會議室時，距離午餐時間僅剩四十五分鐘了。但我們卻還沒聆聽團員們分享方才彼此交流的結果，以及未來大家想完成的事。就跟以往順利運作的團體一樣，時間總看似不夠用。

方才我給團員們的指定分享任務，對有些人來說，可能比其他人要困難一點。因為他們有些人的父親已經過世了；有些則沒有與父親聯絡；而有些人的父親則因酗酒而破壞了父子關係。幾乎所有團員們談及他們面對父親的情緒時，都提到羞愧、生氣、悲傷和失落，這些和他們在描述自己面對孩子的情緒是一樣的。有些人因為能把這些藏在心裡已久的話說出來而感覺得到釋放。有一位團員提到，他發現這種男人之間非正式的互動是很寶貴的。他在來這個親職團體前的某一個週末聚會，在旅館酒吧也遇到了類似的經驗。如果從現在起，團員們都能以這樣的方式進行溝通，不就是很好的事情嗎？

漸漸地，團員們都能敞開心來分享。吉姆提到他的父親很少表露情緒，他附和我的經驗說，他第一次見到父親哭泣，是在他爺爺過世的時候。傑克是一名畫家，貝瑞（Barry）是一名工人，他們都說他們的父親只會表現出生氣的樣子。傑克說，他的父親對他總是百般挑剔，但對他的柔情時刻則很少用言語表達。傑克說，父親每年聖誕節夜晚總是會帶他去看特別的燈光秀；他現在仍在使用的棒球手套，就是有一年父親送他的生

日禮物。貝瑞所記得的，是父親的酗酒如何使他蒙羞，而更難過的是，他竟想不起任何值得回憶的美好時光。

　　柔情時刻通常像是父子一起去釣魚、在後院裡玩丟接球、父親為學騎腳踏車的兒子加油、當父親開著拖曳機時坐在他的大腿上──這些令人回味的往事，總在父子一對一的互動時刻。沒有人會嫌柔情時刻太多或太長。我想起前美國總統比爾‧柯林頓（Bill Clinton）曾告訴記者，每天女兒雀兒喜（Chelsea）放學回家後，他總是會撥空陪她，他不希望將來因為未曾花足夠時間陪女兒而有所遺憾。

　　孩子的障礙教導我們與家人共度時光的寶貴。現今許多人會以不同觀點來看待工作，他們會找更多時間與家人共處。有一位團員分享說，他沒辦法用今天對我們說話的方式跟他的妻子說話，因為他的妻子期待他是「剛強的」（今早的課程中，有幾位男士都提到他們的妻子希望他們來團體中可以多說一點話）。我問這位團員，他覺得妻子真實的想法是什麼，是不是他的妻子其實不太能了解他的情感？他回說，確實妻子沒法做到。我於是提議，現在大家都開始能表達自己的情感了，因此向我們生命中的女人表達情感應該會變得更容易些。如果我們從今以後能持續相互支持，或許我們的妻子也會更加支持我們。這甚至更像尋求團隊支援以取代個人獨自掙扎，勢必能從彼此得到喘息。

　　每個人都會找到適合自己走過哀傷的方式。對我而言，我實在無法想像，有多少個夜晚，若沒有我的妻子辛蒂聽我傾訴、為我擦乾眼淚，那麼我現在會在哪裡？榮格學派分析師與小說家克萊麗莎‧埃思戴絲（Clarissa Pinkola Estes）建議，跟著悲傷流動，男人就能觸及和發現內在的自我。毋庸置疑，與人生中的重要他人一起分享悲傷，也是很關鍵的。有時候，把悲傷說出來，是唯一能減輕悲傷的方法。

　　接下來，團體的話題轉到大家如何繼續保持聯絡，以及如何讓今天團體的收穫得以延續下去。大家於是相約半年後再聚一次，並回去加入各自

在地的類似團體。喬治也邀請每個團員全家到他家參加年度夏日烤肉會。成立本地聯絡網的想法，來自於今天在場的團員們——其中一個想法就是，由熟齡者擔任年輕者的良師。我懷疑團員大家是否都讀過《上帝之肋》這本書了，對該書作者羅伯特‧布萊和許多男性革新運動倡導者而言最關鍵的事——開始敞開自我——已在今天的團體成形了，有更多「成熟」父親願意出來教導年輕父親如何表達情感。

午餐時間已到，因為在中場休息以後會議室的門開著，我們可以看到外面女士和孩子們走向餐廳的身影。當他們經過時，都會向裡頭張望，打探我們男士們在談些什麼，這是我們後來聽說的。甚至到團體時間結束後，都沒有人打算離開座位。的確，團員們都捨不得離開，因此我站起來正式結束了這場團體活動。有些人起身繼續圍著小圈圈講話，幾分鐘後，這些父親才慢慢離開會議室，前往餐廳與家人一起用餐。

餐廳中充斥著交談聲，妻子們想知道今天早上男士團體進行得如何，她們聽見我們時間不夠用，都覺得很神奇。有一個女士告訴我，她和其他女士都覺得很驚訝，因為今天所有的男士都出席了。我環顧四周，看著這些家庭熱切地聊著今早所發生的一切，我為這個團體今早的成就感到驕傲。而能和這群男士互相連結，也讓我覺得身為一個男人真好。雖然今天的工作已經完成了，但未來在親密關係和人際連結上，仍然有很多需要努力的事情。

● 迎向未來旅程

由於沒有時間壓力，我便取道田野道路開回家。隔天是母親節，我在路邊的花店買了一盆裝在花籃的花朵盆栽送給我母親，我想她會很高興地收下這盆綻放的鳳仙花。我記得小時候她很了解我，當我生病的時候，她把我照顧得很好，努力成為我們的「好母親」。如同這個週末聚會中的女士們無法讓她們的孩子回復健康，我母親也同樣無法將我弟弟從意外死亡

中帶回──有時候，單單只有愛是不夠的。

我所遇到的男人們最大的挫折，也許是無法將每件事都做得盡善盡美，並讓妻小無憂無慮。從這個角度來看，單單只有愛，也是不夠的。痛苦會領你走到一個你從未計畫去的境地。很顯然，今早二十多位男士並無法代表所有障礙兒的父親，世上還有無數的個別差異。然而，這些團員們所展現的議題，卻是我以團體帶領者、研究者與心理學家身分經歷過數百名父親常見的心聲。因此我決定透過這個特別的團體經驗來撰寫本章，帶出這些鮮活的觀點。我不禁好奇，今天所遇見的這個父親團體，他們的未來會如何？

今天的團體展現了團員間對於彼此連結，有真實又立即的需求。他們對於建立親密感的意圖上雖然顯得很笨拙，但卻非常真誠。有一個很清楚的例子是，大家對於那位氣憤自己孩子「不正常」的父親給予肯定。這件事雖然需要花時間，甚至也會意見分歧，但能讓他的憤怒被聽到。山姆‧歐山森在他的書中表示，憤怒是男人用以連結他人的方式之一。從這個角度來看憤怒情緒，就能使我們擁抱憤怒而非避談它。特殊兒的父親需要先被怒氣所激活，以致最後才有可能面對自己內心深處的羞愧，與長期伴隨的悲傷。

儘管父親們起初只將自己視為妻兒的支持者，但當他真正能與妻兒一起同行時，他才能開始坦承自己的需要。大概只有這樣，才能打破父親們心中那道情緒的高牆，讓他們能克服和脫離內在的憂傷。這次在團體中有人真的崩潰並且哭了出來，而一旦團體中能允許他們去感受內在情緒時，後續其他人也跟著時不時地落淚了。這群男人開始發覺，他們並沒有失去男子氣概，他們反而找到了自己。

當男士們去探討自己的父親以及自己身為兒子的經驗時，能促使他們更渴望在團體中尋求前輩的典範指引。有位團員便將此類比為「匿名戒酒會」（Alcoholics Anonymous）中的前輩支持（sponsor）。從身為兒子的經

驗切入，有助於提升他們尋求指引的渴望。

　　此時，身為心理專業人員若不知道父親們的需求為何，那麼可以將大家組成一個小團體並詢問大家。詹姆士‧梅伊（James May）博士的書《特殊需求兒童的父親：全新視野》（*Fathers of Children with Special Needs: New Horizons*）可作為我們的指引。團員們或許會告訴你一切你所想知道且必須知道的事，但你仍要有技巧地探問及傾聽他們，因為他們在面對悲痛時，內心可能強迫自己必須堅強起來。唯有在單純男性的團體裡，父親們才可能更容易卸下表面的武裝，並且真正探尋內在壓抑的情緒。

　　顯而易見，男人表達情緒的語氣與女人是不同的；而不太明顯但卻又同樣真實的是，男人表達哀傷的語氣也與女人不同。男人對親密感的感受與女人不同，但這並不是有缺陷。和其他父親們交流聯繫會產生有利的影響，這一點在我們的父親團體中充分展現。父親們彼此更加熟識，並且因共同都有特殊兒的經驗而彼此連結，我們來時都是情緒的陌生人，離開時卻成為親密的難兄難弟。

Chapter 7

續航力

夫妻同行的旅程

家庭生活可說是對愛與復原力的一場考驗，因此，將對方的需求與欲望謹記在心並相互理解，對婚姻的成功和維持是不可或缺的。當孩子出生後，夫妻常在孩子和婚姻兩者之間尋求一個平衡點，除了需要花時間呵護孩子的需求外，也要投入婚姻的維繫與成長。對於家有身心障礙或慢性疾病孩子的家庭而言，家庭生活的延續更是一大挑戰。

當我結束週六在蘭開斯特的父親團體課程後，隔天週日中午我便和辛蒂帶著女兒安東妮特與卡拉一起去野餐。車子開了一個小時後，我們抵達賓州西徹斯特德弗羅基金會所辦的住宿機構來找塔立克。我獨自下車走進屋內去見塔立克，我非常想念他卻又害怕見到他，因為他總是不按牌理出牌，即使我們待會兒只相處幾小時而已。於是我先大口深呼吸，然後慢慢吐氣，為的是讓自己進到屋裡後仍能保持神智清晰和冷靜。當塔立克看到我出現時，他笑著從椅子上跳了起來，將我拉向門口，想要到外面去。看起來他很高興能見到我。曾有那麼一瞬間，他看起來是如此的正常，使我不禁期待他也能對我說說話。而隨後，也是我第一百萬次想起，這孩子是永遠不可能跟我說話的。隨著時間積累的事實，加上我的經驗和專業知能，我知道此刻我又再一次經歷了「失落」的感覺。

當我將塔立克帶到後座讓他坐下後，卡拉很高興見到塔立克，她不斷地對他說：「嗨！嗨！」但有如等待一個永遠也不可能到來的回應。塔立

克望著窗外，我一邊將車門旁的安全鎖上鎖，這樣他就無法從車子裡面自己打開車門。雖然他已經十來歲了，他的行為仍像個學步兒，潛藏著危險。卡拉今年八月才滿兩歲，但她已能用她的方式感受到塔立克是家中的一份子，而且他跟其他青少年是不太一樣的。她被他童稚的舉止逗樂了。這個場景對我而言，有如一把雙面刃：一方面，卡拉的覺知能力讓我確信她的生命力是旺盛的，這一點也讓我非常安心；另一方面，這又喚起我對塔立克障礙的感受，就像車子的安全鎖一般，開啟了我內心裝著傷痛的口袋。

我回想起安東妮特小時候也曾努力試著要跟哥哥說話、與哥哥一起玩。但經過許多嘗試後，最後她放棄了，她彷彿了解她的哥哥不是個正常的手足，因為哥哥似乎一直無視她的存在。在她五歲以前，她以自己的方式去理解這樣的情況，由於哥哥的障礙，他無法和她玩遊戲，無法與她有情感連結。我想起那時我心中有多麼傷痛，因為安東妮特的覺察強化了我所不願意相信的結果。而現在，我也感到另一種錐心之痛，因為我知道卡拉有一天也會意識到相同的事實。在我們開往公園的途中，卡拉模仿塔立克將手指含在嘴巴裡。但慶幸的是，還好她沒有學塔立克將口水塗在車窗上。

我們開了將近十五分鐘，行經購物商場，來到位於鄉間的沼澤溪州立公園（Marsh Creek State Park）。公園裡，晚春的花朵盛開著，空氣中瀰漫著金銀花的香氣，各式帆船環著湖岸停泊在水面上，船身明亮多彩的顏色映照在湖面。一些划著獨木舟和小船的人，小心地避開那些行駛中造型優雅但為數不多的快艇。這真是完美的一天，我希望也能很快與家人一起下水享受水上活動。

我們決定先吃午餐，因此停好車子後，便走到山丘上的野餐區。一路上，塔立克握著我的手，高興得像個小男孩。但他現在的身高已經高過我的肩膀了，以這樣的方式走著感覺有點奇怪。我們一直走到堤岸邊的樹林

中才找到一個位置較佳的野餐桌。那兒可以俯瞰湖面，寧靜的山色映入眼簾。我們帶了塔立克喜歡吃的食物，這樣他才不會為了不喜歡的食物而鬧脾氣，我們大家也才可好好享受一頓野餐。我們帶了全麥麵包鮪魚三明治、玉米片、新鮮水果和令人喜愛的沙拉。我們邊吃邊遠望著帆船，一陣舒爽的微風迎面輕拂而來。

塔立克率先吃飽了，可能因為他只顧著吃，沒有和大家聊天。他吃完後立即站起來要離開野餐桌，想到其他地方逛逛。「坐下！坐下！」卡拉用她微小的聲音說著，這也打斷了塔立克的腳步。塔立克回過身來微笑著，暫時走回餐桌旁。辛蒂接著說，卡拉與塔立克的對話，就好像她與我們家養的貓咪海瑞（Harry）的互動一樣。安東妮特和我聽了後都咯咯地笑了。辛蒂的評語既心酸又好笑，但是，對一個身心障礙者的家庭而言，這種情境式的幽默是我們家庭互動的一部分，也是大多數碰到這種情況的家庭必須學習應對與處理的事之一。此刻我們意識到必須趕快吃完、離開野餐桌，因為塔立克已經告訴我們他想要做什麼了，他應該無法在桌旁等太久。

因為我吃得比較快，所以我吃完了便趕緊起身帶塔立克到附近走走，這樣其他人才能比較沒有壓力的繼續用餐。這些年來，我們家已發展出這種方法去應付這樣的情形。卡拉的同行，帶給我另一種不同的處事眼光。我在想，她對塔立克的著迷，幫了我們一個大忙。她發現自己的發展比塔立克成熟，帶給了我一些憂傷，但她對塔立克的情感表露，又讓我感到窩心。每當又有人發現了塔立克的存在價值，我就會因身為他的父親而感到欣慰。

吃完午餐並清理場地後，我們步下山丘，再走到湖邊的船塢租船。野餐時，我們全家可以圍著一個野餐桌吃飯；但我們五人無法共乘一艘船。因此辛蒂和卡拉挑了一艘划艇，安東妮特、塔立克和我，則選了一條獨木舟。我們都穿上救生衣，塔立克坐立不安地扭著手，口中發出聲音，但最

終他仍靜了下來。卡拉穿上身上的救生衣也洋洋得意，並且不斷地指著救生衣說這是她的「船衣」。

安東妮特坐在獨木舟的前端，迫不及待想要幫我推獨木舟。我坐在獨木舟的後方，讓塔立克坐在我兩腿間的甲板上。如果他是一個正常孩子，那麼他也會拿到一支划槳，我就可以教他如何操控獨木舟了。然而事實並非如此，因此我的雙手都忙著，一手護著塔立克，讓他乖乖地待在獨木舟裡，另一隻手忙著划槳。自去年夏天以後，我就再也沒有帶他出來走走了。那時，他身高比現在矮了幾吋，體重也比現在輕了五公斤。現在的他已經有一百五十公分，體重也超過了四十五公斤，所以，帶他划船讓我覺得有些不安。就像開車時一樣，我必須讓船保持前進，這個動作對塔立克而言，是既平靜又緩和的；如果我停止划動、任船漂流，就我的經驗所知，塔立克應該會試著站起來並想離開船身。塔立克將雙手放入船身兩旁的水中，似乎很享受這種感覺；當船前行時，他口中也隨意哼著音樂。

和塔立克及安東妮特一起划獨木舟

此時，我心中突然掠過翻船的景象。我不確定這湖有多深，但是我們穿著救生衣，應該是很安全的。然而，若將船身翻起後，我應該無力再把塔立克拉回船上。如果他是個正常孩子的話，那我們這樣的冒險經歷將會成為我們父子日後共同回味的故事。但無奈的是，事實並非如此。我們應該會需要有人來搭救吧，因此我不敢讓我們的船划離其他船太遠，以防萬一我們翻船了，還有人知道前來救援。而當人們看到塔立克和我及一艘翻覆的船，這狼狽二人組，人們會怎麼說呢？那麼安東妮特怎麼辦？她會游泳，可以自己游出水面，但是，她是會被我拋在一旁的，因為我大部分的精力應該是用於幫助塔立克。我很確信會有人過來幫助我們，但我不想要他們的幫忙，因為我希望我可以不需要他們的協助。然後，如果我的皮夾和原本帶來船上的東西也掉了怎麼辦？想到筆記本，早知道我應該把我的筆記本放在車上才對。

想到這裡，我可以感受到內心的壓力，我懷疑那天我是怎麼跟辛蒂走過來的？我很感謝她，她總能理解我，甚至在我心浮氣躁、脾氣不佳或暴躁易怒時，也是如此。我一點也沒讓事情變容易，因為在那些時候，我無暇回饋她的心情，我只想要逃開她，自己一個人活著。而她不要我一個人獨自孤獨，所以她會試著把我從內心傷痛中拉出來（當時我暴躁的脾氣，也許是因為自己陷入了對兒子的一些負面想法而走不出來的結果）。但至終我還是放棄再退縮，慶幸能回到辛蒂身邊，不再與我心中灰暗的思想情感獨處。

在水面上，我們划著獨木舟朝辛蒂和卡拉的方向去，卡拉很興奮地朝我們的方向指著。我們把船划近一點，好讓辛蒂和我可以為我們與孩子拍照。卡拉玩得很高興，她想要踏出船面，在湖面上踩水。安東妮特、辛蒂和我都開懷大笑，沉浸在這純粹的喜悅中，也對卡拉的天真感到可愛極了。後來，辛蒂無法再抱著卡拉玩水了，船也愈來愈難再繼續保持靠近的狀態，我們逐漸遠離航行的方向，因此我們決定讓船分開一段時間。我一

在船上的辛蒂和卡拉

邊操控著船，讓它划向湖面，讓塔立克保持坐在我雙腿之間，一邊和安東妮特聊天，教導她一些划船的知識。我們划進了一個平靜的小灣，在一般情況下，許多船都會避開這個區域，因為這裡不容易有風，周遭船上和附近的岩石上都有人在釣魚。有時候，塔立克哼哈的聲音會讓我無法專心思考，但今天這個聲音讓我想起他小的時候，那些讓我無法入眠的夜晚。獨木舟漂行中，有時候我會對安東妮特失去耐性，而她總是對於我在划船時分心感到不悅，認為我沒能好好維持這艘船的平衡，因有塔立克坐在裡面。但我能怪她嗎？

　　過了一會兒，是該回去的時候了，因此我們便朝著船塢的方向划去。船塢上插著一面旗子，作為辨識的標記。往遠處的水平面看去，旗子看起來像一顆微粒，但隨著船愈划向船塢的方向，船塢與旗子也變得愈來愈大。安東妮特很喜歡這個景象，她現在覺得比較放鬆了，她對於能夠在湖面上幫忙划船感到很自豪。當我們划著船聊天時，塔立克滿足地將手擱在水裡划動著，一邊還悠閒地哼著。我則繼續向安東妮特解釋，如何以湖面上的划艇為定位畫出一張航行圖。

感謝上帝，回程時船體都是平衡的。當我們靠近湖岸時，我看到一位穿著紅色洋裝的女人，那正是辛蒂，然後我看到她臂彎裡抱著的卡拉。當我們靠近時，她們向我們揮揮手，我心中為這對我所愛的母女感到振奮。幾分鐘後我們就能再回到岸上會合，真好。當我們靠近岸邊時，我請安東妮特把她的划槳拿出水面，然後看著我將獨木舟慢慢划向岸邊的停船點，服務人員在那裡等著我們。我順著水流一人操控著船，並且要塔立克乖乖坐在我的雙腿之間。在一個輕震後，船順利靠岸，我再一次深呼吸，並且在塔立克跳出船跑走前先抓住他，再和他一起下船。所有的事情都進行得很順利。

這次獨木舟沒有翻覆（下次可不見得這麼幸運），但總而言之，今天在湖邊真是平安的一天，我陶醉其中。今天真是如願以償，八年來辛蒂和我辛苦耕耘並發展彼此的關係，而她所扮演的角色並不簡單——身為這種家庭景況的繼母。因為生了卡拉，我和辛蒂無法再像以前一樣浪漫地同划著一艘小船。但是，我們各自學會了如何操控、如何保持船身平衡、如何在不同的船來船往之間規劃航線。透過一些嘗試錯誤與失敗挫折，我們終於慢慢發展出一些技能，確保船上每個人的安全。

結束划船活動後，我們既高興又疲倦地開車載塔立克回學校，將他送回機構。他似乎很高興能夠回到機構，當我把他交給輔導老師時，他也沒有特別在乎我，而這種苦甜參半的感覺也讓離別變得容易些。因為在這種分離的情況下，若他特別注意到我的離開，就會像小孩子一樣又哭又鬧，緊抓著我不放，這樣反而讓我很難離開他。送走他以後，我們再開車回家。在車上，我們歡樂的聊著今天的野餐活動，猜想塔立克應該也覺得今天過得很開心。但是，他的沉默仍然在我們心裡烙下揮之不去的疑問，不知他何時才能開口說話。

🔵 生物性的逆轉

一段成功婚姻的重要基礎是雙方的互信與和諧關係，這種互信通常能使問題獲得解決，或是一同克服最棘手的難關。當一個孩子生下來就「不完美」或伴隨著障礙或慢性疾病，可能會引發父母強烈的內在情緒，讓雙方關係面臨考驗。作家喬許‧葛林菲德（Josh Greenfield）在《我兒諾亞》（*A Child Called Noah*）書中指出，「缺陷」是一個既深奧又嚴重的生物性失誤，是令人洩氣的特徵，因著這個特徵以致無法生下健康的孩子；甚至，當夫妻雙方共同分攤這種哀傷時，他們個人內在的心痛與不愉快，也可能最終導致分離。當沉浸在這種清醒的絕望傷痛中，教我們如何能理解對方呢？

經歷極度的無能為力、自我懷疑、失控感等，會產生強烈的情緒反應。精神醫學專家唐納‧納山森（Donald Nathanson）在《羞愧與自豪：情感、性別與自我的生成》（*Shame and Pride: Affect, Sex, and the Birth of the Self*）一書中陳述他對「羞恥羅盤」的理解。亦即當人們覺得羞愧時，常常會退縮、逃避或抨擊他的配偶，或是抨擊自己。欲面對與脫離羞愧的唯一方法，就是和自己的配偶一起處理這種傷痛欲絕的情緒，並達到某種程度的彼此接納。就如婚姻專家哈維爾‧漢瑞克斯（Harville Hendrix）所言，婚姻即是一種治療。而這個治療通常包括重新定義一個人的價值觀，和重建與對方的關係。

在《普通父母遇上特殊孩子：針對障礙兒童的系統性支持》（*Ordinary Families, Special Children: A Systems Approach to Childhood Disability*）書中，米爾頓‧賽利格曼（Milton Seligman）和羅薩琳‧達令（Rosalyn Benjamin Darling）總結他們所回顧的所有研究文獻指出，有關身心障礙家庭的婚姻問題與離婚的相關資料不多且也不太一致。因為對於一樁脆弱或不穩定的婚姻關係而言，子女的障礙可以是壓垮駱駝的最後一根稻草。然而，對於婚

姻凝聚力強的夫妻來說，子女的障礙可以讓他們更加親近與更愛對方。而對於那些從未被考驗過的夫妻而言，藉由逆境試煉可以發展出漸增的親密感與婚姻的優勢。

1993 年的一齣電視劇《太早來到世上》（*Born Too Soon*），改編自一個真實故事，一對夫妻藉由學習了解對方，而讓他們的婚姻得以倖存。在此我歸納一些重點，因為他們所面對的問題，對大多數處於這種景況的夫妻而言是非常典型的，至少以我個人與專業經驗來看確是如此。劇情中麗茲（Liz）和福克斯（Fox）這對夫妻兩人都是記者。麗茲在孩子預產期前幾個月即破水，她嚇壞了，並且自責工作得太辛苦。福克斯到醫院找到了她，在一旁安慰陪伴，並且向麗茲保證，兩人要一起克服這個難關。他們的孩子艾蜜麗（Emily）出生時才不到一千克，出生的第一個月都待在嬰兒加護病房。

起初，福克斯在醫院與麗茲一起懷著希望共同面對困難，他們坦承自己的擔憂，擔心女兒是否能夠倖存下來，尤其是見到女兒滿身插著管子，躺在保溫箱裡。但是不久後，麗茲和福克斯之間出現了裂痕。那時，一名醫生建議他們，不要與嬰兒有太緊密的接觸，以免將來失去艾蜜麗時會更痛苦。出於母性的麗茲，持續沉浸在每分每秒對女兒的關注。但是，福克斯卻漸漸開始退怯了，抗拒與妻女合照，並重新專心回到工作中。

當麗茲出院以後，她繼續投入所有時間到醫院探望女兒。隨著她和福克斯對這件事所產生的情緒落差愈來愈大，她便在醫院找到了其他媽媽們的支持，這些媽媽們的嬰孩也都待在醫院。有一位媽媽說道，她迫不及待地想進入夢鄉，因為「沒有什麼夢會比不知道自己孩子未來會發生什麼事還要糟糕了」。

每當麗茲情緒無法排解時，她試著向福克斯吐露心聲。當別人問她關於艾蜜麗的狀況時，她就會覺得沮喪，因為她心理上還沒預備好去談論此事；但若沒有人問起艾蜜麗，這也會讓她同樣感到沮喪。福克斯於是建議

麗茲，想想別的事情吧，甚至去做點別的事——男人典型的建議與回應。
丈夫的態度只是讓麗茲覺得更孤單，並壓制了她所有的感受。

　　這對夫妻因為妻子的投入與丈夫的退縮而爭吵著。福克斯很氣麗茲不
顧家裡，麗茲則對丈夫聽從醫生建議不要與艾蜜麗頻繁接觸而感到憤怒。
因為她無法餵艾蜜麗喝奶或抱抱她，她唯一所能為女兒做的事，就是整天
都在醫院陪著她。麗茲心中覺得很苦悶，因為福克斯要求她處理這個危機
的方式，直讓她覺得丈夫連她這一點為人母親的權利都要剝奪。

　　其實，福克斯就像許多男人一樣，用生氣來連結與告訴別人自己的傷
痛。他在兩人吵得不可開交的時候曾向麗茲坦承過，他想要有一個健康的
嬰兒，而且他不希望自己只坐在那裡看著女兒等死。麗茲則因為氣不過，
無法接受福克斯就這樣丟下他們母女的種種解釋。但是，後來福克斯心態
也有了轉變，他開始會整理家務，並增加到醫院來探望艾蜜麗的次數。唯
有這樣，這對夫妻才開始相互理解，並幫助彼此走過心中的哀傷。

　　艾蜜麗後來需要接受另一個外科手術，福克斯與麗茲一起等待手術完
成。然而，孩子最後並沒有順利活下來。福克斯與麗茲在幾年後生了一個
健康的嬰兒。他們已經學會了去理解對方，而很幸運地，這第二次生物性
的合作終於成功了。

● 你了解我嗎？陶德與貝絲的天人交戰

　　即使是孩子的心智困難與障礙，也會使夫妻感到困惑，甚至感情破
裂。一般而言，較嚴重的障礙通常會較早被診斷出來——在醫院剛出生
後，或年紀幼小時明顯發現狀況不對勁而尋求專業協助——在這些狀況
下，夫妻常會一同被告知不願接受的噩耗。與重度障礙孩子不同的是，輕
度障礙的孩子（如注意力缺陷過動症或是學習障礙），帶給父母的又是不
同的挑戰。夫妻中的一方也許會先察覺問題的不對勁並感到憂慮不已，而
另一方這時可能還抱持著希望，認為孩子之後就會變好的。從家庭功能運

作的意義上而言，也許表面上整體看起來是相安無事，但其實私底下對夫妻來說，各自心裡都會非常不舒服，因為每個人都被困在自己必須扮演的角色中。

曾經有對夫妻來向我尋求諮詢，希望我能協助處理他們孩子的閱讀困難。貝絲（Beth）自己先來找我——這在我的實務經驗中很常見，幾乎母親都是第一位找我諮詢的那一位。他七歲的兒子菲力（Phillip），閱讀能力落後同儕超過兩年以上。也因此，他的情緒發展呈現退化狀態，喜歡唉哼著黏著媽媽。在菲力因閱讀問題被轉介之前，貝絲早就意識到孩子有點狀況。但是，她不確定問題到底出在哪裡，也因此有點自我懷疑。她先前曾多次把此事告訴過丈夫陶德（Todd），即使連菲力開始討厭上學，早上哭著要留在家裡時，陶德自己也感到憂煩，但他總是安慰貝絲，事情一定會獲得解決的。貝絲對兒子愈來愈失望與擔心。

後來，聽從老師的建議，菲力接受一位閱讀障礙專家的評估。結果發現他有特定型閱讀困難，他無法進行短母音的辨識，或連結字音與字母符號。專家建議菲力接受閱讀的補救教學，而補救一段時間後，菲力的閱讀確實有些進步。但菲力不太喜歡去上閱讀補救的家教，當父親帶他去家教家裡上課時，菲力拒絕進入屋內，會賴在地上又發脾氣又哭鬧著。陶德只好把他從地上拉起來並帶他進屋，但因菲力非常沮喪，所以常沒法進行任何學習。當課程結束、回家後，陶德會處罰菲力，因為除此之外，他實在也不知道該如何是好。

在第一次諮詢時，貝絲提到他們親子間正僵持不下。該如何讓菲力開始閱讀？因這對他來說是極度困難的活動。我聽著這位母親訴說心中的苦悶。她和陶德都快四十歲了，菲力是他們第一個孩子，他們還有一個就讀幼兒園的小女兒。菲力非常聰明，除了讀寫以外，他在其他方面都能得高分（因書寫與閱讀有直接關聯）。貝絲一邊流淚一邊告訴我，她有多麼憂心兒子會變得不快樂、做任何事都無法成功，還會認為他自己一事無成。

　　由於菲力在學校變得相當情緒化，老師擔心是否家中發生了什麼問題，以至於影響他在學校的表現。貝絲覺得老師的提議似乎有怪罪她的意思；陶德也無法理解妻子的沮喪，但他知道兒子的閱讀困難不是貝絲的錯。他們二人都覺得應該教訓菲力在家教那兒的行為，但他們對於要這麼做心裡卻很不舒服。貝絲說，在處罰兒子時，他們心裡也都很不好受，因為他們明知閱讀對兒子來說是件很困難的事。而且，家人間的關係也變得更緊張，他們已經好幾個月都沒有全家人好好去玩了。

　　貝絲說，她與丈夫都很願意聽我的建議去做任何嘗試。我發覺他們家中的緊張氣氛一定得緩解不可，因此我建議菲力到暑假結束前的閱讀補救教學都先暫停。貝絲和陶德可以帶菲力到圖書館，如果他願意去的話。然後，他可以挑選一本自己感興趣的書。如果他願意讀，他可以只看書中的圖片就好。除此之外，我也建議他們全家可在週末時有一些「家庭歡樂時光」，從事一些全家人過去都喜歡的活動。我也堅持下週請他們全家一起來接受諮詢。

　　隔週，當我見到菲力時，他非常害羞，從等候室到我諮詢室的途中，他都把頭埋進母親身體的內側，行徑上看去比他的實際年齡還小。他坐在陶德的大腿上，把身體挨在父親身上。在一邊讓菲力「暖身」的同時，我和貝絲與陶德聊天，想多了解這對夫妻。聽起來，貝絲之前告訴過我關於丈夫的一些事似乎是正確的，他的丈夫已經擔心一陣子了。而他們兒子的不快樂，也迫使他不得不尋求幫助，他對於自己無法幫助貝絲解決這些問題感覺很糟。

　　漸漸地，我開始在談話中聊到菲力。我問他們：「你們覺得菲力對他的閱讀困難感覺如何？」

　　貝絲回答說：「他可以自己告訴你。」

　　菲力於是解釋說：「我覺得自己很笨，我討厭自己，我也很討厭他們叫我閱讀。」他說，他所有朋友的閱讀程度都比他高，無奈的是，他自己

的程度卻都沒有進步。我可以看見貝絲和陶德充滿憂慮的眼神，於是我拿了一些蠟筆和紙給菲力，請他畫一張全家一起做一件事的圖畫。我請他坐在我的桌子畫，然後我繼續與他的父母晤談。

我對他們說：「你們的兒子能很清楚地表達自己的感受。」聽到自己兒子口中說出這些痛苦的感受，想必非常不容易。但是對於像貝絲和陶德這樣有著口齒伶俐卻閱讀困難孩子的父母而言，卻是很常有的天人交戰。

「貝絲與菲力的關係很好，我常透過她的傳達來知道到底發生了什麼事情。」陶德說著，「但是，最近我們家裡每個人都覺得很沮喪，狀況始終沒有獲得改善，我實在不知道為什麼會變成這樣。」

我請陶德告訴我他感受哪些挫折，並請貝絲先靜靜地聆聽就好。陶德起初不太願意說，但隨著慢慢感覺舒坦後，他開始清楚陳述，他覺得自己很失敗，因為無法幫助兒子克服閱讀困難，跟貝絲之間也感覺愈來愈疏離。當貝絲聽到陶德這麼說，她臉上擔憂的表情也變得柔和了。

我大聲問道：「如果陶德在家也這樣說的話，你覺得事情會變如何？」

「我也不知道該怎麼回應他，」貝絲強調著，「因我常會任由自己漂流到情緒的深沉大海裡，但陶德總是想從岸邊把我遠遠地拉回來，假如他也跟著我去漂流，我真不知道我們可以怎麼做？」

「也許你們可以學習一起划船回來，」我回說。「如果你們需要我，我會暫時在岸邊拉你們回來，直到你們可以慢慢自己划回來。」他們對此感到遲疑，因他們在一起已經十年了，不太確定彼此之間的互動模式是否仍有改變空間，但是他們願意試試看。這時，我請菲力帶著他的畫過來，他向我們展示他色彩豐富的畫作，仔細說明他畫的是一家人在遊樂場玩。他們一家都在盪著鞦韆，而他位在中間。我建議陶德和貝絲都許一個小願望，並能在這個週末帶全家出去玩。我也請陶德和貝絲下次夫妻一起來，不用帶著菲力。

當我一週後再見到陶德和貝絲時，他們顯得更能放鬆了。上週末他們全家一起去露營，這是他們都很喜愛的活動，但因之前他們為了菲力的閱讀困難壓力很大，因此已經很久沒有去露營了。我問他們對兒子的未來有什麼夢想與期望。貝絲說，她希望盡力提供菲力各種機會，自己也能成為一個好媽媽，並且希望兒子能真正的快樂。但現在這份願望似乎不存在了，這對專業人士夫婦的兒子有閱讀困難問題，他將來會變得怎麼樣？陶德也曾經幻想兒子將來會成為一名成功的專業人士，但現在，他甚至懷疑兒子是否能上得了大學。陶德和貝絲之前其實都未曾一起討論過這些想法。

我告訴他們，處理孩子的特殊需求的方式，就是學習將問題拆成一個個可以解決的小區塊來面對，而不是扛著焦慮害怕的大包袱。我建議他們可以找我的同事來對菲力進行施測，他是位學校心理師，可以針對菲力的特殊教育需求給予專業建議。起初，他們擔心兒子會因此被貼上負面標籤而有點猶豫不決，但最後他們仍同意讓兒子接受衡鑑，因為他們不想再像以前那樣過日子了。

在衡鑑進行的過程中，我仍和陶德夫婦每週會面，指導他們表達自己的感受並傾聽彼此，此即共同划船向前的方式。我引導他們在回家後找時間跟菲力一起玩樂，並順著他天生的好奇心，陪他探索周遭世界。後來的一次晤談中，貝絲告訴我菲力對蜜蜂很感興趣，於是我建議她讓菲力繼續探索有關蜜蜂的事物，包括有許多蜜蜂圖片的書，這樣他才可以在沒有識字的壓力下學習。

當我在跟菲力晤談時，我仔細觀察到他對識字解碼的困難，且當他遇到挫折時，他會緊緊地封閉自我。因此，一旦菲力自己的內在壓力或與家人間相處的壓力降低時，他就能更加積極學習。後來，他學校的老師也開始注意到他在校表現的進步。

幸運的是，菲力的測驗結果令人安心。他的智力表現屬於中上程度，

雖然他在閱讀方面仍需特別的關注，但資料上顯示他沒有情緒障礙的問題。貝絲得知結果後感到寬慰，她不再自責，她與陶德也對兒子的聰穎引以為傲。診斷結果顯示，透過補教教學的協助，菲力可以在閱讀方面獲得實質的進步。補救重點在於讓他能持續表達自己的情緒，當他需要時也能主動尋求協助。菲力的困難還可以補救，不致澆熄他父母對他的期望。儘管目前還無法確定菲力的進步究竟會有多大、多快，但他們一家人都能夠坦然面對，因為他們已學會如何一起分攤這個重擔。

● 夫妻小組

團體具有一種很特別的教導力量。我之所以學到這些特殊的功課，是因我接受了紐澤西州教育部的工作，成為一名區域級的機構培訓師，為一個肢體障礙和心智障礙的服務機構進行培訓。多年來我一直認為，這個靠近海邊的村落應該是個既寧靜又有趣的地方，生活很簡樸又幾近完美。要說如果有人的家庭生活為身心障礙所困，實在跟我對這裡的幻想不符。然而時間發生在母親節的前一週，我受邀來到當地，為一個由身心障礙者的母親所組成的小組提供一場夜間演講。那天大約有二十五位女士來參加，她們所表達在這裡的人際關係與生活的狀況，實在與我對這裡的想像大相逕庭。

晚餐過後，在等待咖啡和甜點時，我與大家分享了我和兒子的一些經驗，大夥兒因此聊到，如何在日復一日養育特殊兒的過程中，處理自我的哀傷情緒。從局外人的角度來看，這種話題可能會很嚴肅，不適合在晚餐之後分享，但這群女士在討論這個話題時卻生動又有活力，且充滿了幽默與盼望。她們的討論逐漸浮現了一個共同的需求，就是大家都渴望更加了解身邊的另一半。因為她們覺得生活中面對特殊兒所帶來的壓力時，在情緒上常感覺孤單，覺得丈夫已厭倦聽她們訴苦，在場許多女士都為此感到非常挫折。從她們的回應中，我發覺她們可能認為我也是同樣的男人。她

們自嘲當自己在抒發情緒時實在有夠嘮叨。主辦活動的機構社工師當時也在現場參與討論，她當場被大家要求，在父親節前一週，得再由我來提供一場專為父親辦理的團體課程。

在舉辦父親團體那天的傍晚，我提早抵達會場，並與少數早到的幾位男士聊天，想了解他們對今晚活動的期待與感受。他們都不約而同地表示自己是被要求必須前來聽我的分享——而這些內容應該是他們從未聽過，且與眾不同的新知。得知這些讓我不禁懷疑，我是否成了女士們的傳聲筒？這種感覺有點奇怪，感覺我好像是被設計了，前來完成一些我不太了解的事。

晚餐後，聚會在餐廳展開。我簡短陳述了我的經驗，然後引導團體討論身為身心障礙者的父母所經歷的哀傷。就在討論進行不久後，有一位男士問道：「請問今天還會有什麼新內容嗎？這就是你告訴我妻子的內容？」我回答，是的。

「嗯，我們已經不是第一次聽到這些了，」另外一名男士附和著。在場有些人也點頭表示贊同。面對這種情形，我事先毫無防備，但是現在我知道當初開設這場課程的原因了，我得開始控制目前的局面。

我問大家：「為什麼女士們認為這內容對你們而言是新的呢？」現場鴉雀無聲，我等著大家的回答。

「嗯，可能是因為我們都沒有討論過這個話題吧！」另一位男士這樣說。

「假如男人不說出口的話，那麼女人會了解嗎？」我又問他們。

「你說到重點了！」一位名叫托尼（Tony）的父親回答。「但是面對這樣的情形，我實在也無能為力啊！所以，很久以前我就已經放棄討論這個話題了。」

接著，大家開始討論他們身為一個男人與父親的挫折感，以及養育身心障礙孩子為他們的婚姻帶來的束縛。有幾位男士坦承他們的妻子對於他

們處理問題的方式很不滿意，為此他們私底下也擔心婚姻是否能維持下去。當中有許多人認為，夫妻間浪漫的感覺早已消失殆盡，且無人能挽回。他們當中大多數人，之前都未曾有像這樣的機會能和其他男士討論這種事。他們認為，在這種沒有女人在場的情況下，他們比較能坦率說出自己的心聲。在聚會快結束前，有人建議在秋天時再舉辦一場夫妻可共同參與的聚會。

這下子，我對於帶領這兩個團體更有信心了，我知道如何準備了。妻子們充滿挫折感、覺得孤單、負擔過重，並且覺得被丈夫誤解；而丈夫們則覺得被叨念、感到挫敗無力，也同樣感覺被妻子誤解。但挑戰可來了，在我個人的情感層次，我感覺好像又成了一個在父母之間拉鋸的小孩，希望他們能相處融洽。那時的我無力以對，但現在的我是一名成熟且經驗豐富的專業人員，我有信心可以讓情況改變。

● 讓男人與女人相連

印第安人有一句諺語：「當你穿著對方的矮靴走一里路以後，你才會開始更了解他的處境。」因此，在秋天的夫妻團體聚會中，我決定採用角色反轉（role-reversal）的練習，幫助每對夫妻了解對方。角色反轉將會擴張夫妻間與團體間的張力，讓每一個人都去體驗一下異性所面臨的難題。

在前往會議的途中，我回想起只要我坐在長板凳上望著海、聽著浪濤聲，那種療癒力有多強大。眼前又浮現從前的時光，當我與塔立克一起坐在那裡時，希望海浪多多少少也可以療癒塔立克。我覺得他確實因為那樣而更加平靜安穩，而我也感覺自己更能放鬆地親近他。我想像著他在海邊冒險衝向海浪並被浪花沖擊而開心地玩著、笑著。此刻他有如就在我身邊一般。

我也想像著今晚我也許可以避開一些微詞，因為我很明白不被對方理解的痛苦。我了解夫妻間那種浪漫已死的生活景況，我也了解離婚所帶給

夫妻雙方長久持續的傷痛。這些深層的情緒，看似都存在於今晚的團體裡，因此我必須客觀且有效地協助他們。由於我提早到了會場，我與社工師有短暫的交流。這位社工師認識在場的父母們，她會協助女士小組進行討論，而我則跟上次一樣來協助男士小組。兩組都選出一名記錄者與一名主席。

當晚會議室裡來了將近五十個人，大部分都與配偶一起來，當中有些是單親父母，有些夫妻則是再婚的組合，他們以身心障礙者繼父母的身分來參加。我可以感受到，今天團體裡緊張與期待的氛圍。我的開場白包括介紹今年春天分別舉辦的男士、女士團體的大致內容，接著我便要求大家圍成一個大圓圈，假裝演出電視劇《性別反串》（*Gender Bender*），這部戲採用了性別反轉的技法。

首先，我讓妻子們以丈夫的身分回答紙上的一系列提問，丈夫同步以自己的身分回答，最後我們再來比對雙方的答案。例子如下：

1. 你在浴室裡洗手後發現擦手紙用完了，這時你會怎樣把手擦乾？
   （1）擦在自己褲子上
   （2）甩乾
   （3）用簾子擦乾

2. 哪一個是熱情的女性所顯示的特質？
   （1）紅頭髮
   （2）急性子
   （3）走路時扭腰擺臀

3. 你認為女性解放運動是：
   （1）完全正義
   （2）部分正義
   （3）對男性的反擊

　　團員們的答案很快地就被統計成表格，屋內頓時充斥著笑聲。妻子們對問題一的回答，大多選了第一個答案：擦在自己褲子上。丈夫們在這題的答案也與妻子們相同。妻子們對問題二的回答，幾乎平均分配在（2）急性子和（3）走路時扭腰擺臀，丈夫們在這題的答案和妻子們相似。問題三則比較難回答，因為這一題比前兩題要嚴肅一點。妻子們整體上算是正確預測丈夫會視女性運動為部分正義，有三位妻子甚至認為丈夫會說這是對男性的反擊。但令妻子們感到訝異的是，居然有三位丈夫認為女性運動是屬於完全正義。屋內因此傳出更多輕鬆的感覺和笑聲。此刻男人和女人之間正討論著沉重的議題，而沒有彼此傷害。

　　接下來，換成丈夫們以女人的身分來回答問題，妻子們則以自己的角色來回答。例子如下：

1. 當你在兒子的床底下發現色情雜誌，這時你會：
   （1）假裝不知道
   （2）找兒子談談
   （3）告訴丈夫，並要他去處理

2. 沉默是金的男人是：
   （1）有內在美
   （2）善於傾聽
   （3）無言以對

3. 男人最不了解女人的事是：
   （1）害怕
   （2）優點
   （3）需求

　　問題一的答案，有三分之一的丈夫說，如果他們是妻子的角色，他會「找兒子談談」；三分之二的丈夫則說，他們會選擇「告訴丈夫，並要他去處理」。但妻子們的回答，則是每個選項各有三分之一的人選擇。很明顯地，由現代女性所選的結果，展現出他們已不同於我們母親那個年代，丈夫們至少也能多了解妻子們對這個問題的想法。

　　丈夫們在問題二的答案幾乎是平均分配的，有三分之一認為是「有內在美」，三分之一認為是「善於傾聽」，另外三分之一則認為「無言以對」。強烈沉默型男人的觀念依舊有不小的影響力。然而，多數妻子們卻認為，男人沉默是金是因為無言以對，只有少數的妻子認為這叫做善於傾聽。

　　針對問題三，有二分之一的丈夫們以女性的身分認為，男人最不了解女人的事是「害怕」，二分之一的丈夫們認為是「需求」；妻子們則認為她們的「需求」是最不被男人了解的事。遊戲進行到此，整場的氣氛已經熱絡起來，且參與度高。很顯然，兩方人馬都花了許多時間去了解異性的想法。上述的問題三具有決定性的影響，因為了解對方的需求，是理解彼此真實情感的核心。接下來，我們仍舊持續進行著角色反轉的活動，但是，現在要加上特殊兒的因素。丈夫們和妻子們被分組帶開，妻子們要討論為何特殊兒的父親難為，以及在這種情形下，妻子需要丈夫提供哪些協助。反之，丈夫們則是討論為何特殊兒的母親難為，以及在此情形下，丈夫需要妻子提供哪些協助。兩大組都各選出一名記錄者和一名主席，因兩方中必須有一方離開這個會議室，到另一間會議室討論，因此妻子們便要求丈夫們至別間會議室。如此安排，促成了今晚真誠的對話。

● 蹣跚向前行 —— 男士風格

　　要放下剛強，與一群人圍坐在一起，這真的不是一個典型男人會做的事。因此毫不意外，接下來的分組活動氣氛不免會有點尷尬，因為男士團

體跟一般以女士出席為主的父母團體不同。當我走向大廳另一邊男士指定的會議室，只有一位男士已經坐在那裡準備開始，另一位則跟在我後面進入會議室。過了幾分鐘，一直都沒有其他人來。因此，我又回到大廳。

其餘的男士們都站在咖啡桌周圍，喝著他們的咖啡，有些人吃著甜點。這景象有點兒無趣，很少人在交談，許多雙眼睛正直視或偷瞄著我。這時讓我想起小時候第一天到新學校遊樂場的感覺，半個人都不認識，卻又渴望自己成為當中的一份子。原本我想直接邀請在場男士們都到指定的會議室去，但我索性走到他們中間，加入他們，自己也倒了一杯咖啡。「我們的太太應該可以從她們的座位看到我們站在這裡，她們大概會認為我們啥也沒做。」有位男士說道。

「那我們該做些什麼好呢？」我問說。

「我們要趕快開始才行，」威利（Willie）說。他是一位六十多歲的爺爺，也是團體中最年長的一位。他解釋說，今晚他和妻子來參加的原因，是為了支持他們的女兒。他們的女兒是單親媽媽，育有一個腦性麻痺的女兒。他們自己本身也育有一個肢體障礙的孩子。他話一說完，立即得到在場男士們的尊敬與讚賞。我察覺到這個情況後，便徵詢威利的意願，請他擔任男士組的主席。

威利說：「我從未擔任過這樣的工作，但是我會試試看。我這輩子都在當卡車司機，我有一個女兒拿到博士學位，她是一所州立特殊教育學校的校長。」威利於是開始詢問身邊的每一位男士，為何身為育有特殊兒的母親是件不容易的事。這群男士們站著圍成一圈，一邊喝著咖啡，一邊談論著他們對妻子需求的看法。

1. 妻子要養育特殊兒是更困難的，因為她們需要在每日家務中得到更多實質的幫助，要處理的事情實在太多。如果能僱請一名保母，當然是個好主意，但若請十幾歲的青少年幫忙，每天花幾個

小時照顧一下小孩或做一些零碎的家事，這樣的方式更棒。

2. 妻子需要丈夫多了解她一些，同理她的需要。丈夫需要多與她們溝通，聽聽她們的感受。

3. 妻子希望能聊一些其他的事情，不只談特殊兒的照顧而已。

4. 當丈夫在家時，妻子需要他們給予更多體力活的協助；她們的氣力都被每天枯燥繁瑣的生活需求所消磨殆盡。

5. 妻子需要丈夫多花時間陪身心障礙孩子玩，更認識自己的孩子。

6. 妻子希望丈夫能帶孩子出去，好讓她們擁有一些個人的時間。

7. 妻子希望丈夫為這個家擔負起更多的責任。

8. 妻子希望丈夫能更多關注她們的感受，以及她每天可能需要或想要什麼。

接下來要談的是，丈夫希望從妻子那裡得到什麼。這感覺比剛剛的話題更難以啟齒。於是我問大家，在男人沒有說出口的情況下，他們會希望妻子如何理解自己。威利再次以他簡單的問話風格詢問了每位男士，問他們所需要的是什麼。因此我們又完成了另一份列表如下：

1. 我們希望妻子能了解，我們已經努力用我們所能的方式幫助她們了。而當我們無法使事情好轉時，我們也會感到挫折。

2. 我們需要更多的夫妻時間，享受沒有小孩打擾的兩人世界。

3. 我們希望妻子能更理性、更少情緒化，如此我們才有辦法討論問題、找出解決方案。

4. 讓我們像個男人，對特殊兒多擔負起一些責任。有時候，妻子似乎無法放手，因而總是獨力完成所有事情，然後才感到心力交瘁。希望我們能與妻子好好分工，讓事情更有組織地完成。

5. 我們的婚姻需要更多力量與穩定性。如果妻子能告訴我們，我們做對了哪些事情，那麼我們就可以在婚姻關係中感受到更多的安

全感,這對我們是有幫助的。

當妻子小組討論完畢後,妻子們圍坐著繼續閒聊。又過了些時候,丈夫小組才討論完畢。也許因為男士們平常不習慣談論婚姻關係的議題,所以才需要花更多時間。男士們平時很容易談論關於工作和運動,但對於這種事情就很難開口。在場的妻子們很渴望知道丈夫們剛才都說些什麼,特別是男士小組表面看去,只是一直站著喝咖啡聊天。

於是,由男士小組先報告。當威利逐一唸出做為一位母親為何不容易的列表時,有女士插話說:「這內容寫得太好了,聽起來感覺不像是真的。博士(指著我)應該有引導你們該怎麼想,對吧?」全體團員都笑了起來。

威利用智慧長者的語氣說:「他只有幫我們起個頭,我們就自己討論出這些內容了。」女士們此時都覺得很滿意。威利也繼續唸下去。

「這真是令人不敢相信耶!」馬莉(Mary)說,她是一位三十多歲的紅髮女士,育有一名八歲心智和肢體障礙的孩子。「你們男人可真是保密到家了,做出這麼好的成果,我很高興我們今天晚上找到這些共識。」

之後輪到女士小組報告為何當父親不容易。馬莉是主席,她解釋,因為女士小組原本對於男士們能想出多少結果並不抱太大的希望,所以她們發展的列表更短一點。雖然如此,從女士小組的報告結果還是可以看出,女士們仍然命中了要害。

1. 丈夫很難面對所有與特殊兒有關的深層情緒,他們希望妻子能更加理性且支持他們的照顧風格。
2. 丈夫覺得他們的努力不被妻子所感激,尤其是他們很努力支付日益增加的醫療費用與其他花費。
3. 妻子很容易緊張,以致讓丈夫覺得大部分的時間她都嘮叨不已。

當馬莉結束報告後，我問大家：「所以，大家更理解彼此了嗎？」

這時全場充滿笑聲與滿意的笑臉。接著我對大家說，今天兩組所報告的內容，與大多數正常夫妻的狀況很類似，不單只有發生在特殊兒的父母身上。就如羅伯特・布萊在他的文章「現代男女」（Where Are Men and Women Today?）當中提到的，能意識到男女之間的差異會帶來許多饒恕，但這並不意味著其中一方是錯的。

我推薦由語言學家黛博拉・泰南（Deborah Tannen）的書《聽懂另一半：破解男女溝通邏輯，語言學家教你解讀弦外之音》（*You Just Don't Understand: Women and Men in Conversation*，一起來出版），因為書中以通俗易懂的說明詳細解釋了男女不同的會話方式。就如泰南博士所指出的，男人和女人對家庭溫暖的定義相當不同。通常男人們每天使用語言的時機，是他為了工作成功而努力奮鬥時。而當他們工作了一天回到家，與心愛的女人共處時，他卻無話可說，並且希望自己可以自由，不用說任何一句話。但是，若妻子是職業婦女，她整天在工作中反而會小心說話，以免被人說她很急躁或神經質。而如果她是家庭主婦，整天在家帶小孩，她也許有話也無人聽她說。當她們結束一天的事務終於來到親密的男人身邊時，此刻她便希望可以放鬆而無拘無束地說話。

在角色反轉的活動中，男女雙方所展開的對話，都呈現出他們每個人的期望。再一次，妻子們對丈夫們所討論出的結果感到訝異。「我希望我們可以像這次一樣，一對一的討論」，莎莉（Sally）說話了，她二十幾歲，育有一位接受早療的孩子。

當女士小組報告她們的期望時，男士們都很專心地聆聽。此時團體中的緊張氣氛已完全消失，馬莉報告著女士們討論的結果：

1. 希望丈夫能多參與孩子的教育歷程；妻子們對於獨自出席學校的
   會議已感到厭倦，希望丈夫能盡量在時間允許下離開工作幾小

時，與她們一同參與。

2. 希望有時候小孩不在身邊，好讓自己能有一點個人的放鬆時間。

3. 讓妻子可以盡情表達她們的感受，而不會受到丈夫的防衛反駁。

4. 像情侶一樣有夫妻獨處的時間。

5. 希望丈夫更能理解孩子特殊的需求，而不是總將孩子的事丟給妻子。

當馬莉報告完的時候，時間已接近晚上九點半了，比預期結束的時間晚了三十分鐘；各家的保母肯定也在想，孩子們的爸媽到底何時才會回家。在簡短的總結後，我期許所有人往後還能繼續談論這個話題，可以與彼此、朋友，或正在參加的支持小組一起討論。有些更深入的問題，也許可以尋求熟悉婚姻諮商並對身心障礙議題較敏銳的專業人員的諮詢。我請每個團員找到他們的另一半，並在他們的耳邊說點悄悄話，再結束今晚的聚會。團員們都開始找他們的配偶，然後肩並肩、手牽手，一同回家去。

我想未來還有一條漫長的路要走，但毫無疑問地，這些夫妻必定都比今晚來參加夫妻團體之前要更了解對方。如此看來，我今天的工作就算大豐收了。在我開車回家的途中，我回想著過往的自己有多像今天的這群男士們。曾有多少事情，是我期待辛蒂能了解，但我卻沒有提出來好好討論？曾有多少次，我期待她不要因為聽到我無法解決問題，而對我失望，因我已經很受挫了。每當我又一次帶領夫妻團體時，我自己也更加從中體會如何理解彼此，並且了解更多。面對每一個團體，我都會加入一些新意，而每個團體也都以他們自己獨特的方式在教導自己。

雖然本章的故事涵蓋了許多特殊兒父母所遭遇的困難，但明智的你請記住一個事實，那就是每對夫妻關係都有其獨特性，也必須按其獨特的方式來了解彼此。一般活潑健康孩子的活力，會強化父母繼續為了他們而努力。看著孩子成長的喜樂確實振奮人心，但是對身心障礙孩子的父母來

說，這種喜樂可能會變少，甚或遙不可及。

因此，對於這些特殊兒父母而言，夫妻一起創造快樂的相處時光，並透過地板時間來培養自己享受陪孩子玩遊戲的能力，更顯得重要。每當我對夫妻團體演講時，我都會先問大家，你們夫妻上一次約會是什麼時候。就我的經驗，這些夫妻很少定期一起約會，因為他們通常要面對孩子與家庭龐大的照顧需求。然而，更因為這些需求，以及為了維繫婚姻品質的緣故，夫妻才更需要找時間一起約會，其結果很明顯會對孩子有所助益。

照顧需求的困難是可以克服的，例如曾有一對來找我諮商的夫妻就告訴我，他們有多害怕離開他們那患有慢性疾病的孩子，甚至連孩子與受過訓練的教保員在一起時，他們都放心不下。他們發現要學習放手與信任是很不容易的，因為他們認為當孩子生病或需要緊急送醫治療時，沒有任何人可以安撫他。但他們最後找到一個解決之道，就是裝設監視器。如今他們夫妻可以安心的固定外出了。

● 不完美的關係

一如身為正常兒女的父母，也需要放棄養出完美兒女的夢想，一段令人滿意且長久的婚姻，同樣需要我們放棄對完美婚姻的渴望。因為我們總渴望在完美的婚姻中，我們的需求都可以被滿足，並且我們的另一半也感到完全的滿足；但其實婚姻關係常有讓人無法預期的複雜性，且很少與我們的期待完全相符。我自己每天的經驗就提醒了我，這是對我的試煉，也顯露出我的弱點。就如海倫‧費德史東（Helen Featherstone）在她的《家庭之變：家有障礙兒》（*A Difference in the Family: Life with a Disabled Child*）書中所揭示的，單憑著洞察力（insight）是無法解決每個問題的。然而，當婚姻關係因有了特殊兒而使生命的本質和意義面臨挑戰時，洞察力便是維繫夫妻之愛的重要工具。對某些人而言，孩子的障礙可能正好突顯了婚姻中的問題，當再多的理解和洞察力也無法修復或彌補時，此時他們也許就

會走向離婚。而對另一些人而言,特殊兒可能正好使父母的注意力從婚姻中的基本議題移開,有問題的婚姻關係,可能演變出更糟的結果。根據美國人口普查局的統計顯示,有 47% 的人第一次結婚就失敗,有 57% 的婚姻最後以離婚收場。因此,我們沒有人敢誇下海口不會走到這一步。

然而,對婚姻關係的盼望,也能從育有特殊兒的婚姻危機中產生。「正常」的危機,如:生孩子、搬家、失業、財務問題、親職教養的挑戰等,都有可能同時威脅到婚姻關係。許多人都發覺,一般日常的困擾,相較於身心障礙所造成的壓力,兩者只是程度上的差異而已。然而,就我的觀點,育有一個特殊兒雖然造成我們每天面臨的問題有很大程度的不同,但它仍然可讓我們學到一些生命的功課。

過去兩性的性別刻板印象,暗示了愛和工作兩者是涇渭分明的。但根據心理學家卡蘿爾‧吉利根(Carol Gilligan)在《不同的語音:心理學理論與女性的發展》(*In a Different Voice: Psychological Theory and Women's Development*,心理出版)書中所指出,女性的表達能力是透過關係中的溝通來展現的。而另一方面,處理工具性事務或問題解決,則被視為邏輯性和男性化的。這種傳統二分的思維模式,在碰到兩性都必須共同承擔哀傷的重擔時,就行不通了,因為無法單靠愛或邏輯來療癒傷痛。這種共同的療癒因而促進更深的連結與關係的建立,甚至增添更多的親密感。這些收穫都是一般平凡生活無法獲得的。我相信,本章所提到各種夫妻的心聲,已清楚闡明了這些重要的課題。

如果奇蹟從未降臨

Chapter 8

不同的山景

了解身心障礙者手足的反應

　　傑弗瑞（Jeffrey）的弟弟彼得（Peter）已經沉默不語三十九年了。後來他透過使用仍有些許爭議性的輔助性溝通（facilitated communication）技術，打破了沉默。「傑弗瑞，我不是笨蛋！」藉由輔助溝通器的幫助，彼得打出這些話語，「傑弗瑞，我非常愛你，但是有時候我的愛受到傷害。」

　　這是彼得第一次對哥哥傑弗瑞·盧里（Jeffrey Lurie）所說的話。傑弗瑞·盧里是國家美式足球聯盟費城老鷹隊的老闆。1992 年 1 月的某一天，彼得對他的哥哥「說」出了關於他們家庭生活的相處，他記得三十年前，他們父親去世時，他還住在寄宿學校，傑弗瑞當時九歲，是三個孩子中的老大。彼得說，當時他想和家中其他人一起分享他心中的悲傷，現在他終於做到了。

　　傑弗瑞對著幾百位參加小奇蹟頒贈餐會（Small Miracles Award Dinner）的來賓說起他的家庭故事。這個餐會是每年由費城自閉症兒童發展中心所發起，傑弗瑞·盧里的爺爺、父親與叔叔蓋了一座價值四億美元的電影院——真納羅影城（General Cinema），並成立一家出版社——哈考特（Harcourt Brace）。雖然，傑弗瑞擁有舒適的生活，但弟弟的沉默與父親的逝世，使他認清了生命有多麼脆弱的事實。傑弗瑞告訴《費城詢問報》（*The Philadelphia Inquirer*）的運動記者薩爾·巴蘭托尼歐（Sal Paolantonio）：

每天，我的腦海中好像住著一位朋友，……他促使我想善用每天、每月、每年的時間，好好與我周遭的人一起生活──你所擁有的人際關係、你的家人、你所從事的工作。這位朋友促使我想擁有最強烈的生活體驗，活出不平凡。打個比方，假使我打算增進和女兒的關係，那麼我得盡我所能好好經營我們的關係，因為我不知道它將能持續多久。

出生序與性別的印記

我們其實不單只是為人父母而已，許多人都有兄弟姊妹。我們一隻腳踩在我們童年的世界，另一隻腳則踩在成人與為人父母的世界。家中如果有身心障礙孩子，會挑戰父母對所有孩子一視同仁的公平性。在探討這個議題時──觸及原生家庭的課題──或許能幫助我們了解我們建立的家庭所面臨的掙扎。

從歷史的角度來看，長子繼承權是指第一個出生的兒子，會得到家中的財產繼承權與重要地位。有些時候，在宗教信仰和神話的思想下，這種自然的排行可能被反轉，致使較晚出生的兒子取代了長子的名分。當反轉發生時，可能會威脅到長子的自我概念，並且使他的弟弟產生長期的罪惡感。即使在今日，大部分的父母仍期待能有一位兒子是姓家族的姓氏、傳宗接代。儘管現在社會在性別平等領域有進步，但兒子在女兒之後出生，即被視為長子，是傳統社會出生序的反轉，並且女兒沒有受到同等的重視。從正面看來，當擁有一位不同性別的手足，且被平等看待的情況下，他們兩人可以學到如何與不同性別的人相處，這可是人生中一大優勢。

相同性別的手足之間有一種特別的認同方式。因為他們很相像，所以會面臨一個特殊的挑戰，就是如何建立自己的個別性。兩個從小一起長大的姊妹，她們的情感會較親密，有時也會較嫉妒對方；兩個兄弟則傾向相互較勁。最大的爭競乃存在於同性手足之間，特別是當家中只有兩個小孩

沒有其他手足可以居中調和或緩衝時，這種現象尤其真實。

● 與弟弟共進早餐

我從小看著保羅（Paul）長大，如果造物主對我們再仁慈一點的話，我應該下半輩子都能一直繼續認識他。我今天正準備要和他一起來個早餐約會，這讓我滿心暖洋洋的。我有幾個弟弟，保羅是其中之一。這是個秋高氣爽的十月早晨，在我走去火車站搭車的路上，我踩著落葉，發出啪答啪答的聲響。我在等 6 點 5 分的火車，黎明的天色仍舊昏暗。我提早出門是為了去見保羅，與他碰完面後我再到辦公室去見客戶。最近職棒的費城人隊才剛剛贏得全美國聯冠軍賽的冠軍。坐上了**轟隆轟隆**行駛著的火車，我讀著報紙的體育版，今天的新聞讓我想起我爺爺，如果他還活著的話，不知他該有多興奮；因為費城人隊在 1993 年時，從聯賽的最後一名晉升到第一名。我爺爺是這個城鎮費城人隊的死忠支持者之一，他們之中有些人騎著特殊造型的自行車，有些人體型偏重，還有些人嚼著菸絲、喝著啤酒。他們讓人印象深刻，性感有魅力、引人注目。

我還記得那些夏日的夜晚，我們在爺爺家後院的陽台，聽著收音機轉播費城人隊的比賽，想知道他們究竟是贏了還是輸了。爺爺真是費城人隊的死忠粉絲……，我不知保羅是否跟我一樣這麼認為。我沉浸在回憶的思緒，被火車進站前的停頓打斷了。在我步出地下火車站後，外面的天色已愈來愈亮。我總是很享受地走過這段很有年代感的街區來到我的辦公室。行經美國獨立紀念館（Independence Hall），我記得從前父親會帶我們全家大小去參觀自由鐘（Liberty Bell），我們會輪流將手指放進自由鐘的裂縫裡。那時我的另一個弟弟唐恩也在旁邊，而如今他的身影已凝結在我的腦海中。他英年早逝，但在我們家所有歡聚時光的回憶中，總留有他一席之地。

　　這些回憶把我帶回一個充滿手足溫情、同情心、友愛又混雜著競爭和嫉妒的世界。今天早上我與保羅的會面，喚起了我們曾經共度的既複雜又豐富的家庭生活。因我們已經分開住十年了，所以我們不再互相較勁，而我也思考著，這種暗中較勁的滋味，如何幫助我們發展了良性的手足關係。

　　我走近我們約好的小餐館，看到保羅的車子就停在外面的路邊，每次約會他總是很準時。當我進到小餐館，我看見他正在閱讀體育版。他抬起頭來，當我們四目相接時，我感覺自己有點像在照鏡子。我長得比較像我母親，他長得比較像父親，但凡是見過我們的人，一定會猜出我們是兄弟。我很喜歡別人說我們兩人長得很像。當然，這種感覺用在我跟其他的兄弟姊妹之間也是一樣的，但對我的堂兄弟與遠親就比較少有這種感覺。

　　我在保羅的對面坐下後，我們互道早安，然後話題先圍繞在費城人隊的賽事。他將他的頭稍微側向右邊，好讓他聽力正常的一耳能朝向我這邊。他小時候因為感染引發了嚴重的鼓膜受損，他利用另一隻耳朵來補償他的聽力受損，所以大多時候我都忘記他有一耳失聰。服務員送上冒著熱氣的咖啡，這讓我想起保羅一直很愛喝咖啡。我記得小時候每當爸媽離開餐桌後，保羅會把他們杯中沒喝完的咖啡喝掉。然後，我的思緒又回到眼前。

　　「我最近很想念爺爺，他一定會愛死這一季的聯賽。」

　　「我也是。」他微笑著點頭表示贊同，說：「我記得有一次我帶他去看費城人隊在老兵球場（Veterans Stadium）的現場比賽，他覺得很不自在，不斷地問我們什麼時候回家，他寧可在家聽收音機的轉播。」

　　我們一起笑著，這是一種只有和你的兄弟姊妹才能分享的特別笑聲。就像我們對爺爺的共同回憶一樣，爺爺生於 1902 年，在收音機普及的年代成長，在這個家中，我們總是有如此多共同的回憶和複雜的情感。在家中，對彼此的愛與忠誠是比較容易說出的；但是，在個人情緒裡較黑暗與

困難的一面,卻是容易被忽略的。過度強調手足間的競爭,往往會加劇負面的影響,但倘若忽視這種競爭,卻又會否定了手足真實生活連結的一部分。

每一次我和弟弟妹妹們聊天時,我們之間的相似性與差異性無意間就會浮現出來。幸運的是,我們相異的範圍很廣,包括年齡、性別、性情跟能力。承認我們的差異性有助於調控彼此之間的競爭,並且可以讓我們很有建設性地發揮競爭力。作為一位心理學家,我是否像弟弟們一樣在各自的事業上取得了成就?我的職業生涯是否達到與我年齡相稱的地步?我對他們而言是一位好兄長嗎?

《聖經》中,第一個謀殺的故事就是兄弟相殘,該隱殺了他的弟弟亞伯。這是一個有關潛意識陰暗面的故事——為了擺脫手足以成為父母情感的唯一受惠者。該隱的下場蘊藏著許多羞愧,因看見自我內在的競爭性,以及因憤怒而產生的謀殺衝動。但終究我們不是應該要無條件地愛與尊重我們的兄弟姊妹嗎?我們為何要比較彼此的成就呢?多數人都渴望在這些浮現於成人時期的情緒上找到一個平衡的觀點。史蒂芬・班克(Stephen Bank)與邁克・卡恩(Michael Kahn)在《手足之情》(*The Sibling Bond*)一書討論到手足間互相攻擊與競爭的正向性。一如正在摔角的兩兄弟,摔角象徵了他們之間的交流、熱情與同在。

這個觀點使我又想起我和大弟埃爾之間無止境的摔角比賽。埃爾只小我兩歲,直到我離家上大學之前,他都是我在生活上的同伴。透過手足間的打鬥,小孩子可感覺自己有生命力、真實存在且被注意。透過這些權力爭戰與衝突,手足們可學習如何解決衝突。然而,在我跟埃爾摔角時,我會感覺一絲絲獲勝的罪惡感;因我是哥哥,大家認為我理當要贏弟弟,而且為了要獲勝,我也給自己很大的壓力。的確,這就是身為兄長的一種陰暗面,自我要求有責任感和表現更好。

成年後,埃爾和我聊到我們從小競爭的事情,當我知道他並非刻意要

與我對立或贏過我時,讓我鬆了一口氣。但我從來不會為了這種頻繁的勝利而感到驕傲。現在,我們有時候會相約一起吃早餐,到森林中散步。這個森林是小時候奶奶常帶我們去的地方。當我們走在石頭小徑,有時我會跟在他的後面讓他帶路,而我也隱約體會到他以前總是跟在我後面的那種感受。當他再度向我提起這些往事時,我發現我們彼此人生的道路早已岔開許久,現在我們各自的生涯已截然不同,尤其從彼此不同的優勢出發。如今,我倆的頭髮已開始花白,我們的手足情感已真實通過了歲月的考驗。

對父母而言,幻想著家中子女間的感情能親密、融洽,是對完美家庭期望的一部分。手足間的爭吵,有時候破壞了父母這個夢想;何時讓子女了解彼此的差異,何時介入調停子女間的糾紛,常讓父母覺得左右為難。太多的干涉與介入,會阻礙孩子學習如何處理人際衝突。父母介入的關鍵要點在於,在沒有任何傷害下,孩子能夠自由表達他們的負面情緒。處理糾紛的目標在於,盡可能讓孩子們自己想出解決之道。父母需要有耐心與智慧處理子女間的衝突,放棄想要掌控他們的念頭,協助他們順利地解決問題。有時候,甚至需要等一會兒或是再等久一點再插手。

手足間互相幫助的方法之一,就是一起分享他們對父母或親戚的了解。我與保羅就是在這個特別的早晨,聊及我們爺爺的往事,這樣的分享能重新確認並鞏固我們兄弟間的連結。有時候,手足間對事情的不同觀點,對彼此是有助益的,而且能帶來安定感。保羅認為我和大弟埃爾的關係,有別於我與他的情感,主要是因為在他的記憶中,大哥跟二哥之間感情很好。然而,手足之間不同的觀點也可能會滋生衝突和惡意。

我身為家中的長子,成長的過程中經常幫助父母照顧弟弟妹妹們,就長子而言,小時候對弟弟妹妹們有照顧的責任感是件稀鬆平常的事,而為他們樹立好榜樣的壓力,有時候雖然是一個負擔,但也會因而發展成領導能力。對於大多數的長子而言,我在家中所扮演的角色總是很明確,這是

一種福氣。自從我十幾歲以後，我發現自己在運動、社團活動、專業團體和現在對身心障礙者的父母演講，我常扮演領袖的角色。

保羅在我家八個孩子中排行老六，他上面有三個哥哥和兩個姊姊，下面還有兩個弟弟。在多數的家庭中，像他這樣處於中間排行的孩子，在家中的角色地位較傾向於模糊，並且需要承受來自各方的壓力。他們沒有明確的地位，但他們的經驗往往使他們成為友善老練的協商者。他們常因算是有責任感而被看重，他們與年紀較大兄姊的情感堅實，也非常保護弟弟妹妹。

我記得曾教弟弟們如何打棒球，並以他們在少棒聯盟的成就為傲，他們曾一度認為我這個大哥無所不能。在家中，我們這些年紀較大的兄姊，確實也會為了獲得弟妹們的關注與欽羨而有所競爭，這也常被手足競爭文獻所印證。無論如何，這很難承認，也帶著些許尷尬。年紀較長的兄姊，天生就比弟妹們高大健壯、懂得更多，所以他們當然也被期待要贏弟妹。身為兄姊的人其實背負著許多壓力，他們也可能為了爭贏同樣被愛的弟妹而感到有罪惡感。難怪那麼多的手足到了成人階段會覺得手足間的關係有點緊張。

就和老大一樣，家中老么也有獨特的地位，只是從來不被揭示。在這個排行的孩子會覺得他們是被選中來接受兄姊和父母特別保護的。然而，通常老么會被認為是被寵壞或是最受疼愛的，不論這是否屬實。儘管老大常被期待要能照顧弟妹們，但老么通常也被期待在父母年邁時能夠照顧父母。

在《百感交集：手足之愛恨、競爭與和解》（*Mixed Feelings: Love, Hate, Rivalry, and Reconciliation Among Brothers and Sisters*）一書中，芙朗欣·克拉格斯本（Francine Klagsbrun）探究每一個出生序所衍生的獨特觀點。造就與固化我們人格的因素有很多，對出生序的概括常態也並非總是準確的，因此，它們頂多是讓我們更知己知彼。不過，在不同的案例中，手足間的連

結都會留下獨特的印記，不論我們的經驗是否符合那些「常態」，都會影響日後我們對子女的教養。

在我所指導的工作坊中，我遇見一位男士，他在家中排行老二，也是家中的長子，但他卻被以老大的角色對待與撫養，這總讓他覺得怪怪的。當然，這也讓他與姊姊之間的關係變得緊張，因他姊姊從未被視為老大。從性別如何影響出生序來看，他的困境很發人深省。

● 與弟弟共進早餐——再續

保羅問我塔立克的近況，這令我感到不自在，因為沒有太多好說的。但我還是想回答這個問題，因我也不希望從此保羅就不再問我了。有些人從來沒問過我塔立克的情況，所以保羅像往常一樣向我問起塔立克，並傾聽我的回答，這讓我感到舒坦。

「他已經開始長鬍子了，很快他就要刮鬍子了。我很懷疑他能不能安全地控制刮鬍刀！」

此時，保羅有點兒尷尬的楞住，因為他不知道該怎麼接話。他並不是真正想要思考塔立克能否控制，但我並不怪他，因我也不是真的很想討論這件事。我寧可避開這些想法帶來的傷痛。為了不要讓保羅覺得不舒服或不適合討論，我趕快轉移了話題。

「山姆（Sam）怎麼樣了？他最近有什麼進展嗎？」

保羅的眼睛發亮，因這是正常孩子的父母很容易談論的事情。幸運的是，我也可以跟他聊這個話題。山姆快要兩足歲了，年紀只比我的女兒卡拉小幾個月，談到他們總是讓我們覺得很開心。這當中當然無可避免會有比較，而且我猜這是否也反映出我跟保羅之間的競爭。我很高興我生女兒，因為這樣競爭就不會那麼直接，畢竟這兩個學步兒堂姊弟的性別不同，他們被認為生理特質原本就不同。雖然我很為他感到高興，但有時候多少會嫉妒他有一個健康的兒子。

「我已經開始和他玩丟接球了，他是個十足的男孩樣。」

「卡拉現在玩字母拼圖玩得很開心。她已經開始能自己認一些字母，我想她可能是從《芝麻街》（*Sesame Street*）影片學來的。在遊樂場上，她會去爬所有的設施，她可能喜歡體操。」

有時候，我們會聊到最近看過的電影。我們在這個特別的早晨的對話，讓我想起電視劇《全家福》（*Family Pictures*）。這部影集改編自蘇米勒（Sue Miller）的小說，故事是描寫一對夫妻努力撫養五個小孩，其中包括一個自閉症兒子，探討家人關係與饒恕。

這個故事是從家中老大尼娜（Nina）的視角來敘說一些不同而必要的觀點。藍岱（Randall）是自閉症的孩子，磨練著每個家人的耐性，觀眾都可以感受到那股張力。蘭妮（Lainie）是孩子們的母親，她盡可能把藍岱視為正常的孩子來教養，付出了大部分的時間照顧他，與藍岱形影不離。大衛（David）是孩子們的父親，他與其他的孩子都感覺被母親忽略。這也是所有特殊兒的家庭都會面臨的挑戰。

有一天，這一家收到令人絕望的消息，藍岱在學校校外教學中走失，而且被車撞死了。看到這裡，我全身顫抖，因為這是我最怕塔立克會遭遇到的事，而且我可以想見影集中所舉辦的葬禮。這部影集讓我最感特別的地方，就是尼娜和母親之間的情感糾結，以及母女二人最終在結局的和好。這對母女之間曾有許多摩擦，多年來母女痛苦地爭執不休，而此時尼娜結婚了，並懷了第一胎。

尼娜起初用尖銳的聲音質問母親，為何在弟弟藍岱去世後，要與父親離婚？蘭妮則用堅定的語氣解釋，她與他們的父親已經很努力地在維持婚姻了。

尼娜從她的觀點反駁母親，難道以前父母在一起，只是因為藍岱的緣故，而現在藍岱死了，他們就要離婚？她認為她母親的愛是有條件的，而且一邊淚流滿面地歸納說：「要安靜，要乖、要快樂、要表現好。最重要

的是，要表現好。因為你有這些，我就會愛你，我就會愛你，我的完美寶貝。」

母親蘭妮解釋說，她希望她能用愛其他孩子的方式來愛藍岱，假如她也能用對其他孩子一樣的方式來要求藍岱，那麼，對她而言會是一份祝福。她承認對尼娜來說自己並不是一個好母親，因為她會對尼娜大吼、情緒失控。她承認自己不能找任何藉口，因為也許藍岱才是真的將這個家連結了起來。蘭妮總結說，她是靠著對尼娜與其他幾個正常孩子的愛來撐住自己。

當父母與成年子女彼此開誠布公、真心對話時，親子間是有可能和好的。這樣的對話固然需要勇氣，但可以釋放彼此許多幽暗的情感。當尼娜說出自己的心聲，並且聽到母親的回應，她開始明白這一切。影集來到結局時，尼娜望著一張大家族的合照沉思，並且把它視為一幅勇氣的象徵。從這個觀點來看，每一個孩子被生下來，就是父母一個極大的冒險，這當中可能暗藏著痛苦與悲劇的可能性。也因此，每一個孩子的存在，其實都是一個奇蹟。

我想起我父母冒著風險撫養我們八個孩子——不過在一場車禍中失去了其中一個。我想起我爺爺以及他們的勇氣。我爺爺在他十二歲時，從義大利隻身搭船來美國尋找當時已經來到美國的曾祖父。爺爺從不認識他的母親，因為我的曾祖母在爺爺兩歲的時候就過世了。在經濟蕭條的年代，我的爺爺奶奶養大了五個孩子，其中有一個女兒在兩歲時就生病死了。但在那個年代，這是很平常的事情。事實上，在二十世紀初，20% 的嬰兒還來不及過他們第一個生日就夭折了。

我並不是家族中唯一的或第一個失去手足的人，我想起辛蒂和她的父母也是。因為辛蒂也失去過一個兄弟——他兄弟當時只有十七歲——在以色列因為公車車禍而喪命。他被埋在以色列的合作農場裡，當時他們家的人只能在距離大半個地球遠的費城為他服喪。每個家庭都有家人共同面對

的悲劇，影集中尼娜的話一直在我心中迴盪著。愛會有冒險，但是有誰願意活在沒有愛、沒有與人連結的環境呢？

　　我很好奇當安東妮特長大以後，她會怎樣看待塔立克。所有的父母都希望公平地對待每個孩子，也希望我們健全的孩子長大以後也會很愛我們，並且也用某些方式來愛不如他們幸運的手足。在 1995 年某一天晚上，家裡其他人都不在家，只有安東妮特和我一起共進晚餐。她問我，與其有三個女兒，我會不會更希望只擁有一個健康的兒子？對她而言，這是一個多麼沉重的問題！但我很為她高興，因為她能說出來。我告訴她，如果塔立克能健康，那我當然會超級喜樂，但我不想用任何一個女兒來換取。聽了我的答案後，她的心似乎得到寬慰。

塔立克六歲時——對手中的葉片感到好奇

退伍軍人父母的心聲

1996 年時，我曾對一個特別的家長團體演講，他們是一群曾經暴露在橘劑（Agent Orange）之下的越南退伍軍人。暴露在這種化合物的悲劇之一，就是他們生出各種障礙孩子的機率很高，特別是神經性的發展障礙。他們發起了法律訴訟，法院判決橘劑的確傷害了這些軍人，軍人的家屬也成立了家長訓練的基金，來協助有身心障礙孩子的家庭。

我所分享的主題，是父母撫養特殊兒的手足時所面臨的問題。這場演講的時機似乎來得恰到好處，因為我錄了《全家福》影集，想要播放影集的完結篇來促進成員的討論。但這樣的安排也有一點風險，因為影集的內容具有張力，而這批退伍軍人父親們曾在南亞遭受過化合物的侵害，我是否敢揭開這些傷口？我明白來參加活動的父母們都面臨生活的挑戰，並且想盡可能得到各種幫助。那天大約出席了五十個人，有三分之二是女士。因此，我做完簡短的自我介紹與影集介紹後，便播放了完結篇最後十分鐘的片段，內容是描述尼娜與母親的爭執。

當我關掉放映機後，全場一片死寂。於是我詢問在場的父母們看完這段影片後，有沒有人願意為今晚的討論起個頭，發表他們內心的感想。馬上有一位坐在前排的女士發言：「我覺得非常難過，」她說：「我總是對我正常的孩子大吼，我對她的期望好高，但她甚至還不滿四歲。我知道我需要改變。」

另一個坐在前排的女士接著說：「我為了讓自己能照顧好我的過動兒，總把自己搞得團團轉，他總是把家裡弄得亂七八糟，我無法確定自己下一秒會發生什麼事，我精疲力竭。我其他的孩子們真的只能自求多福。我實在不知道自己該怎麼辦？」

另一個女士則說：「我兒子有發展性的青少年糖尿病，現在他靠著注射胰島素活下去。他整個人的個性似乎也因此在轉變，他變得跟以前非常

不一樣。我的女兒正在失去她以往所認識的哥哥，我不知道該如何幫助我女兒。我是學校社工師，但我卻漸漸無法處理這樣的情形。」

「我兩歲半的女兒聽力受損，而且神經受到損傷，」坐在後面的一位女士說著。「有一天，我四歲的女兒看著她妹妹說：『你為什麼不跟我說話？為什麼？』我不知道該怎麼告訴她。我告訴大女兒說，妹妹的耳朵壞了，而且她將來需要學習用手來交談。我這樣做，對嗎？」

當然是對的——因為尋求相關資訊可讓我們所有父母與孩子們都從內心最黑暗的憂慮中釋放出來。獲取可靠的資訊，有如在一場暴風雨導致的停電後重新修復電力。雖然我們心中的傷痛依舊在，但父母很難確定的一件事，就是我們不知道自己做得對不對。

1972 年，法蘭西絲・葛羅斯曼（Frances Grossman）以大專智能障礙者的手足為研究對象，進行第一次大範圍的調查，研究報告名為「智能障礙者的兄弟姊妹」，這些智障者的手足表示，要他們與父母談論智障手足的話題，就像與父親談論性話題一樣難以啟齒。葛羅斯曼的結論之一是，智障者手足的態度與情感，反映出父母處理家中障礙者的方式。可以自由地與孩子們討論的父母，能幫助手足了解自己的情緒。

在我面前有一個人急著舉手想發言，當這位女士說話時，她的聲音顫抖著。「我可能跟我那位健康的女兒說太多話了，我丈夫不想談孩子的問題，多年來我都是向我的女兒吐露心聲。我女兒現在已經十來歲，我明知這樣做是不對的，而且這樣很糟糕，但我不知道還可以向誰傾吐。」

我們都需要與其他的成人分享心事，那樣做不會讓事情「通通變好」，但卻有幫助。有時候我們甚至將自己孤立起來，然而，這個聚會對參與者來說是一個與人連結的機會，也或許可以帶著更新的思維回去，重新面對他們生命中的重要他人。

到目前為止，都還沒有男士發言，但這種情形在我帶領過的聚會而言是很常見的。運用一點簡單的介入，就能改變這樣的狀況。因此，我試著

開啟這扇緊閉的門，詢問在場男士們有沒有人想要分享。

經過一陣尷尬的沉默後，一位坐在中央的男士舉起手，表示他願意分享。「我家三歲的孩子剛被診斷為廣泛性發展障礙，」他直截了當地說。「我們夫妻不知道該怎麼想才好，我太太正在煩惱這個事實對其他兩個孩子的影響。我也是這樣，這就是我今晚來這裡的原因。」

等他說完，另一位男士立即舉手。他是一位外型瘦長、戴著一副眼鏡、音量很小的男士。「我妻子認為我對這個問題不夠關心，但是我其實不知道該怎麼辦，這就是我無話可說的原因。這讓我覺得自己真是個一無是處的父親。我希望今天回家後，能有一點東西和妻子分享。」

坐在他旁邊的男士，用手輕拍他的背來安慰他，在場許多男士和女士都紛紛點頭表示認同。這看起來是可讓彼此繼續深度分享的訊號。為了突顯所有人心中對這些問題的答案，我請他們想像一下，如果他們自己有一個身心障礙或慢性疾病的手足，這時，他們會對父母抱以什麼期待？

手足的需求

每個人的內心都有一個單純又清晰的小孩聲音。凡有手足並且與他們一起長大的人，都能感受到這種深刻的情感。有身心障礙手足的人，無可避免地會想知道或想念他們曾有過的兄弟姊妹，就如馬麗．麥克修（Mary McHugh）在她受矚目的廣泛研究報告《特殊手足：與障礙兒一起長大》（*Special Siblings: Growing Up with Someone with a Disability*）中所描述的那樣。

在這次橘劑受害者的聚會中，第一個討論焦點就是，身心障礙者的手足也希望父母能平均分配他們對孩子的關注，這個期望可能是希望父母將他們的問題與障礙手足的問題視為同樣重要。能認定家中每個孩子的正向價值，使每個孩子沒有「被當作明星對待」的壓力。

「當你是正常人時，很多事情都會被視為理所當然，」另一個成員說。「為人父母，我們非常看重那位身心障礙孩子的表現，而如果我是他

的手足，我真的會怨恨我的父母為何不重視我的努力與成就。」

這個觀點，有如《全家福》影集中尼娜的想法一樣，反映了特殊兒根本就不需要爭取父母的關注，因為從手足的眼光來看，他們永遠是贏家。

「我想要過我自己的生活！」之前第一位發言的男士又說話了。

其他的父母接著談論當他們不用照顧孩子，以及他們和朋友在一起時會做什麼。由於身心障礙者的手足總是被期待要幫忙已經精疲力竭、失去希望的父母親，他們常感覺自己像個小大人，卻又很難表達他們承擔這個角色的負面情緒。他們可能會覺得自己不太體貼，或有負於辛苦的父母。

團體中大家對問題解決辦法的腦力激盪進行得非常流暢。我將他們提出的方法寫在大海報紙上，展示在前方。團體的氣氛漸漸開始轉變了，正向的能量悄悄傳遞開來，驅走了原本盤據大家心頭的沉重。大家都迫不及待地抄下這些想法。

「我希望能被當成一個獨立的個體，如果我的父母總是告訴我，我有多幸運，我絕對會厭煩這樣的提醒，那會把我逼瘋。」一位先前都沒發言過的女士說著。

一位一直都很專心聆聽的男士接著說：「我希望能得到一些關於身心障礙的資訊。」他接著又說：「我相信我有很多問題要問，並且希望能得到這些問題的答案。」

一如身心障礙者的父母需要這些相關資訊，身心障礙者的手足也需要。這些資訊可以幫助身心障礙者手足回答來自他們同儕的問題，甚至從一些大人而來的問題，因為這些大人不好意思直接問他們的父母，怕讓他們的父母感到不舒服。

那位有過動孩子的女士接著說：「這讓我想起，我會想要我的父母關注我的感受。我想要他們問問我心中感覺如何。」

像他們的父母一樣，身心障礙者的手足也會受到一些情緒的影響，從困惑到害怕、生氣、悲傷和困窘。有時候他們的羞恥感強烈到一種程度，

會讓他們希望自己寧願不認識這位身心障礙者，尤其當他們兩個人的外表長得非常像的情況下。即使身心障礙者的手足可能很難表達這些想法，但他們大多數仍然都渴望說出自己的感受或被別人了解。如此一來，他們才能釋放內心對身心障礙手足抱有負面眼光的罪疚感。

讓我們來舉一個例子，想像身心障礙者的手足可能會對他的妹妹發怒，因為調皮的妹妹總是將他的東西（例如電動玩具之類的）弄得亂七八糟，當他在玩電視遊樂器時，妹妹會把插頭拔掉，迫使他不得不重新開始。這份怒氣使他想擺脫或是痛毆妹妹，認為她是家中的害人精。然而，當他興起這種念頭時他的心中會有罪惡感，因為仔細想想妹妹只不過是也想玩但又不知如何玩這個遊樂器，因此希望哥哥能幫她做點不同的事情。固然這是一個可以理解的情緒循環，但手足內心要面對這種情緒糾葛其實很痛苦。

父母如果能同時了解自我內心對身心障礙孩子的情緒黑暗面，以及身為身心障礙者手足的感受，那麼父母便預備好可以幫助這些手足，來讓他們感覺自己是個完整的人，而且也可以被愛。這也是關於身心障礙者手足調適的研究一致建議的觀點。

「我想要擁有正常的家庭生活，」那位育有廣泛性發展障礙孩子的男士說著。「例如全家人一起做某件事，也能單獨和我爸媽在一起做些事或聊天。」

「隱私對我真的很重要，我真的很討厭一直在狀況外、不斷打斷我做事的小孩。」那位有聽障孩子的母親說著。

有位整晚悶悶不樂的男士這時很肯定的說：「有時候我真希望自己能逃離這些擔憂跟責任，休息一下。假如我的家人都很有幽默感，那就太好了！」

另一位專注聆聽的女士接著說：「我九歲的女兒有學習障礙，前幾天我在家做早餐時，不小心把一些柳橙汁灑了出來，我開玩笑說，我也有灑

東西障礙（spilling disability）。」

　　她的話引來大家熱烈的笑聲。接著她告訴我們，她的這個雙關語笑話很受全家人的歡迎。在場許多人都點頭或微笑表示贊同。當團員們敞開心扉表達他們的情緒時，他們心中又燃起希望，他們已經捕捉到手足們受訪時所談到的重點以及專家的建議，現在該是讓團員再向前進到下個階段的時候了。每個父母都希望能成為所有子女心中的好父母，而我們今天聚在這裡討論，也掌握了他們的需求，那麼接下來應該不難找方法了。

　　現場安靜了片刻，然後，那位有過動孩子的女士說了：「很多時候我都忙著追逐我那特別的孩子，追到喘不過氣來──提防他一下子又發生什麼意外。我發現當我先生不在家時，我都會叫大女兒來幫忙。對我來說，我很難有空去傾聽我女兒在想什麼。我覺得我好像一張壞掉的唱片，滿身傷痕。」

　　現場又安靜下來了。遇到這種情況，實在是父母難為，因為有時候我們真的是氣力耗盡了。我總是聽到很多父母這樣告訴我，我相信其他父母也經常聽到，就是他們不知道我是怎麼活過來的。有時候，這種說法確實會讓人感到很氣餒，但我想他們的意思其實是在說他們有多讚賞身心障礙者的父母擁有那麼多的耐力、勇氣與愛。

　　如莎士比亞在《哈姆雷特》（*Hamlet*）一劇所寫的：「事情沒有所謂的好與壞，好壞是由我們的想法來決定。」父母把這些事情說出來，是一種能讓自己認識事情正面意義、自我關照、重新蓄積能量的方式。透過學習好好照顧自己，他們可以把孩子照顧得更好。這聽起來似乎很簡單，但其實當中有許多意涵值得我們深入思考。家中有障礙兒存在，可能會干擾手足在家中的正常生活參與。

　　我遇見過一位男士，他非常擔心他三歲女兒的未來。因為她一直稱呼她六歲的姊姊為「寶寶」，這位六歲的姊姊是視覺障礙伴隨發展障礙。在這個案例中，雖然這位父親似乎覺得很怪，但這位妹妹的功能確實遠高於

她的姊姊，因此她對事情的看法，只是根據她所體驗到的事實而已。

障礙會反轉天生的出生序。後來她的父親向妹妹解釋了姊姊有障礙的事實，但是妹妹還是會叫姊姊「寶寶」。這種情形會一直延續到將來妹妹發展出理解抽象概念的能力時才停止。她到時就能理解，但這也會讓她常常感覺不自在。這個妹妹的情形，其實也很像我女兒安東妮特，安東妮特常覺得自己像長女。從功能表現的角度來說，以孩子在家中所扮演的角色來看他們在家中的地位，這看似不對，卻也是事實。年紀較小的正常孩子失去了一位正常的玩伴及角色楷模，甚至連她在家中原本才該是寶寶的角色和受到關注的權利，也被取代了。當父母能保持對這種情形的敏覺性，他們就能幫助手足理解這樣的事實。

當家中老大有身心障礙、而老二是正常的孩子時，父母自然會很在意這位正常手足的發展情形。然而，這像是一把雙面刃，正常孩子的每個成就都時時向父母顯現身心障礙孩子的限制。父母內心毫無預警地又會重新產生困惑與震盪，於是家庭又再次被一種慢性的哀傷所籠罩。

相貌又是另一個弔詭的面向。當安東妮特長成青少女時，有人說她和塔立克長得很像，我注意到她會感到不自在。起初，這件事情也很困擾我。我原本希望她心中能感到溫馨，就像我一樣，當別人說我跟我弟弟妹妹長得像時，我心中會湧出這種溫暖。

確實，我還是希望她能那樣想。但我能理解安東妮特之所以有這樣的反應，有部分是因為她會害怕自己身上也有某些不健全——這種恐懼在我訪談過的每位障礙兒手足心中都曾出現過。而當障礙是隱性的時候，例如學習障礙、自閉症、精神障礙或精神病，這樣的擔憂似乎更加明顯。

《雨人》的意義

手足間的情感連結，也隱藏著某種奧祕，1988 年《雨人》（*Rain Man*）這部電影便是個受人矚目的例證。劇中達斯汀・霍夫曼（Dustin Hoffman）精湛地飾演雷蒙（Raymond），一位擁有特殊才能的自閉症者，引起大眾對自閉症兒童的關注。當電影發行時，本地的電視台邀請我接受訪問，從自閉兒家長的觀點分享觀賞這部電影的心得。那時，塔立克剛滿九歲，從住宿學校回家來過節，安東妮特則是七歲。我們當時沒有錄影機，我請我妹妹瑪莉蓮（Marilyn）幫我們錄下受訪的內容。當你人生很幸運的時候，就是你的兄弟姊妹當中，總會有人在你需要的時候伸出援手。瑪莉蓮就是這樣，平時，她會定期打電話給我，關心塔立克的近況；她總是隨時歡迎塔立克有空去她家玩。

我的兒子和我一同出現在那天的晚間新聞裡，安東妮特因為太害羞而無法接受訪問，但她也現身在鏡頭裡。在訪問結束時，塔立克給了我一個擁抱，也和記者擊掌。那是一個溫馨且難忘的時刻，我很高興能把它錄下來，當作我們家的一次「全家福」。

不像雷蒙，塔立克和大多數自閉兒是無法閱讀、書寫與記憶電話簿的。但是這部電影所描述的雷蒙的特質，轉化了他的弟弟，這個轉變對許多身心障礙者手足具有實質的意義與關聯。雷蒙的弟弟查理（Charlie）是一個憤怒的騙子，麻木不仁又自我中心。當他兩歲的時候，他們的母親過世了，他自小就與父親關係決裂；起初，他並不知道自己還有一個哥哥。

「我的父親掐住我所有的生活。」查理抱怨著，父親覺得他所做的事情都做得不夠好。當查理的父親過世時，他發現父親還有三百萬美元的遺產，但繼承人卻不是他。他尋找原因，發現他還有一位被安置在機構的哥哥。為了協議平分遺產，他綁架了哥哥。雷蒙由於自身的障礙，而生活在一個沒有正常感知與人際關係的世界裡。他無意間幫助了他的弟弟詐賭，

過程中查理也被迫去面對自己自幼受阻的情緒發展。

諷刺的是，查理開始發現自我和內在的掙扎；因雷蒙無法感受他人的情緒，並不在意是否能獲取周遭的關注或情感，他天生就無法愛人。在他們一起從中西部開車到洛杉磯的長途旅程中，查理開始欣賞哥哥了。

查理小時候被父親責罵時，他都幻想有一位叫「雨人」（rain man）的人會來救他。在旅途中，查理稱雷蒙為「雨人」，並且不經意地發現，他所幻想的雨人，正是他的哥哥雷蒙，哥哥仍記得自己對弟弟唱的歌。最後，查理喜愛他哥哥的與眾不同，並且希望哥哥能得到最好的。當他告訴雷蒙的監護人：「我已經不再生我父親的氣了，這已經跟錢沒有關係了。但他當初為何不告訴我呢？你們為何不告訴我呢？如果能認識他比過去的六天更久，該有多好。」透過與哥哥的真誠相交，查理轉變了。雷蒙雖然無法變成正常人，但查理向他證明，他也能擁有真誠的兄弟情誼。

我希望有一天我的女兒們也都能在塔立克的存在中找到意義，而我相信她們可以做得到。有時候，當我們面臨自身限制時，我們會明白生命原來可以脆弱到這種地步。但這也引導我們對擁有的天賦和能力有更深的感恩，並對自我有更深的認識。

● 每個人都是脆弱的

悲劇可能會敲你家的門。我在 1987 年於費城安提阿大學特殊教育系開設了一門研究所專題研究課程。有一天晚上，下了課，一位學生來找我。艾蜜莉（Emily）是非常投入學習的學生，也很認真從事聽障學生的教職。當大家都離開教室後，她留下來跟我說，她有個弟弟幾年前因為白血病去世了，她的父母都很願意成為我訪談的研究參與者。

於是我被邀請花一天的時間訪談這個家庭。他們住在德拉瓦州的一個高級社區，艾蜜莉的父親是家醫科醫師，母親是物理治療師。她的弟弟布雷德（Brad）是就讀特殊教育系的大學生，這是一個走過哀傷的倖存家

庭。艾蜜莉讚賞她父母的處理方法，而我也希望這個家庭可以告訴我，他們過去如何面對這些問題與傷痛。當我將車子開進社區小路時，我發現有一個籃框，並想像著社區的男孩們一定都會聚在這裡打籃球。我心裡有點希望今天是來打球的，而非來與這個家庭談生死；但我也感到很榮幸，因為他們對我有足夠的信任，才願意與我分享他們內心最深層的情緒。

當我按門鈴時，我希望今天可以避免犯任何錯——例如問一些讓人不舒服的問題或是離題。艾蜜莉的媽媽海倫（Helen）為我倒了杯茶，請我入座客廳與她聊聊。她以一種深思熟慮的語調慢慢開啟她的故事。客廳四周擺放了他們的家庭合照，從照片中我可看得出丹尼（Danny）是個活潑的孩子。海倫解釋，丹尼三歲時被診斷患有白血病，時常需要進出醫院，但是她盡可能待他如其他孩子一樣。雖然他的生理發展有些落後，但他的智力正常。與同齡孩子相較，他顯得較為瘦小，體力跟不上班上同學。但是他喜歡上學，也和其他同學互動良好。他需要接受特殊教育，因為他有輕微的學習問題。當他必須住院或待在家裡休養時，他也需要家教指導。

這家人相信人生是踏踏實實地過好每一天，雖然他們也會擔心丹尼不知還可以活多久，他們盡量待丹尼如正常孩子一般。我沉浸在海倫的娓娓道來中，她述說著自己的故事時，富有敏銳的覺察、描述生動，且峰迴路轉。我也感受到他們期待兒子活下來的盼望。

布雷德和艾蜜莉總是很照顧他們的弟弟。當他們和鄰居孩子們打棒球或踢球時，他們必會將丹尼安排在同隊裡。鄰居都知道丹尼的狀況，並且對他很友善。丹尼在社區裡騎腳踏車時，萬一覺得頭暈或是不舒服，他隨時可以到別人家休息，或是借電話打電話通知家人。

沒想到當丹尼九歲時，有一天他突然在睡夢中安詳離去了。艾蜜莉那時正離家在外上大學，家人打電話告知她這個惡耗。當我想像著艾蜜莉在宿舍中接到家裡電話的畫面時，心中隨即閃過我媽媽打電話來告訴我弟弟唐恩被車撞死的消息。我回想起和我父親一起到醫院看弟弟的遺體。但我

無法想像，當父母看到躺在床上的孩子永遠不會再醒來，他們心中有多麼驚恐。

休息時間到了，海倫邀請我一起到廚房，她拿出沙拉冷盤放在桌上，因為丈夫大衛（David）很快就會從辦公室回來吃午餐。我和大衛握手時，他堅定的握力讓我知道，他很熱情地歡迎我來訪。我們聊了起來，他若有所思的說，他的兒女與他們這對失職的父母一起生活想必很不容易。我認為，這是他在用自己的方式向我表達他不是位完美父親。這時海倫離開了廚房，留下大衛和我獨處。他一邊準備三明治，一邊回答我的詢問。

我問起在丹尼生病的那段時期，他和妻子如何對待布雷德與艾蜜莉。他說，他們試著盡量保持家庭生活的正常運行，例如他們總是一起去度假，即使丹尼不穩定的身體狀況常使度假計畫變得不容易，他們還是會一起行動。孩子們都會幫忙父母照顧弟弟。不過，他們都會鼓勵布雷德與艾蜜莉維持自己例行的活動，不要受影響。

大衛相信丹尼的病痛並沒有擾亂他們家的功能運作。事實上，他說：「當丹尼生病時，我們都在他的身邊照顧他。」大衛必須花額外的時間陪丹尼，幫他在家中注射靜脈注射液和協助其他必要醫療。然而他總是不忘找時間陪陪布雷德與艾蜜莉。他分享自己從這些辛苦的經歷中學到的道理：「我認為每個人終究難免一死，所以我每天都感謝神，讓我還活著的孩子們能健康。但我現在也明白，這種光景的驟變有多快，很多事情是說不準的。生命真的很脆弱，我現在每天都為擁有健康而感恩。」

🔵 山景的另一面

一座山，若從不同的方向觀賞它，就會呈現不同的面貌。從北面看可能是綿延堆疊的峰群；從南面看可能是花崗岩的聳立峭壁；山的東邊可能蜿蜒著一彎小河。山裡的石頭、林相與土質可能都不相同，沒有任何一處景色是相同的，然而，它們都是同一座山的景色。對於家庭來說，也是如

此；每一個成員對家庭的領會取決於他的優勢（vantage point）。身心障礙或慢性疾病對家庭的挑戰，也符合上述這個由天普大學維陶塔斯・切爾紐斯（Vytautas Cernius）教授採用的比喻，用來描述個別成員眼中對群體樣貌的詮釋。年齡、出生序、性別、天生能力、情緒性格、父母態度和個人成長史等因素，都會使人們有獨特的看法。

午餐之後，我利用剩下的時間訪談布雷德與艾蜜莉。從艾蜜莉身為長女的優勢看來，她起初看不出來，最小的弟弟丹尼除了常常住院以外，還有什麼特別不同——雖然她知道丹尼跑得不如其他同齡的孩子快，而且他的協調度也不佳。艾蜜莉與布雷德都是屬於運動健將型的，雖然丹尼也想加入他們的運動，但他沒辦法做到。當她上高中後，她更加擔心丹尼了。

艾蜜莉從小就被鼓勵提出問題，每當她提起某個議題時，這個議題就會被全家公開討論。她想起過去的每件事都將她帶往同一個問題：「丹尼長大後會變好嗎？」她的父母只能說，他們希望會的。艾蜜莉最要好的朋友自從丹尼出生後就知道他並且接納他。但有時候艾蜜莉在告訴他人關於丹尼的情況時，她會覺得很困窘。她沒有告訴過任何她覺得不必要告知的人，一旦有必要解釋的時候，她也只會轉述父母先前告訴過她的說法。

在談到管教時，布雷德和艾蜜莉告訴我，他們的父母非常公平。他們的父母會稱讚他們的每一個成就，也會在他們做錯事時有所懲罰。丹尼也被鼓勵去做每一件他能做的事，「直到生命的最後一天」，並且他的成就與布雷德和艾蜜莉的一樣，都被認為是值得讚許的。這個家庭並沒有出現《全家福》影集中所描寫的苦毒憤怒。

訪談的最後，我問艾蜜莉，還有什麼事是對身心障礙者手足很重要的事。她的話，跟我所遇過每位手足所說的相符。她知道和她同年齡的人很少會去想，但她會想知道如果自己生了一個身心障礙的孩子會是怎樣的感覺。她的擔憂雖不會阻止她將來擁有自己的孩子，但這是她心裡的一個重擔。

布雷德告訴我，他對丹尼的第一個記憶就是他的醫療問題。他回想自

己五歲時開始會詢問父母相關問題。起初，父母向他解釋，弟弟不像別的孩子一樣強壯。當他長大一點後，他會問更細節的問題，他也得到更詳盡的答案。當學校中其他同學問他：「你弟弟是禿頭還是怎麼了？」他都會覺得惱人。而別人問他太多問題時，他也會變得侷促不安。等他再長大一些並能用言辭表達後，就更容易回答別人的詢問了。

布雷德並不覺得丹尼的病使他錯過了什麼。當丹尼生病的時候，他並不需要待在家裡照顧他。他明白同齡的孩子沒有像他一樣的經驗。起初，丹尼對他而言就像兩個不同的人。當丹尼健康的時候，會大吵大鬧、我行我素；但有時他卻病得厲害。和姊姊艾蜜莉一樣，布雷德也想知道，丹尼的病何時才會好起來。

艾蜜莉和布雷德都相信丹尼讓全家關係變得更緊密——他成了連結全家人的愛與憐憫的一部分。父親是醫生，使布雷德更有安全感——小時候他認為爸爸無所不能。如果事情看似不對勁時，布雷德心中會想：「打電話給正在工作的爸爸，他知道這事該不該擔憂」。他現在知道父親其實並不是如他所想的那樣萬能。

布雷德的話讓我感到訝異，他描述的是父母的作為，不論子女有障礙與否，父母都要背負著責任與擔憂向前走。父母要帶頭走這條崎嶇的山路，這是唯一公平的方法——儘管可能很難。當家中有特殊兒時，這條山路可能會變得更陡峭與險峻。家中的孩子比以往任何時候更指望父母的指引，引領他們如何處理現實中的阻礙，以及他們五味雜陳的情緒。

身心障礙者父母與手足的支持，來自於他們所發展出的一份特別的自豪。布雷德和艾蜜莉便為他們的弟弟感到驕傲。他們知道丹尼花了多少努力才能完成別人認為理所當然的事——例如學騎腳踏車或數學的除法。他們也以父母為榮，因為父母將問題處理得很好，而且讓每個孩子都覺得自己是獨一無二的。他們也為自己的成就感到自豪，並且為健康感恩——身心方面都是。

塔立克很享受與卡拉和柔兒吃披薩

　　對我自己而言，我希望而且相信我的女兒們將來能夠回顧這一切，並且也有同樣的感受——愛與恨、競爭與和好、哀傷與喜樂，以及困窘與自豪。我們都一起真實經歷——作為身心障礙者的父母與手足——所不同的在於我們觀看山景的視角。

Chapter 9

房間裡的大象

發現與建立支持網絡

朋友就是

能夠讓人傾訴心中一切的人，

包括我們的心情、心中的垃圾、所達到的成就，

因我們知道那雙最溫暖的手，

會為我們帶走與過濾心中的傷痛煩憂，

留下值得保留的美事，並且

用恩慈的口

吹走那些剩下的殘渣。

——阿拉伯諺語

　　雖然沮喪把我們送進了內心深處並獨自療傷，但假使我們打開心胸、相信別人，這些傷痛通常能夠痊癒。就像這段阿拉伯諺語所描述的，真正的友誼可以化解哀傷，並使它更容易背負。毋庸置疑，一位特別的朋友，就是那位在最黑暗的時刻裡可以投靠及尋求慰藉的人。

　　當你親近的人逝去時，親戚、朋友甚至熟人都會圍繞在你周圍，希望提供協助。但是不久後，也許因我們不知該說些什麼，或是對喪親者不知道該如何回應，大家似乎會刻意避談關於死亡的話題。同樣的事也發生在當你為孩子的發展憂心時，或你孩子已經被診斷為身心障礙或慢性疾病

時，這個議題都會讓人感到害怕或造成心理上的威脅，以致讓人不敢提起。

我們鮮少預備好去面對的事之一，就是這些令人傷痛而導致遠離人群的哀傷。這就好比家裡客廳有一隻巨大的大象，這隻大象充塞了整間客廳，大到無法走動。然而，我們發現自己竟然會迴避牠，假裝牠不在那裡，或根本沒這回事。當你處於喪親之痛時，你很難坦然地與人溝通這件事。當別人問：「你好嗎？」你會本能地回答說：「我很好。」你們會聊工作、天氣、新聞、社會經濟，以及所有無關痛癢的事，但就是不提這個明顯的話題——我們心中無法逃避的那隻大象。也許這些瑣碎又喋喋不休的談話只是在傳達著，沒有人希望與這隻大象獨處。無論朋友的慰問方式如何笨拙，我們都嘗試承認自己仍希望有人來表達關心並一起分擔傷痛。就如英國詩人約翰‧多恩（John Donne）所寫的：

沒有人是一座孤島，每個人都歸屬於陸地的一部分，整體的一份子……。

任何人的死亡都會縮減我的存在，因為我也是人類的一員，因此，莫問喪鐘為誰而鳴，它實是為你而鳴。〔引自 Coffin C. M. (1994). *The complete poetry and selected prose of John Donne*. New York: Random House.〕

回顧早期當我擔憂塔立克的發展而尋求各方幫助與支持時，我發現當初所經歷的過程都是特殊兒父母典型的必經之路。起初我也認為，假如塔立克可以開口說話，那麼每件事都將迎刃而解。當你孩子的發展出了問題時，你常會覺得自己像個小孩般無助，並且希望父母能來幫你——解救你、保護你，讓你脫離正在經歷的傷痛。

那時，我的父母也勸我要有耐心，並且告訴我，事情都會獲得解決的。我母親告訴我，她天天為我們禱告。他們也會詢問我塔立克的近況，那種對話有如他只是得了一般流感，並且將會一天天逐漸康復。我則會向

他們描述我所發現的任何小變化。我們之間的交談確實減緩了我的緊張，幫助我度過每一天，繼續協助塔立克成長。然而，他們無法拭去我的眼淚，或包紮我的傷口，那對他們和我都同樣不容易。

當塔立克還很小的時候，我的祖父母還在世，他們也會來安撫我的憂慮。我的一位同年的堂兄弟葛雷葛利（Gregory）是輕度智障者，很晚才學會說話，我的祖父母在他很小的時候曾幫過叔叔嬸嬸很多忙。因此我的祖父母用葛雷葛利的發展經驗鼓勵我，希望能讓我放心。雖然葛雷葛利現在還是會口吃，但他已學會一些基本的讀寫技能。他也拿到駕照，並且擁有一份公務員的工作，擔任政府機關的警衛。總而言之，就一個身心障礙者來說，他表現得非常好。因此，我的祖父母似乎對塔立克也很有信心，認為他會像葛雷葛利一樣。出於他們的切身經驗與他們對我的愛，我信任他們所擁有的智慧，並且孤注一擲的希望他們的說法是正確的。

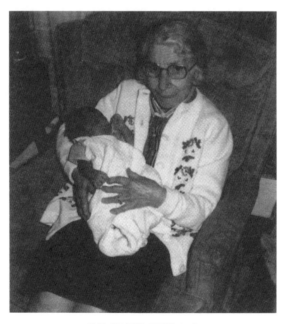

我的祖母抱著塔立克

我記得我祖父會將塔立克抱坐在他的大腿上，哼唱義大利兒歌給他聽，就像我小時候他唱給我聽一樣。他會像我小時候一樣拉起塔立克的小手，放在他厚實的手掌心，然後爬梳著他粗糙的鬍鬚，直到他覺得發癢。塔立克會發笑並扭動著想離開，因為他不喜歡讓人抱太久。我祖母也會想抱抱塔立克，對著他唱搖籃曲，就像小時候對我、對弟弟妹妹和堂兄弟們一樣。

許多人不太敢嘗試抱我兒子，也許是因為不理解與覺得不安。他們只會和我簡短地聊著，而我也會在這尷尬的時刻變得退縮，並且總是試著保持表面上的冷靜。這就是為何我會憶起祖父母抱塔立克時的情景，因為那情景讓我覺得很溫暖，不管塔立克再怎麼扭動不停。當然，我很希望他可以乖乖坐好，依偎在我祖父母身旁，但無論如何，我都有祖父母支撐著，因為他們從不避諱與塔立克親近。

沒有父母會希望自己的孩子因為異於常人而受到注目。你會希望有一個健康、快樂且融入社會的孩子，並能讓你引以為傲。但是，當你的孩子不一樣，你會怎麼辦？以我自己來說，當我兒子被診斷為自閉症時，有一段日子，我的心裡非常不好受。當我走在路上，我都會用眼角餘光去注意周遭的人，若他們的反應有點兒不對勁的話，我可能隨時準備反擊。事實上，這當中更多其實是我對他們反應的看法，更不用說我內心一直有沉重的結。就像許多有特殊兒的父母一樣，我覺得自己彷彿在與這個世界作戰。

我希望我們如南西・米勒（Nancy Miller）和凱薩琳・珊默斯（Catherine Sammons）在《每一個人都是不同的：了解與改變我們對障礙的反應》（*Everybody's Different: Understanding and Changing Our Reactions to Disabilities*）這本書中所提及的，作者給我們啟發性的眼光，使我們看到人與人之間存在許多差異，並且向我們解釋我們並不需要因為這些差異而與他人隔絕。當你了解自己的反應以及別人的反應，生活就會變得更容易些。當你了解這些

反應後，你會發覺自己並不孤單，原來你與別人並沒有太大的不同。作者幫助我們了解自己對障礙與差異的因素所引起的內在情緒反應，進而教導我們應對的策略，以一種更加融合與尊敬彼此差異的方式，好好地建立自己的生活、家庭和社區。

當塔立克開始「自我刺激」（即重複的行為模式，這是自閉症成人或兒童明顯的行為特質之一）或不斷地拍手時，特別是現在他已經長大成人，我會不自覺的想要他停止這些動作，並希望他表現得像「正常人」一樣。我內心的反應當然是絕望的，因為我不要他**和**我被人認為與眾不同。我也發現當塔立克沒有表現「正常」行為的時候，我會不知不覺地避免拍照。我腦海中的確會對他有一些偏好的特定形象，我很不想承認這一點。但終究，他的行為仍是組成他全人的一部分。

雖然我自認為算是經驗豐富的父母，但我對於自己有這些反應仍會很掙扎，不知如何去理解和承認這些。我花了一些時間去面對，至終我才學習去愛我兒子本來的樣子，不管他與別人的差異如何——更進一步地說，我因為這些差異而更愛他了。我心中的結也因此消失無蹤。現在，在大多數的情況下，我已經可以自在地環顧周圍的人，我可以注意到周遭也許曾有一些對我友善的臉孔與仁慈的眼光。

我知道自己並不孤單。許多父母告訴過我，在他們最需要被支持的時刻，他們覺得自己是多麼孤立無援與被遺棄。他們渴望有人伸出援手並對你的孩子特別感興趣，從而也對你感興趣。當你終於找到這樣的支持時——那雙手溫暖地觸動了你與孩子，那顆仁慈的心問候你事情進展如何——此時，你會確信自己並不孤單。

跨世代的悲傷

有一位年輕父親帶著他的悲傷來找我幫忙，他的故事與其他人類似，他很希望能得到父母的幫助。他的父親在他七歲時就去世了，自此以後，

他很少再去父親墓前悼念。當他的兒子被診斷出重度聽覺障礙時，他到父親的墓前告訴父親，他的孫子發生了什麼事。他哭著希望能夠得到父親的幫助及繼續支撐下去的力量。當他哭著告訴我這件事時，他說，自從那天去悼念父親之後，他的情緒得到了釋放，他很想念父親，甚至自那天起更加地想念他。想當然耳，當我的父親在養兒育女上經歷過那些常有的試煉與苦難時，他必定也很想念我祖父母。不論是誰，不論你的孩子「正常」與否，你都自然而然地會想向父母尋求引導。

當關鍵時期過了，而塔立克卻還不會說話時，我的父母、祖父母、兄弟姊妹以及其他親戚，基本上都還持續說著同樣的話——他們繼續安慰我說，塔立克之後長大就會脫離這種情形的。然而，我並不因此感到安慰，我反而無比挫折和驚恐，想著假如他從此以後都不再開口說話了，那我該如何處理這樣的情形呢？塔立克最後的結果與家人們的預期不同，所以當他最終被診斷為自閉症時，他們也不知該如何安慰我才好——我很能理解這種狀況，但這卻也令我感到更加孤單無助，我只想自己瑟縮獨處。

我相信我是當時唯一有這樣感覺的人，沒有人能夠幫助我，因為沒有人曾經歷過我所經歷的事。我相信我必須肩負起所有責任，並且應該要有能力處理好這種事。我不希望造成其他人的負擔；然而，有些時候我又覺得自己好像活在一塊沒有淚水與安慰的土地上。每件東西——玩具、遊樂場、衣服和那些健康的孩子們——在在都提醒我那位夢想中想要的小男孩，以及塔立克的緘默所帶給我的沮喪。我想我從此再也不會有快樂的經驗與心靈的平靜了。

除此之外，還有更多信念，是許多身心障礙孩子的父母們要去面對的。你會開始認為，別人一定不想傾聽你的問題，因為他們自己也有他們的問題，那也夠他們煩惱的了。當你因為失去一位「正常」的孩子而傷痛不已時，你心中很容易被這些扭曲信念所綑綁。你甚至可能覺得很難找到所需的支持，並且覺得要向別人解釋你的狀況實在太耗費心力了；因此，

不如忍住心中的傷痛不說，繼續獨自面對一切，會比較容易。

許多父母告訴我，他們的親屬會持續對他們提起同樣的事情。例如：一位患罕見疾病孩子的祖父母不斷告訴孩子的雙親，他們認為孩子會得這樣的疾病，應該是導因於橘劑這種有毒物質，因為孩子的父親曾經在越南服役過。但事實上這孩子患病的原因在於基因問題，並非橘劑，而孩子祖父母的反應並沒有帶給他們什麼安慰，甚至帶給他們更大的挫敗感。可能孫子患病的事實對祖父母而言實在太痛苦了，以至於他們無法面對事實，因而產生這種想法，藉此跳脫致命基因遺傳的自責。

幸運的是，在大部分的案例中，時間帶來了一份贈禮，隨著時間的推移，祖父母看法會逐漸改變。顯而易見地，祖父母與父母一樣，也會歷經一段難以接納障礙的痛苦期，甚至比父母更痛苦，其不願承認事實的時期可能更長。他們所要面對的難過是加倍的，包括他們孫子的障礙與他們兒女的傷悲。一位奧克拉荷馬市聯邦政府炸彈攻擊罹難者的祖母這麼說：「我失去了我的孫子，從此我的餘生都只能為此受苦。」

這種失落第二階段的痛苦，通常使祖父母無力提供兒女所期待的支持。他們可能會絕望地覺得自己無法好好保護兒女遠離命運的捉弄；也許還會擔憂是因為自己把有缺陷的基因傳給後代，甚至擔心這個基因還會再傳到下一個孫子身上。他們也可能會覺得自己受到重大打擊，並且由於無法提供更多幫助而感到罪疚。

另一對找我諮詢的夫妻與女方父母的觀念不合。珍妮芙（Jennifer）的父母無法了解為何外孫有這麼多特別的重複行為，以及為何他的話語那麼有限。他們從不知道神經性的損傷會造成如此嚴重的後果。他們不斷地問珍妮芙，是否可以帶湯米（Tommy）去檢測有無鉛中毒。珍妮芙是一名合格的護理師，不論她怎麼否認孩子鉛中毒的可能性，她的父母還是不願放棄說服她。她與父母的關係很親密，當她去工作時，總是請父母幫她照顧孩子。因此，她真的很希望父母能夠了解湯米的病因並且認同她。他們之

間有許多摩擦。

我建議讓湯米的外祖父母獲得更多的第一手資訊，並讓他們更多參與湯米的醫療照護，也許會有助於改善目前的狀況。我也請珍妮芙下一次來諮詢時，帶他們一起過來。在我向湯米的外祖父母介紹與解釋完我的角色後，我問珍妮芙的父母，他們是否想問我任何關於湯米的問題。可想而知，他們立即提出鉛中毒的疑慮；珍妮芙則在一旁嘆息著。珍妮芙的母親說，他們已經愈來愈難討論這個問題了。無論如何，這對外祖父母顯然很想要幫自己的女兒，並且希望他們所提供的幫助是被需要且被認可的。

於是我用最具威嚴與最權威的態度向他們解釋，湯米的障礙成因目前仍不明朗。我瀏覽他的醫療紀錄後得知，他已經在我們本地最好的醫療機構獲得最佳的醫療照護了，而且也沒有資料顯示任何鉛中毒的跡象。我耐心地向他們解釋，當他們反覆提起鉛中毒這件事時，都會讓珍妮芙感到很挫折，我建議他們以後不要再這麼做。看到這對老夫妻試著用他們能懂的方式來理解我的說明後，我建議他們不妨去外孫的班級看看，並與老師見面談談。我也建議他們一起閱讀珍妮芙所蒐集關於湯米語言發展遲緩的一些書籍文章。

親耳從專業人員口中聽到的第一手建議是很不一樣的。我不是他們家庭系統的一份子，而是被視為客觀的資訊人士與引導者。他們可以感受到我真的關心他們的外孫，也因此他們無法像對待自己女兒般地隨便抹煞我的建議。珍妮芙下一次來諮詢時告訴我，她的父母已不再提起鉛中毒的事了。她鬆了一口氣，當她跟父母互動時，也比較舒服自在了。他們現在都願意閱讀相關資料，以更加了解湯米的狀況。

當祖父母期望成為溫暖又疼愛孫子的長輩時，他們自然也希望能夠帶給孫子快樂，而不再扮演當年對自己兒女承擔起責任的權威形象。迎接新的後代到來，可說是祖父母特殊的驕傲與滿足的來源。然而，倘若面臨孫輩有身心障礙問題時，他們的角色就不是原先所預期的那樣。如果加上祖

父母們又否認障礙的事實，那可能會增加孩子父母內心的壓力。

祖父母失去了夢想中的孫子，就如父母失去夢想中的孩子一樣，因這孩子傳承著他們未來的後代。要讓他們了解孩子真正本來的樣子，可能更困難，因為他們沒有每天和孫子生活在一起，也因為他們同時面對雙重的挑戰，必須支持自己兒女在非常時期的需要。在這種情況下，祖父母們既受核心家庭事件的影響，也影響核心家庭的成員。由於他們看顧與懷抱孫子的時間較少，他們與孫子建立連結所需的時間會相對久一點。事實上他們需要自己的兒女來幫助他們了解孫子的障礙，但這可能需要一段時間，因為要等兒女準備好後，才能起帶頭作用。

一旦祖父母們了解孫子的問題後，他們就能成為兒女很重要的後盾。借助他們撫養孩子的經驗與智慧，他們可以提供和分享更多的因應策略，並協助區辨哪些教養問題可能與障礙相關，哪些則是一般的典型教養問題。他們也可以找時間來幫忙照顧身心障礙孫子在各領域的實際需求。

● 身心連結

雖然許多人認為暫時忍住悲傷，讓自己持續做著該做的事，是比較容易的，事實上，殊不知如此的行為後果恰恰相反。古希臘醫學之父希波克拉底（Hippocrates）強調，情緒因素是造成疾病的成因之一，卻也能促使疾病康復。近年來，心理學學者詹姆士‧潘尼貝克（James Pennebaker）和他的學生發現許多研究結果證實，當一個人揭露重大變故事件的苦痛時，能改善他的生理和心理健康。相反地，強忍悲傷反而會導致健康問題一再循環發生，例如著涼、流行性感冒、高血壓、潰瘍，甚至癌症。

家有身心障礙孩子，當然是件重大劇變。壓抑傷心的思緒與情感是生理上的運作，所產生的負荷則會導致長期的健康問題。那些能在團體中打開心扉的人常自陳他們樂在其中，並且能從中學習。此外，他們的健康問題也明顯因此而改善了──此一發現恰好為急速增長的各類問題互助團體

提供了科學的根據。

在《身心桃花源》（*Healing and the Mind*，張老師文化出版）這本書中，作者比爾·莫怡斯（Bill Moyers）訪談了史丹佛大學醫學院的精神病學專家大衛·斯裴格（David Speigel），了解關於他所進行的一項開創性的身心連結（mind-body connection）研究。其研究對象是一群患有轉移性乳癌的女性患者，患有這類癌症的女性，幾乎都會在兩年內病逝。斯裴格的研究計畫假設這些患者在標準化醫學治療之外，若接受團體治療，可改善她們的生活品質；研究結果證實確實有改善。和未接受團體治療組相較，團體治療組指出，她們的焦慮、沮喪與痛苦減少了。更令斯裴格驚訝的是，多年後當他追蹤這些患者時，他發現那些開始參與團體治療的女性，她們參加後所延續的壽命，比那些只接受標準醫療的人**增長兩倍之多**。社交孤立（social isolation）對人們的身心健康來說，既痛苦又有害；而與別人連結並獲取支持是有療癒性的，能夠提升身心健康。團體治療確實是很有力的藥物。

潘尼貝克指出，透過寫作可以治療我們內心的混亂。寫作能幫助我們組織和理解自我心中的感受及思緒。保持寫札記的習慣，對於保有身體健康與情緒上的幸福感很有助益。藉由文字來詮釋自己對事件的感受，能深入釐清自我的情感，並強化我們對事件的認知。

當你將遭遇的煩亂說出來或寫下來時，你會發現自己並不孤單。透過這樣的方式，可以提升內心的洞察力。根據美國聯邦政府估計，全美身心障礙者與患有慢性疾病的人數，多達四千五百萬至五千萬人，因此，邏輯上你身邊一定有人想同理你或了解你，你需要有地方跟他們自在地連結與交談。有了這樣的支持，你就能視自己為恰巧遭逢痛苦折磨的平凡人，而這樣的想法便能帶給你安慰。

身心障礙者的父母若想走過沮喪，有一部分的歷程就是找到一群願意聽你傾訴的人，不論他們是不是你的血親。就如布雷特·韋伯－米切爾

（Brett Webb-Mitchell）在《神也彈鋼琴：身心障礙孩子的心靈生活》（*God Plays Piano, Too: The Spiritual Lives of Disabled Children*）這本書指出，當有人傾聽你的故事，這是承認你存在的重要第一步。透過說出我們的故事，我們從看似混亂的情境中，讓這些傷痛變得有意義。說故事的能量，源自生命本是不斷敘說的歷程，因此它是一種讓人容易了解你的作法。很顯然，敘說與傾聽故事，是人類相互關懷連結的重要媒介。

可嘆的是，敘事與傾聽並不總是容易的。有些人其實會避免談論自己的困境，也不想遇到正身陷其中的同路人。因為他們不想再被提醒生命和健康有多麼脆弱，也或者因為他們在身體或心理上都沒有足夠的資源再去分擔別人的痛苦。如潘尼貝克的文章所指出的，要傾聽別人的痛苦感受甚或其健康威脅，確實都是一種心理負擔，因為他也許不知道自己傾聽了以後該如何處理內在的思緒。尋求願意傾聽的人們的好地方，就是加入支持團體。這些團體通常是由在地學區與身心障礙者的公益團體主辦；也可能是涵蓋廣大的地理區域，但活動議題鎖定特定的範圍，如學習障礙、自閉症、注意力缺陷過動症或唐氏症。

● 從團體中找到支持

身心障礙者的父母們之間有一種共患難的情誼。雖然彼此沒有血緣關係，然而因為境遇類似，因此能深度認同彼此，並帶給彼此很大的安慰與理解。紐澤西州中部海岸附近有個團體，每年春天都會邀請我去協助他們聚會。在 1996 年時，這個團體中有許多人的孩子即將從半天班托兒所畢業，並進到全日班的幼兒園就讀。這個特別聚會所討論的主題，是關於父母對於幼兒轉銜到另一個教育環境時，如何面對心中的焦慮與擔憂。

聚會在早上舉行，我原本預期來參加的人應該多是母親，但實際出席的父親也很多。全體參與者都同意主辦單位全程錄影，好讓那些沒有辦法來參加的父母事後能觀看。以下我也依據錄影內容來描述當天情形。這場

九十分鐘的聚會展現了父母團體所擁有的力量與潛力，它可以成為父母們獨特的支持。聚會一開始，我先請與會的父母們說出他們的擔憂，接著協助他們釐清哪些擔憂與一般孩子的父母無異，而哪些是障礙兒父母才有的；哪些擔憂與孩子的特殊需求有關。帶領大家思考這些問題並加以分類，能讓大家的心情先安定下來。獨自承受是非常痛苦的，能與其他同路人相連結是一劑寬心的安慰劑。

一位二十多歲、紮了個馬尾的年輕母親首先發言：「我的孩子在去年秋天開始讀全日班，當時我好擔憂，我覺得沒有人可以妥善地把她照顧好。我記得我站在先生旁邊，哭著從教室的單面鏡中看他們上課。我知道我會想念她，事實上也是如此。她是我的第一個孩子，所以我不知道接下來會發生什麼事。但真正幫到我的是，我看她每天都高高興興地回來。那樣的情況，讓我知道她在學校受到了很好的照顧，我才感到自己的壓力真正釋放了。這種感覺也讓我們家氣象一新。」

她的這番分享，為聚會帶來一個好的起頭。當人們的故事能被別人欣賞與認真看待時，他們會感到被關心。

接著發言的是一位年約三十歲的母親。她看起來明顯地更有帶孩子的經驗，但也講了很多。她細數著：「我家這個需要特殊教育的最小兒子，讓我最難放手，我想可能因為他是老么吧。我不確定現在家中整天都沒有小孩在的情況下，我要怎麼過生活。如果他是正常孩子，我不確定我是否還能這麼自由。我這樣是不是進入空巢期了啊？」

另一名當職業婦女的母親，這時提出了不同的觀點。她說：「我真正的難處是，如何讓我的孩子與人一起共度警覺又有樂趣的時光。因為我幾乎所有的時間都在照顧他們的生活起居，例如準備早餐、晚餐，幫他們洗澡、為他們穿衣服。我們幾乎沒有什麼娛樂，我大部分都在管教他們的行為，這對我們的親子關係是有害的。我那個『特殊』的孩子的麻煩更多，這讓我更痛苦。」

　　一位身材魁梧的男士接著說話。他一臉茫然，讓我印象深刻的是，他說話時眼神轉為黯淡：「我們很高興今天能來參加聚會」，顯然他是說給坐在身邊的妻子聽的。「當我們家寶寶一歲時，他所展現的發展水準遠不如我們家三歲孩子在一歲時的狀況。我內心真的大受打擊。」

　　在他的最後一句話結束時，他的妻子幫他解釋方才沒有說清楚的部分：「我兒子真的很晚才學會說話，這害我們都崩潰了。但現在我們慢慢收拾心情中，他現在就讀特教班，老師也認為他表現得很好。」

　　聽起來他的丈夫似乎仍在破碎的夢想中掙扎。但不知為何，這位男士的情緒表達，好像成了一個「請接龍」的信號，讓大家開始談論自己經歷中更艱難、更黑暗的一面。在團體中，當男性成員敞開心胸，直接表露自己的情緒時，通常會有這種效果。也許女士們此時會語帶保留，因為深怕男士們就此封閉自我、躊躇不前，獨留她們撐起後面的聚會。

　　下一位早產兒的母親訴說著她的故事。「我的孩子是個早產兒──生下來的時候只有 1,360 克。我馬上知道她有問題。雖然不容易看出什麼問題，但醫院的醫生認為她有智能障礙。她不僅太早出生，還有發展遲緩，她接受了所有早期療育的治療。直到兩歲兩個月的時候，她才學會走路，即使那比我們預期的還早，但還是太慢了。這一路走來好艱辛，我從沒想過我還可以撐到現在。現在她已經五歲了，而且她不是智能障礙，她也不像剛出生時被醫生告知的那樣會長不大。這真是一大解脫，有時候我會為這件事激動落淚。我很慶幸她能在出生後的那幾個月受到密集的照護，得以生存下來。我已經準備好讓她去全日班就讀了，因為我也需要休息。」

　　她的聲音漸漸變小，淚水盈眶，她拿出一張面紙擦拭淚水，眼神避開來自周遭溫柔注視的目光。此時，我詢問在場是否有男士願意發言，因為到目前為止，父親們都很安靜。全場一陣靜默，直到一個笑聲打破了這個寂靜。一位自稱是木匠的男士發言了，他這個冬天都待在家裡，因為工作難找。他說：「直到現在我才知道，日復一日地過生活有多麼艱難。我的

兒子真的很難搞，每當我們好不容易比較了解他的狀況了，這時他卻又發展到下一個階段了。他完全不會等我們喘一口氣再說。失業以後的生活並不好過，但我很高興我可以在他還小的時候，就學習去了解他。我真的從來沒想過可以這樣。我以前曾想過等他再長大一點時，才更多參與他的成長過程。但現在我們會一起玩球、釣魚，做一點居家改造計畫——你們也知道，就跟一般父子會做的事情一樣。我認為這樣做使我變成一位更好的父親、更好的丈夫。失業讓我很能體會我太太正在面臨的難處。此刻她上班，我會從學校帶一些資訊回家，而換成她從工作帶收入回家，這真是奇妙的角色對調啊！」

「我希望我可以體會他太太的處境，」茱莉（Julie）是今天早上第一個發言的母親。「有時候當我先生一回到家，我就跟他說『我要出去透透氣』，然後我就跑去逛購物中心。他一點也不覺得驚訝，我是真的需要休息一下！」

瑪莉（Mary）是一位單親媽媽，頂著一頭染髮，語帶憂愁地訴說著她那對過動症的雙胞胎，以及他們語言發展遲緩的問題。她的聲音聽起來似乎已經投降了，並且充滿痛苦地說：「一旦回到家，我就找不到時間坐下休息了。我請不起保母，我都快要四十歲了，而我母親也已經七十多歲了，即使她很想幫忙我，她也不可能應付得了這些孫子們。別人只是覺得我的孩子們很野，這真讓人難過。這就是我很挫折的原因……，如果你是單親，你連坐下來看個十分鐘的報紙都是很奢侈的事。我總是在精疲力竭的狀態，所以能把他們送去學校待久一些，對我來說一點也不會有罪惡感。」

另一個父親述說他的故事：「我的女兒身上發生了一些奇蹟！」當周圍的人都非常好奇地想知道所謂的奇蹟是什麼，他開始解釋，她女兒患有先天性的心臟病，出生後三年內就需要接受三次重要的外科手術。她兩歲的時候才學會走路，三歲的時候才會說話。「她現在說話仍然有困難，不

過我們已經可以聽懂她所要表達的事了。我現在的妻子是她的繼母，如果沒有她，我應該很多事情都做不成，我們確實是最佳搭檔。我現在是個快樂的爸爸，不再感到沮喪，我們也將要有另一個寶寶了。」

在場的許多人都對著他笑，分享著他的喜悅。其他的人則看起來比較冷靜——也許他們正在思考如果再生一個孩子會有什麼風險。

在場看起來最年長的女士接著開口說：「我原本以為我已經完成養兒育女的使命了，沒想到現在這些事情又要再來一遍。我媳婦有多發性硬化症，當她去世了以後，我兒子和孫子搬回來和我們夫妻倆同住。幸運的是，我丈夫已經退休在家，可以充當我的幫手。他對於我孫子的狀況常常感到吃驚，不斷地問我說：『養一個孩子真的這麼難嗎？』大多數情況下，每次他問我，我都會回答他：『沒錯，就是這麼難。』他們之所以那樣問是很正常的，但其他一切也都沒什麼改變。」

這位年長婦女的經驗分享中，隱含著智慧的寓意，為團體成員增添了有益的觀點。在場的人分別呈現了許多不同的生活情境；這個團體就是外面世界的微觀縮影。待這位祖母說完後，我問大家，現在大家心中在想些什麼？大家在接下來的時間希望往哪些方向討論？

茱莉再度說話：「能聽到別人的經驗真好，特別是關於家裡有身心障礙孩子的日常，這讓我覺得自己更正常。」

「讓我們先從建立每個人的通訊錄開始吧，」到目前為止一直保持沉默的一位女士提出這個建議。

「我們要這張表做什麼？」我追問著。

「我兒子在社區裡沒有任何朋友，」建議製作通訊錄的女士回答說：「我不介意花幾個小時帶他去找瑪莉家的雙胞胎玩，這樣的話，瑪莉就可以休息了。我在學校就認識她們家孩子了，所以我可以體諒他們的狀況。如果他們和我家比利（Billie）一起滿屋子亂跑，尖叫地玩著，這對我來說是沒問題的，而且比利應該也會喜歡。」

「請問我們還期待自己可以從別人那裡得到什麼呢？」我詢問大家，為的是讓聚會的話題繼續朝這方向延續下去。

「偶爾給我們自己找幾個小時的空檔，也許相約到某個人家中一起喝咖啡、吃甜甜圈。我願意開放我家讓你們來。」剛才發言過的祖母莎莉（Sallie）這麼說。

「沒有孩子在身邊打擾，真是太棒了，」茱莉說著。「我們也可以在我家為孩子們組成一個遊戲的隊伍。我家的後院很大而且四周有圍牆，還有鞦韆和沙坑。當孩子們玩樂時，我們大人可以坐在旁邊享用檸檬茶，稍稍放鬆，享受美好的一天。」

「我們男人也許想聚在一起做一些動態的事情，例如打高爾夫球、打籃球之類的。」剛才的木匠爸爸丹恩（Dan）補充說明。他的提議也反映出男士聚會的典型模式，所從事的活動恰好與女士相反，她們的風格較偏向聊天與分享經驗。

活動時間所剩不多，我想請一位與會者來為今天作個總結。莎莉自告奮勇發言：「我們可以像今天這樣聚在一起交流真好，讓我們很清楚知道，其實我們都是平凡人，這種感覺真的、真的很好。」

除非無路可走，不然很多父母不會想到要加入這樣的團體。當親戚朋友無法理解我們時，唯有其他身心障礙孩子的父母們才能提供共同的觀點與看法；這樣的團體可不是隨處可得。在這裡你可以安心地分享你的害怕與不安全感，毋須太多的解釋說明，他們就能理解。你也不需要擔心顯露自己的脆弱，或博得別人的憐恤。

在團體裡，你也可以藉由學習彼此經驗而獲得實質的幫助。與孩子已較大的過來人父母聊聊，會讓你知道，其實養育身心障礙孩子並非世界末日。比你孩子大一、兩歲孩子的父母可以幫助你預見短期可能遭遇的問題，使你得到正向可行的意見，作為未來實踐的參考。與同路人父母談自己孩子的事情，可能也比和專業人員談要容易些。這些專業人員雖然擁有

博學豐富的專業知能，卻可能沒有實際與身心障礙孩子生活的經驗。無論再怎麼專業與用心，他們可能無法完全體會父母每天與這種孩子相處時，猶如搭乘雲霄飛車的忐忑心情。

另一個參與家長支持團體的好處，就是能體驗到施與受的福分。有時你需要一些協助，有時你也可能是剛好可以回應他人或提供意見的那個人。既能付出又能坦然接受的人，會變得更堅強、更有自信，他們可以用以前未曾想過的方法與彼此接觸。雖然一般而言，大家會認為「瞎子無法帶領瞎子」，但這種自助支持活動告訴我們，事實並非如此。

網際網路的支持

現今網路服務以指數性成長的方式激增，這也增加了身心障礙者父母與其他父母連結的機會。電腦價格的下降，使網路漫遊更為簡單、便利。今日的社會，仍是一個必須持續探究「人人有平等取得各種資源」議題的社會；然而，網路多少能發揮資源公平分配的作用。雖然許多父母沒有太多能力花時間或金錢來搜尋相關資訊，但網路能讓感興趣的人在互動社團中分享資訊，幾乎每個圖書館與學校都提供網路搜尋服務，愈來愈多的社區也能架設網路，帶來便利的服務。

我曾在自閉症協會（Autism Society）的地方分會網站上認識了一位女士，這讓我更加意識到網路無遠弗屆的傳遞性。她請她網友們為這本書提供一些評論，分享網路對他們身為家長有何助益。以下是網友回應的一些例子：

艾密莉（Emily）寫道，網路社群上關於障礙的清單，對她很有助益，因為當她需要時就可以即時取得這些資訊，每天二十四小時，一週七天，無時無刻都方便。她不需要因為要外出參加父母支持團體活動而忙於找保母，因為她的聚會就在線上召開。當她找到保母時，她可以和丈夫一起外出，享受幾個小時的寶貴時光。但由於當地的圖書館常來不及提供最

新的資訊，且多數現有資料主要是針對專業人士讀者群，因此網路幫她克服了這個不便，這對艾密莉很有幫助。網路上的資訊清單是由家長寫給家長看的內容，「告訴父母關於照顧身心障礙孩子的基本細節，這通常不是學校或醫師所能幫助的範圍。」有時候，艾密莉也會感覺到挫敗氣餒，但當她上網發現其他父母也跟她一樣時，這些感覺才逐漸消散。就如她自己所說的：「我不再感覺自己很怪異或是歸咎於我了。我變得有力量去嘗試一些其他人用過的方法。即使那些小叮嚀對我不見得有效（那些方法本不是對每個人都有效，真不妙），但從前一直折磨我的那種無助感，現在已從我身上消失一大半了。」身心障礙的網路社群提供了艾密莉最需要的資訊與支持，她現在變得更有自信，因為她比一些她接觸過的專業人員更加了解自己兒子的障礙情形。她說她憂鬱的情況緩解許多，並且已停止繼續服用百憂解（Prozac），而改服用「整合性的抗憂鬱劑——網路支持的施與受」。

珍娜（Janette）從一個遙遠的英語系國家——澳大利亞的珀斯發出回應。電腦輔助溝通幫助她認識一些自閉症的輔助性療法，這些治療的建議是她當地的專業人員所無法提供或甚至不願告知的，例如聽能訓練、瀉鹽、飲食照顧及其他等。珍娜也對網路作了一些評論：「網路社群可以讓大家透過自閉症的共同話題來結交朋友……。假如沒有共同信念、共同想法及經驗分享，那還談什麼建立友誼呢？」

從同樣的角度來看，譚咪（Tammy）提到每當她孩子的發展有一些進步時，她會與網路上的朋友們分享；而這些朋友們得知後也會為她高興，不像其他一些人無法理解她的喜悅。即使是孩子的一個小小的進步，對她來說都是奇蹟。

羅西塔（Rosita）寫到，多虧了網路交流，讓她看見她兒子的未來變得更加光明且有意義。透過這些在網路上認識和真正關心她的同路人，她學到如何與學校系統溝通，與孩子一起歡樂，並讓她的孩子學會擁抱她。

有了這樣的自信,她變成兒子權利的最佳倡導者並有效地為他倡議,因為兒子無法為自己發聲。

從他人得到幫助

當你的內心夠勇敢地尋求支持或踏出第一步,你就會得到更多的支持。儘管大多數父母躲在悲傷的圍牆內,並覺得自己好像被社會遺忘了,但更常見的情況是,周遭總會有一些人正在等父母發出求救訊號,好上前相助。在《傾聽——人際關係中溝通的藝術》(*The Lost Art of Listening*,遠流出版)一書中,作者麥可.尼可斯(Michael Nichols)帶大家探索如何傾聽別人,以及如何讓別人願意傾聽。根據尼可斯的說法,問題的核心在於傾聽者內在被引發的情緒反應,如舊傷、怒氣、害怕,進而衍生其防衛心,阻礙了他的理解與關懷。進一步說,當我們對親近的朋友坦承我們所沮喪的事時,他們可能會感覺受牽連,且會告訴我們不要那麼想,以致促發了不被接納的感覺,造成彼此間的誤會衝突。然而,有同理心、接納的回應會是:「請再多分享一點你的感覺」,或是「對你而言,那是什麼樣的感受?」

一旦我們能先理解自己的哀傷和孩子的障礙本質後,我們就能對別人解釋得清楚一點。這通常能終結我們前面所講的難以啟齒的困窘,特別是當我們對孩子的問題無話可說時。

我們時常能透過提出請求來得到所需的東西。例如,我們可以告訴別人,我們只是想把心裡的話說出來而已,請他們靜靜地聽就好。同樣地,我們也可以向別人解釋說,我們的心裡很混亂,需要找人討論一下,但不一定需要他們提出解決之道。這種方式能讓傾聽者知道,他沒有義務須解決你的問題或移除你的傷痛。

參加支持團體,以及接受專業人員引導,能幫助我們學習如何與他人連結。治療師或成員夥伴並不須為你的問題負責,因此當你訴說心事時,

他們沒必要對你有所防衛。在你學到傾聽與被傾聽之後，你就可以在任何地方練習這些技巧，並能得到最好的效果。

例如，特殊兒父母的朋友，通常也有與其孩子年紀相仿的小孩。特殊兒父母或許很難開口詢問對方孩子的狀況，因為怕會勾起內心的傷痛。另一方面，朋友可能也會有點退卻，因為他們也擔心他們分享孩子成就時，會讓你感覺心情更糟。因此，當大家聚在一起時盡量增進彼此的理解，會是父母們維持正常友誼所必須跨越的阻礙。

當塔立克被診斷為自閉症，並且進入自閉症兒童發展中心時，我碰巧找到塔立克與李奧（Leo）的舊照片。李奧是我朋友查理（Charley）的兒子。我發現心裡有些聲音催促著我打電話給查理，所以我就拿起電話打給他。我忐忑不安，不知道對方會怎麼回應我。當我聽到查理的聲音時，我矛盾的心情瞬間消逝，有如我們一直都保持著聯繫，而他只是在等我的電話而已。因此，我們又重新接續我們的友誼，在對話中彼此更新這段日子以來的進展，包括：塔立克接受診斷、李奧的興趣、安東妮特的發展、我的離婚、這段期間他又生了兩個兒子、我們的事業，以及他和妻子蜜雪兒（Michelle）失去的早產兒。曾經的哀傷使我和他分離，而現在的分享卻使我們重逢。

戴弗（Dave）是我研究所時認識的朋友，他沒有生小孩，也許是因為這樣，自從塔立克出生後，多年以來我和他比較容易常保聯繫。戴弗有很好的傾聽能力，是個很好的傾聽者，永遠不放棄回應我。（就如大衛‧斯裴格對他們史丹佛醫學院的學生說：「**如果你看見有人在哭泣，不要只是為他做點事，請安靜地站在他身旁。**在那裡陪伴他幾分鐘，讓他知道你能涵容他的難過。這不需要太複雜的技巧。你只需知道在這種困難的情況下，你該做何回應。」）

每次我打電話給戴弗時，他永遠都會接聽。當塔立克四歲時，戴弗幫我錄製了一部影片，內容是關於我對塔立克進行治療時幫塔立克設立行為

的基準線，作為日後監控進步情形之參照。戴弗對於一系列事件的超強記憶，也是我這幾年來的洽詢者。每次他打電話來，我都不會覺得被打擾。多年前，當他的母親驟逝，他透過我們共同的朋友捎了一些話給我。我很高興得知在他感到悲傷的那段日子裡，他還記得有我這位朋友。當下我學到了，沒有比默默在朋友身邊守候更美好的事了。與對方分享我們的失落，反而鞏固了彼此的友誼。

當《全家福》影集在電視播出時，戴弗打電話來告訴我這個消息，他說：「我不確定你是否會喜愛這部影集，但我認為你應該會想知道它在演什麼。」他總是找機會讓我走出來，而且他非常能理解我的處境——因為我曾經一度不想觀看任何與自閉症家庭有關的影片。

隨著歲月增長以及我家人與塔立克有更多接觸，他們慢慢知道他們可以給予什麼幫助。我仍記憶猶新，當我接到我最小的弟弟葛雷（Greg）的來電，電話中他表示想找我一起吃晚餐，並且希望盡他所能提供塔立克協助。我們約在一家中國餐館用餐，當時他堅持要我接受他提供的經濟資助，送塔立克到歐普申機構（Option Institute）的自閉症療育中心去學習。這是怎樣的角色反轉——葛雷比我小十五歲，我已經習慣照顧他。當我上大學時，我和他一起出門時還被誤認為父子。他所提供的費用，對我而言非常需要；但在這種情況下，他對我的情感才是無價之寶，這件事永遠在我的記憶中珍藏、發亮。

我的妹妹露西（Luci）也曾經主動向我做過一件雪中送炭的事，我對這件事也記憶鮮明。當塔立克還很小的時候，我每天都精疲力竭，日復一日，為了求生存而被生活鞭策著。露西於是提議每週有一個下午或晚上，她會過來陪伴塔立克和安東妮特，這樣我就可以喘口氣，做我想做的事。這是多麼求之不得的喘息機會，也是我收到過最體貼的禮物之一。

當塔立克進到德弗羅的住宿學校時，我的祖父詢問是否可去參觀，這樣他就知道那裡面的運作情形。此親身經歷使我發現，原來帶親戚去參觀

孩子的學校可以增進他們對障礙孩子的理解。爺爺又老又孱弱，我們來到塔立克居住的房舍後院，那周邊有柵欄圍起，我們就坐在院子裡的長凳上。爺爺聚精會神地望著那兒其他的孩子們，許多孩子的障礙情形看似比塔立克還要嚴重。

爺爺轉過頭來用激動的眼神望著我，然後說出他多年來觀察的結論：「羅伯，你過去的生活真不容易呀！」我點了點頭，感到喉嚨哽住、無法言語，我的眼睛也微微顫動想哭。從那天起，我的祖父就再也不提塔立克長大後會變好的事了。他後來明白，在德弗羅學校，有一些事情即使說再多，也永遠無法實現。我知道我也應該帶我父母去探望塔立克，於是在校方舉辦的下一個家庭日，我父母就和其他家庭一起來德弗羅參加野餐會。那次經歷也幫助了我父母以嶄新的理解方式去認識塔立克。能夠帶家人來走訪學校，並實際領受這樣做的益處，意味著我又變得更堅強了。

● 與笑聲相連

特殊兒的家長基於一種特殊情誼，而使他們容易分享一些特別的笑話。這些笑話是面對日常事件引發的憂傷的緩解劑，凡能辨識這份憂傷的人，應該都能理解你的玩笑話。經過這些年來，很多家長都告訴我，發展出幽默感是克服艱難日子的關鍵，並且幫助他們重新找到力量，繼續向前走。

R・偉恩・吉爾平（R. Wayne Gilpin）是一位自閉症孩子的父親，也曾任美國自閉症協會（Autism Society of America）的主席。他集結了一整冊的故事《自閉症的歡笑與友愛：真實生活中溫暖與幽默的故事集錦》（*Laughing & Loving with Autism: A Collection of "Real Life" Warm and Humorous Stories*），這些故事都發生在他兒子艾利克斯（Alex）和其他許多自閉症成人與小孩身上。這些故事幾乎都與自閉症者只理解字面上的意思有關，他們常從事物的表面狀態來解讀及回應。也因此，這些幽默更加突顯出和

「一般人」認真看待同樣語詞或行為的差異。書中所舉的日常生活案例既有趣又感人。

心智障礙孩子（例如自閉症的孩子），他們的邏輯也讓人很難反駁它的正確性。在吉爾平的書中有一例，他兒子去吃晚餐時沒穿襪子，當他被要求吃晚餐前要先穿襪子，艾利克斯回答說：「但是，爸爸，如果我的食物掉在地上，那我也會把襪子弄髒的！」另一位家長的例子也描述到，他兒子努力嘗試著要找出合適的語詞來表達自己的意思，因此當父親告訴兒子：「兒子，儘管說出來」（spit it out, son），他的兒子就停下來吐了一口口水（spit），才繼續想他的語詞。

在我的親身經歷中，即使塔立克不會說話，也無法阻止他發展自己的幽默感。在他四歲左右進行如廁訓練時，他開始學習用打手勢的方式，告訴我們他想上廁所。這個手勢就是拉拉他的褲子，有時候是將褲子拉下一點，或甚至整件拉下。我會很快衝向他，在「意外」發生之前，趕快帶他到浴室去。有時我正設法哄他上床睡覺，他也會這樣拉褲子。當我們進到浴室時，他並沒有真的要上廁所；這時，他會大笑——從丹田發出深切又真心的笑聲——這就是我家的笑話。

通常，在聚會或研討會中，我也會聽到父母們主動分享孩子的趣事。我認識一位女士，她總是得意地說她如何找時間用吸塵器吸地板。年幼孩子的父母是不會這麼做的，因為當孩子午睡時，吸塵器的聲音會吵醒他們；而當孩子醒著的時候，吸塵器的聲音又會大得嚇到孩子。但她兒子有嚴重的聽覺損傷，所以她在兒子午睡時可以盡情吸地板。「在所有朋友當中，我家地板是最乾淨的！」她總是笑著這麼說。她更享受的似乎是，和她同樣遭遇的父母們能夠理解並喜歡她這份幽默感。

另一位母親告訴我，有一天傍晚，她匆匆忙忙請家人預備好，準備出門去看電影。「快一點！」她催促家人們：「這樣的話，我們就可以找到好座位。」她患有腦性麻痺且需要坐輪椅的九歲孩子說：「媽，這件事難

不倒我，因為我會自己帶位子去。」

　　每天的生活中，這類的笑點其實對你有實質的價值。在《腦力：希望生物學》（*Head First: The Biology of Hope*）這本書中，諾曼・考辛斯（Norman Cousins）描述了他用十分鐘的捧腹大笑可換來兩小時的無痛睡眠。他的脊椎和關節患有嚴重的炎症，病痛使他難以入眠。考辛斯的經驗也呼應了醫學研究發現，顯示大笑可以讓大腦產生對情緒有幫助的化學物質，稱為腦內啡（endorphins，內啡呔）──它有助於降血壓、強化呼吸代謝、放鬆肌肉，以及增加對抗疾病的免疫細胞數，對我們的身體健康很有幫助。

　　考辛斯將大笑視為一種暗喻，這種暗喻是用來指涉全面的正向情緒，包括盼望、愛、決心、目標，以及堅強的求生意志。這些正向情緒可提升人類生理上的健康；相對地，負面壓抑的情緒則會損害我們的健康。我極力推薦這本書，書中並含括杜克大學全方位癌症研究中心（Duke University Comprehensive Cancer Center）作為參考資源的幽默書籍與電影清單。

　　唐納・納山森建議，可藉由觀賞喜劇來放鬆因悲傷和尷尬情況而產生的傷痛與退縮情緒。根據希爾文・湯金斯（Silvan Tomkins）情感理論（affect theory）的主張，任何刺激一旦導致中樞神經系統運作快速降低，都會引發笑聲。納山森的《羞愧與自豪》書中記載了喜劇演員布迪・海克特（Buddy Hackett）曾經公開接受訪談的內容。每當海克特製造笑聲時，他使人們遠離痛苦。在歡笑的時刻裡，任何造成生理或情緒痛苦的事由都被一掃而空了。這對我們與生俱來的人性本質是多麼大的祝福！

　　其他名人如之前提到的克里斯提・布朗和海倫・凱勒的例子也告訴我們，正向積極的展望將有助於孩子盡可能健全地發展。儘管孩子也許無法達成像這些楷模一樣的成就，但因日常生活中仍存在令人開懷的笑料，家庭生活的品質也會大大提升。事實上，這個特質也是我博士論文所發現的身心障礙家庭成功因應的共同特徵之一。每個受訪家庭都告訴我，幽默感幫助了他們獲得重生，甚至讓他們戰勝所面對的困難。就如同大文豪歌德

（Johann Wolfgang von Goethe）在很久以前所觀察的，當一個人把快樂分享出去時，他的喜樂是加倍的。

在這個尋求連結和支持的旅程中，當眾人因志趣相投——透過歡笑與淚水而聚集，當中會有許多要學習的功課。我們需要有勇氣承認因哀傷與孤單所帶來的傷害，並且願意繼續冒著再度受傷的危險。不論我們彼此是出於機緣或抉擇而相連，我們都必須學習去接納並尊榮彼此的差異。當我們這麼做時，我們就能割捨內心的憂傷、增添內心的喜樂，並且建立足以支持我們一輩子的情感連結。

Chapter 10

岌岌可危的夥伴關係
家長與專業人員的對話

特殊兒的家長真正需要專業人員之處，在於他們對我們處境的同理，並提供我們孩子良好的服務。當我們無法獲得這兩者之一時，我們常會對他們和自己產生質疑，並且有所不滿。從我自身經驗及其他無數家長的見證可發現，專業人員若缺乏同理與盼望，似乎只把它當成工作在做，如此態度很容易引發家長的不悅。在接觸醫療或教育系統的過程中，很少找得到連一兩次驚恐經歷都沒有的家長。另一方面，那些曾給予我們關愛盼望，並對我們家庭展現關注和興趣的專業人員，我們都會感激他們的仁慈，並給予熱切讚賞。

當特殊兒家長在尋求協助時內心產生的怒氣與焦慮，可能同時也會引發緊張、困惑與激動。就如許多家長所見的，如果無法從不悅又被催促的感覺中獲得強大的力量和決心，我們就幾乎不可能克服障礙並走出迷宮，為孩子取得最適切的服務。

怒氣是很難解讀的，解讀怒氣是屬於「情緒智商」（emotional intelligence）的一種能力。丹尼爾・高曼（Daniel Goleman）引用了亞里斯多德（Aristotle）不朽的權威格言：「任何人都可以生氣──那很容易。但是要對正確的人生氣，生氣的程度要恰到好處，在恰當的時機生氣，對正確的目的生氣，用正確的方式生氣──就不是件容易的事了。」雖然亞里斯多德知道，生氣的舉動令人左右為難；但現代關於身心障礙孩子與家長權利

的公共政策，以及心理學自我倡權的概念，都為我們提供了一些工具以「適當地」表達這些怒氣。

當身心障礙者家長與專業人員共同合作、互相尊重、共享作決策的權力時，才能為身心障礙者與家長謀求最大的福祉。父母憑藉著他們與孩子的這份關係，本身就是真正的權柄，可以提供其他人無法獲得的訊息。然而，透過專業人員的專業訓練與經驗，可以提供家長專業知識，以及父母單靠自己無法獲得的廣泛觀點。不論是家長或專業人員，各自都只是擁有部分的知識，必須透過合作的夥伴關係，彼此的專長與知識才能完整結合在一起。兩方觀點的結合，才應該是未來作決定、計畫，及設定目標的基石。

父母與專業人員之間的關係，源自父母在得知自己孩子有障礙的哀傷過程中，產生了絕望的心情和尋求依靠的必要性；也因此，這段關係中有可能暗藏誤解與衝突。當開始發現孩子不對勁時，你壓根兒希望自己不會碰到這種事。沒有人願意無止境地花時間讓孩子在辦公室、診所、醫院、特殊教育學校，接受醫師的診斷與鑑定，或治療師、心理師、教師、社工師等人的治療與輔導。你只希望趕快有人能修補好你的孩子與你的夢想——將你的痛苦挪走。

父母在哀傷的過程中，會不斷地重複經歷否認、焦慮、罪疚感、羞恥感、憂鬱和憤怒等情緒（如同前面幾章所提及）；而有些時候，這些情緒會同時冒出來。身為父母，他們並不希望專業人員只是瞥了一眼，就問你一大堆問題。畢竟教養子女是非常切身的事，因此專業人員問的許多問題可能會導致父母產生自我懷疑，質疑自己是否必須為孩子的問題負全責。我們可以理解，這些想法都是讓父母們難以脫離的風暴圈。而我們也可以理解，當專業人員似乎不了解箇中情況的複雜性時，父母對於他們的探問就會感到很不耐煩。

儘管如此，專業人員也有他們自己的壓力，包括處理行政事務、文書

作業、龐大個案量、面對難過的父母，以及他們自身的專業目標和理念等。專業人員也是人，當他們關心孩子、進行診斷或治療時，他們也會有自己的情緒反應。當他們與身心障礙孩子互動，且為關心孩子的發展而努力時，他們體驗到和許多父母一樣的心情──包括因孩子有了新的成就而感到激動，到為著孩子一直無法進步而感到洩氣，再到因無力提供自認合適的服務而覺得懊惱。

無奈的是，多數提供服務的專業人員，對於了解家長常會不自覺產生哪些反應，受過的正式專業訓練太少，也因此不知該如何與家長、孩子進行團隊合作。當父母明顯表現出焦慮和沮喪時，專業人員會從觀察上很快地推測父母精神狀態對孩子發展的影響，因而會希望父母「要冷靜」、「振作起來」。但專業人員常常忘記，接納父母的感受將有助於他們面對哀傷，並且因此有利於孩子的成長。因為此時父母學到了抱著盼望面對未來，並能享受對孩子的陪伴。

作家吉爾柏‧高爾（Gilbert Gaul）身為一位脊柱裂孩子的父親，寫了《他的一大步：掙扎學步的男孩》（*Giant Steps: The Story of One Boy's Struggle to Walk*），這本書幫助我們理解，為何這些家長初期與專業人員互動時會如此有壓力。其中，高爾提到父母為何不願意放下心中對醫師抱持的英雄式想像；我們寧可相信醫師的地位僅次於上帝，因為他可以治癒我們的孩子，並且讓他變得更健全。然而，假如我們的期望不要那麼高，那麼要改變這些期望可能比較容易些，而我們心中因為期望未被滿足所產生的怒氣也就可以和緩些。雖然說的比做的容易，但事實上我們沒得選擇，只能接受醫學與醫療從業人員也有其侷限，我們只能為了孩子長遠的未來而選擇和他們成為夥伴，一起發揮該有的功能。

當我們想實踐這個原則時，我們會發現，在現今的公私立服務體制仍以醫學模式為主流的情況下，家長與專業人員在雙方夥伴關係上都面臨一些阻礙。在這個系統中的服務是由上而下提供的，意即主要的專業知識與

服務的決策權，完全掌握在專業人員手上。有些家長在與專業人員或有關
當局合作互動時曾有過負面的經驗，這些負面經歷可能會被延續到新的情
境，助長了家長憤怒的合理化，導致雙方難以協同合作。對於這樣的困
境，兼具專業人員身分的家長就能用比較特殊的觀點，來協助其他家長和
專業人員合作。

獨特的眼光

不論你是誰，在你孩子被診斷有身心障礙或是慢性疾病之前，你從不
知自己前面的道路會如何。此時，聽聽過來人的經驗是有幫助的──也許
該找那些心中比你不氣憤、不擔憂、不挫折的過來人。1992 年，在一場
家長與專業人員共同探討家庭議題的研討會上，保羅與潘妮·雷布夫
（Paul and Penny LeBuffe）伉儷聯合發表了一篇文章，篇名為〈從心理衛生
專業人員到特殊需求孩子的父母〉（*From Mental Health Professionals to Special
Needs Parents*），內容談及他們身為特殊兒父母的親身經驗。

保羅和潘妮在德弗羅基金會工作，這個基金會是位於賓州西徹斯特郡
的一個住宿機構，照顧無法在家養護與在校接受教育的重度障礙孩子（塔
立克 1988 年至 2001 年也是這個機構的學生）。潘妮是這裡的長駐諮商師
兼督導，後來擔任學務承辦人；保羅則是一位研究心理學學者。他們從沒
想過也從未預備好成為一個身心障礙孩子的父母，但向數以百計的家長們
分享他們自己的故事，反而幫助他們找到了自己家庭生活的意義與目的。
潘妮很認同安·騰布爾（Ann Turnbull）的說法，騰布爾是位知名的家長
暨專業人員，任職於堪薩斯大學（The University of Kansas）畢奇障礙研究
中心（Beach Center on Disability）。騰布爾便認為，有時候高學歷反而是一
種阻礙。

潘妮第一次與個案管理員會晤討論她女兒凱娣（Katy）的問題的過
程，一直烙印在她的記憶裡。和許多父母一樣（包括我在內），她可以很

我與服務塔立克多年的德弗羅團隊

清楚地回想他們談話的內容。潘妮說：「那時的過程，就像一輛大卡車從我身上輾過一樣！」

直到凱娣十六個月大以前，保羅和潘妮都一直以為她是完美寶寶，但是後來她的語言發展卻停止了。凱娣還是只會講同樣的五、六個單字，而且仍然不會自己獨立走路，只能扶著家具在家中四處遊走。在他們求證凱娣出了什麼問題的過程中，專業人員告訴保羅和潘妮，是他們太過焦慮了。雖然這種情形也很常見，但這種有專業背景的家長就是**知道**孩子可能有一些狀況了。凱娣的小兒科醫生曾向他們保證，她將來一定會走路，但當凱娣應該要會走路卻還無法行走時，他也警覺情況不對勁了。

經過兩年的評估歷程，凱娣被發現患上一種罕見的漸進性神經退化的疾病。這個疾病最終可能會導致死亡，而且她已漸漸喪失一些前十六個月所發展出來的能力。在場的聽眾聽到這裡都倒抽一口氣。保羅說：「我不知道該對潘妮說什麼，讓她心裡覺得好過一些。」當他們想著女兒是否會快樂？她是否會有朋友？她是否從此不能住在家裡？一連串的問題帶來的哀傷，持續衝擊著他們的內心。會有這些想法，對父母們而言是很正常的，它們會伴隨在父母每一次與專業人員互動的時刻。從短期來看，無論做什麼，都無法讓爸媽們的感受好過一點。

遺傳學家告訴保羅和潘妮，他們第二個胎兒罹患相同疾病的機率為四

分之一。幸虧幸運之神降臨，就在他們發現凱娣有障礙的同時，他們已懷上了第二個孩子迪妮絲（Denise）。保羅告訴聽眾，這個新生命使他們夫妻倆能保持理智了。就如前面第三章描述的葛林一家，許多夫婦都有類似的經驗，就是在他們擁有了正常的孩子後，他們的痛苦與惱怒就會得醫治。但無奈的是，也有一些類似經驗的家長已被先前的經驗嚇壞了，有個好理由不再生育，儘管他們也想試著再生個正常的孩子，但他們可能覺得自己只是在挑戰命運，而且會再度失去遺傳的好運，生出第二個身心障礙的孩子。

　　儘管很多專業人員看著來諮詢或診療的夫妻們手握著手、不住拭淚，可惜他們似乎對於家長所歷經的一連串強烈情緒無動於衷。父母也許已被問過不下十次 、二十次相同的問題，要他們重新說明孩子的早期發展史。的確，專業人員或許因工作負荷過大或忙於文書作業，以致無法詳讀每篇檢測報告；然而，對家長而言，這種常見的、不被尊重的經驗讓人很反感。潘妮和保羅為了孩子動手術的事情，在一次拜訪一家知名醫學中心的過程中，必須將同樣的訊息重複說三遍。不論你的教育程度和過去經驗為何，都無法戰勝這種痛苦。而這種事對本身也是專業人員的父母而言可能更煎熬，因為原以為可以靠自己的專業知識和經驗，更從容地去面對。

　　保羅和潘妮在最後總結時，針對當前的理念與作法提出了疑議，認為不宜要求特殊兒的父母成為「專業化」的家長（professionalizing parents）。而專業化家長的實務工作，即是要求他們要扮演專業人員的協同治療者（co-therapists）和協同教師（co-teachers）的角色。這個方法常使父母沒什麼時間去擁抱孩子和家人。為孩子取得適切的服務，固然是父母責任的一部分；但更重要的是，要能去愛和教養孩子。這就是前面章節所提及的「地板時間」，對於引導父母建立有愛的、需求滿足的、激發成長的親子關係很有價值，不論身心障礙或正常孩子都適用。「我們就是好好當父母，這樣就夠了！」保羅和潘妮在他們的結語中這樣說。

他們說的故事讓我想起羅德（Rud）和安・騰布爾夫婦主編的《家長的聲音：過往與現在》（*Parents Speak Out: Then and Now*）的小書，這是一本關於身心障礙的獨特書籍，因為編輯委員與書中作者群都是特殊教育領域的專業人員，也是特殊兒的父母或親人。他們的觀點突顯出特殊兒家庭面臨的巨大挑戰，他們須一邊過正常生活，一邊關照特殊兒。即使他們是一群能幹、有愛心、受過良好訓練，且在特教領域工作的家長，有時候在面對這個系統時也會感受到衝擊。

大衛（David）是一名醫師，同時也是患有白血病男孩的父親，他便很坦白地告訴我對這個議題的想法。就如他所說的：「當你在處理自己孩子的問題時，突然間許多事情會衝擊你的家庭。……不論你接受過多少良好的訓練，也無法對那些經歷過這種事情的人感同身受，直到你自己親身經歷為止。就某種程度來說，身為一名醫師也是一種缺點。如果是一個外行人，你會傾向把更多的能力要求都歸在醫師身上，然而他們實際上並沒有那麼萬能。醫學的限制與能發揮的功效，比大多數人所能領悟的程度還要侷限。身為一名醫師，我非常了解這個事實，而且知道每種疾病並非都能治癒。有些不是醫師的人，他們的狀況可能會好一點，因為當你不屬於體制內的一員時，你就比較容易對醫療建立起信任。身為一名醫師，我太了解這個限制了！」

● 從出生到診斷：醫學觀點

現在讓我們更深入了解家長與專業人員之間的誤解是怎麼產生的，這樣我們才能進一步探討如何拉近彼此間的距離，並建立工作上的同盟關係。許多身心障礙孩子的症狀，對醫生而言是一幅複雜的臨床圖像。就醫療的劃分，婦產科醫師負責胎兒生產前與生產時的問題；出生後由小兒科醫師站到第一線，在嬰兒出生後的前幾年，他們為嬰兒的免疫系統與全面健康狀況進行檢查與治療。但是，除非嬰兒在出生前或出生後不久即被診

斷出障礙（例如唐氏症），否則父母常常都是後來第一個懷疑孩子有問題的人。因為每個孩子都是獨特的，發展也未必一樣；因此，醫生的反應就跟家長一樣，也許別無選擇，在面對不能斷然確定的症狀時，也只能告訴家長「再等一等、再觀察」。同樣地，家長與醫生也許不知不覺中都小看了問題的存在，因為他們都不希望真的有問題。

當父母心中存著害怕與擔憂時，他們會渴望重新確認孩子的問題，此時醫生或許也不忍心讓他們面對這些可能性，甚至是殘酷的事實。醫生也和家長一樣，假如還沒有比較可行的治療方法，或有非告訴家長不可的義務，醫生可能會否認他們的觀察結果或其影響及結論，目的是為了避免家長隨之而來的無助之痛。優秀的醫生都太了解醫學的限制了。

就如諾曼‧考辛斯所指出的，醫生與病人間的醫病關係，本身即是一帖有力的藥方。擔心孩子是否有障礙或慢性疾病的家長，都渴望與孩子的醫生有更密切的聯繫，這樣能幫助他們在等待隨著時間而來的答案揭曉前，好好處理內心的恐懼。

孩子的任何發展問題與父母隨之而來的痛苦，往往觸動著醫生的心，並可能引發醫生的焦慮，讓醫病溝通變得笨拙。既為家長也是專業人員的海倫‧費德史東，在她訪談幾名醫師的報告中指出，這些受訪醫師清楚地表示他們自己很像避雷針，得招架來自父母們的否認、怒氣與焦慮。由於沒有家長願意一直背負這種壓力，因此這也許能解釋，為何許多家長被轉介到專業人員那裡，然後拖延一段時間；直到他們至終發現孩子難題的答案後，才去取得確切的診斷。

即使在最明確的診斷下，家長也會出現不同型態的否認行為；通常有些否認行為是家長不自覺表達哀傷的一部分。一如心理學家也身為父親的肯恩‧摩西斯（Ken Moses）所解釋的，這種失落是很個人化又難以捉摸的，因此幾乎沒有人能在那個時間點就察覺自己正經歷這個情緒。然而，一旦醫生得說服家長接受對他們孩子最好的解釋時，醫生可能會把來自父

母的否認視為是衝著他們而來。但除了接受醫生所說的「事實」外，父母其實也想再多找其他醫生來證實「**他們自己認為**」的事實——那一刻起，父母的人生好像永遠變了；當下失去了完美孩子的感覺，一時實在無法承受。想像你必須信賴一個人，但他要告訴你的卻是：你最害怕的夢魘成真了！

許多發展問題所呈現的複雜性，需要經由不同專業的人員進行評估，因此在兒童醫院或大學醫學中心接受多專業領域團隊的衡鑑，是獲得必要專業知識的最佳途徑，且比較不感到挫折。初級醫療的醫生也許不會太快就轉介孩子，因為他們認為家長尚未做好準備，或因為家長還未情願將主控權讓給專業人員。

診斷過程中，醫生的謹慎小心是可以理解的，通常他們寧可放慢腳步並且「等等、再觀察」，不希望在這麼重要的事上出差錯。當然，適切的處遇有賴於準確的診斷；但可惜的是，家長會渴望早點知道孩子到底怎麼了，並讓孩子趕快接受治療。沒有人會享受處於黑暗中，因此醫生與家長因為彼此立場不同，無可避免地會讓雙方產生衝突和不安。

當醫生在向父母解釋他們所關心又未知的問題時，若使用太多醫學的專門術語而少淺白易懂的語言，則父母的焦慮會更加升高。醫學術語有時候會迫使父母否定內心真正的感受，而匆忙往返於診間評估的行為，更讓焦慮雪上加霜。

在父母所訴說許多令人震驚的故事中，都有一個共通的循環性主題：過度強調負面的預後。家長們都會說：「醫生說我的孩子永遠不會走路」、「我的孩子將成為植物人」、「我的孩子將來無法獨立生活」、「我的孩子將來需要進到機構」，我們常聽到這些說詞。即使醫生沒有做出這樣的預告，父母自己也會在第一時間得知驚愕結果後的黑暗絕望裡，假想會發生這些狀況。兒科醫師貝瑞・布萊佐頓建議，醫生首先要幫助家長找出孩子的優勢，並延後對預後的實質討論；先給父母一點時間消化診斷資訊後，

再找時間進行診斷後溝通會議。

　　不知不覺我發現，我對專業人員的看法也隨著時間徹底改觀了。讀者們可能還記得，當塔立克四歲時，他終於在出生的醫院被診斷為廣泛性發展障礙時，我如何在專業團隊面前大發雷霆。我彷彿看到當時的我，是多麼想伸手越過桌子去掐住那些說我兒子永遠不會正常發展的人。四年後，當我帶塔立克回去重新接受評估時，那兒的專業人員看起來似乎都很仁慈且有愛心。當我省察他們為何看起來與上次那麼不同時，我看見他們眼裡透露著關心；而四年前我初次見到他們，感覺是冷酷無情、有距離而冷漠的。我明白這當中的主要差異原來在於我變了：我已經克服了聽到兒子診斷結果後的震驚——更不用說經過這四年來，塔立克、評估團隊和我都長了四歲，大家想必都變得更睿智才對。

　　許多分享過最氣憤的故事的家長，都不會再與那些曾激怒他們的人打交道了。這些家長或許下意識地需要借助憤怒來作為一個外在焦點——為了保護他們的配偶與孩子避免受到怒氣的影響。就我個人的經歷，我重回那家醫院的原因只是因為我的律師建議我，再讓塔立克重新接受同一組專業團隊人員的評估，以取得未來在公正仲裁員面前進行正當法律程序聽證會所需的證據。這次的重新評估卻也讓我無意間發現與先前的不同之處，就是它幫助我關掉了一直在腦中重播的氣憤畫面。其實我之前的怒氣並沒有什麼不對或不好，因它只是代表我哀傷的一部分；但如果將它展現在別人身上，或對別人心懷不平，那就不是件好事了。所以當我能放下這些怒氣時，我感覺輕鬆多了，也能夠正常呼吸。

　　有些讀者也許覺得，我對醫學專業的看法太寬容了。從某些案例來看，這樣的看法確實是很寬容——但畢竟醫生也是人，他們可以是好人、壞人，或很普通；甚且最好的醫生也可能會犯錯、有弱點。因此，我建議不滿意孩子的醫生的讀者，可以和醫生討論自己的疑慮，並設法解決彼此對問題的意見分歧。你可以申請「延長諮詢」（extended consultation）的

服務，如此你的醫生就會有充裕的時間與你一起討論，你也不會覺得就診倉促。如果這樣的討論依舊無法解決你的問題與伴隨而來的情緒，那麼就去找一位你可信任與託付的醫生吧。你需要找到能與你和你孩子建立良好醫病關係的兒科醫師。在你尋找一位能理解你的醫生時，其他身心障礙孩子的家長會是很好的資訊來源。小兒科醫師馬克・貝特蕭（Mark L. Batshaw）的書《當你的孩子有障礙》（*When Your Ohild Has a Disability: The Conplete Sourcebook of Daily and Medical Care*）有列出關於不同障礙類別的醫學資訊。貝特蕭醫生本身是學習障礙與注意力缺陷過動症患者，他認為母親對他從小發展所付出的努力，成了他追求人生成就的動機——最終，他成為一名鑽研發展問題的兒科醫師，因為他想要幫助其他和他有類似情況的孩子。

早期療育：教育的觀點

確立診斷後，家長與孩子日復一日繼續生活，也學著照孩子本來的樣子去愛他們。儘管心中的哀傷會延續好幾年並經過不同生命週期，但起先最強烈而麻木停滯的反應只是短暫的，通常頂多持續幾個月而已。過了這段時間後，大多數的家長會產生強烈的動機，想尋求能使孩子獲得最大進步的最佳方案。一旦目標被重新校正後，大多數的家長會開始發現孩子成就的喜悅與意義，無論這些成就有多麼微不足道。

一如家長不能控制孩子問題的發生，他們同樣也不能控制適切服務的取得——即使在 1975 年的《障礙兒童教育法案》（Education for All Handicapped Children Act；即《94-142 公法》）頒布後，這些服務已更容易取得，這些法規為家長團體組織如賓州紅十字會（Pennsylvania Arc）所倡議，隨後立法完成。許多家長說他們花了很長的時間搜尋相關資源，包括孩子的身心障礙、早期療育、學前教育、語言治療、物理治療等，以及其他社區資源，如喘息服務。當孩子出現不尋常的問題，如廣泛性發展障

礙、視聽覺障礙或罕見疾病，尋求服務的過程可能會變得更久、更痛苦，特別是偏鄉地區，這些地區通常缺乏有服務經驗的專業人員。

由於美國早期療育服務是由聯邦政府所管轄的，幸而大多數家長很容易就能找到適合的服務資源；但其他有些人卻只能透過不斷地堅持、倡議，或是有時透過法律途徑來表述自己的立場。以辛西亞（Cynthia）和艾瑞克（Eric）為例，他們三歲的女兒潔西卡（Jessica）患有聽障和腦性麻痺。她被當地學區分發進入設有輪椅進出設施的多重障礙學前班就讀——雖然這個安置適切，但其中有兩個主要問題。第一個問題是，這個班級的每一位學生都是智能障礙，而潔西卡的測驗評量結果顯示她的智力在中等以上。第二個問題是，潔西卡的老師不會手語，而且沒有輔導過聽障孩子的經驗。但學區的行政單位堅決不改變潔西卡的安置，並堅稱原本的安置是「恰當的」。潔西卡很幸運，因她的父母後來提出了申訴，並請了一位律師來協助他們。

在召開聽證會之前，這個學區的行政當局做出讓步，並提供一個特殊教育機構的新安置，那裡的教師都受過手語及許多聽覺障礙教學技巧的訓練，而班級中每位學生的智力水準都不同，並且也提供肢體障礙的無障礙設施。這也難怪父母會有怨言，因為情況其實有可能改觀。

瑪莉（Mary）的五歲兒子比特（Pete）被診斷為廣泛性發展障礙，他起初也遇到安置不適切的狀況。在瑪莉尋找資料的過程中，她讀過關於輔具溝通為某些孩子帶來突破的事。當她透過當地早期療育系統請求這樣的協助時，她被告知說這些服務太貴而且區域內沒有專業人員知道如何操作。遺憾的是，瑪莉被告知的並不是事實。他們州的教育部門有一筆聯邦經費，資助當地學校取得輔具技術的協助，這些工作已公開實施於早期療育學校。比特還算幸運，他的母親無法接受起先被告知的事，因此她打電話給家長權利倡議組織，這個組織提供她訊息，並告訴她要正視所提出的請求。最後，比特得到了個別化輔具溝通的協助，從中獲益不少。

雖然上述所引證的例子並不普遍，都是非典型的案例，但這些不公平的事情根本就不該發生，而經由家長團體的協助，能讓這些事情發生的機率降到最低。家長相互交流資訊，能幫助自己更有自信地維護孩子們的權益。

掙扎著去維護自己的權益是值得的；凡不放棄倡權的人，就像腦性麻痺患者克里斯提·布朗的母親，終究會獲得回報。不斷有研究報告指出，有接受早期介入的孩子和未接受者相比，前者的進步速度更快且進展更多。一般來說，家長在孩子五歲之前就可以看見他的改善，父母會很感動且安心地見證孩子的成長。

一旦找到適合孩子的安置環境，家長和孩子的治療師、教師之間通常就會發展出穩固的連結，這些連結通常比和醫生的連結更加緊密。醫生是壞消息的傳遞者，且在激烈的交戰中由家長勝出；家長向來很難覺得醫生是仁慈的、關心他人的專業人員。然而，早期療育服務的教師和治療師，則時常被家長視為盟友，因為家長已能實際地接納孩子的障礙與限制。我兒子塔立克初期的治療師曾經在耶誕夜來到我家門口，送了一份禮物給塔立克，我女兒安東妮特也有一份——這個細膩的舉動，讓我永生難忘。

● 學齡階段：回歸主流

大多數家長已經逐漸接受孩子的身心障礙，對於孩子的發展會有實際可行的目標與期望，並且在入小學時即開始盡可能讓孩子過一般正常生活。然而，我們教育系統的結構，是為符合正常孩子需求而設立的，無法總是符合身心障礙孩子的需求。家長與教育人員時常在對孩子最適切的作法上有不同意見。當孩子的安置是為了符合學校運作的便利性，而與孩子的障礙需求相左時，會導致親師衝突。意見不同的情況也見於雙方對相關服務的看法上，如學校體系必須提供的語言治療、物理治療、職能治療等。

另一個普遍受關注的問題，即是由州政府立法的現行法規，規定必須讓身心障礙孩子盡可能與同齡同儕融合在一起。對此，我們常常會聽到教育人員說家長們不切實際；反之，我們也會聽到家長們認為教育人員對孩子的期望太低。這些對孩子的期望落差，常常成為親師關係中的痛處。但是，倘若普通班加上特殊教育人員入班協助的安置，仍無法滿足你孩子的特殊需求，那麼孩子可能比較適合安置於**自足式**特教班。

家長與教育人員之間的衝突時有所聞，我想提供一些建議，讓他們拉近彼此的鴻溝。可惜在現今的校園文化下，常聽到的是家長對學校的批評。然而，其實教師也和家長一樣，會因為孩子的成就而得到回饋鼓勵。孩子的學習與行為問題，也會讓教師感到挫折、難過且懷疑自己的能力。由於教師也不希望感覺自己不適任，因此這也難怪親師雙方會為了孩子的學習困難而相互指責對方。可想而知，這種互動張力在特殊教育系統中應該更大。

本書第二章所談到的「感受檢核表」，我將它用在帶領紐澤西州特殊教育司所辦理的親師團體的情緒敏感度訓練中。將家長與教師的情緒檢核結果加以比較後發現，一天當中親師在面對孩子或學生時，兩者所出現的情緒反應是類似的。而在後續的討論活動中，親師之間的高牆也被破除了，他們都學會了欣賞對方的角色與觀點。這種對話的形式能促進親師在協同合作下作決策。

我們或許也曾聽說，專業人員回家見到自己正常的孩子後，會感到鬆一口氣。有位教師曾在團體中回顧說，每天傍晚當她從托兒所接自己孩子回家時，她會眼泛淚水地擁抱孩子，並為著孩子們都很健康且正常成長而感恩。聽到這類說法的家長，也會感同身受地覺得感恩與放心，如此一來也拉近了親師之間情緒的距離。雖然教育人員似乎被訓練和期待在情感上保持中立，但其實這是個不利親師夥伴關係的迷思。因為教師不可能既勤奮地教育孩子，卻又與孩子沒有情感連結，而家長必須感激這種師生間的

依附關係（attachment）。

　　聽到教師說到他們多麼關心孩子，家長們通常會談起他們有多感恩他們的孩子被專業人員照顧到，尤其教師在工作時需要照顧孩子，還要完成一些文書作業及行政工作。此外，他們也很好奇專業人員回到家以後「還有多少力氣」留給家人。在「情緒檢核表」活動之後所進行的對話交流，也鼓勵了專業人員要持續地付出，因為他們對孩子的照顧是受到家長肯定的。而另一方面，「倦怠」（burnout）則很常出現在那些心血無法被認可的專業人員身上。

　　同樣地，當教育人員在討論時直接聽見家長的哀傷與挫折時，他們通常也會變得更理解他人，比較不在乎所謂的「可行的目標」和家長的否認心理等議題。當專業人員也能省思，假想他們若工作完回到家後，所面對的孩子是整夜都不睡覺，或還不會自己如廁，或體質孱弱需要醫藥護理等，此時，參與對話交流的態度和語氣也會跟著轉變。另一方面，家長則常常對專業人員的工作印象深刻，因為他們要與這麼多憤怒、沮喪和絕望的人們打交道，是多麼困難的事。那些人想要專業人員提供超出能力範圍的答案，而且也很難聽進和理解從他們得到的答案。這種訓練活動的啟發就是，專業人員與家長雙方需要分享自己的記憶、困境與見解，這樣他們才能學會更合宜地傾聽。

　　離開這種由經驗豐富的團體引導者所帶領的結構化情境，親師對話在日常生活中也許不易啟動。賽利格曼與達令在《普通父母遇上特殊孩子》一書中解釋道，學校雖然是家長接觸專業人員的場所，但卻也像專業人員擁有的「高級草坪」，令家長敬而遠之、不敢靠近；更不用說家長要一起參與團隊會議，規劃孩子的學習計畫內容與目標，而且會議中家長的人數遠遠少於教師、心理師、社工師、學習輔導諮詢師，以及各種治療師。如此形式的安排，無法促進家長參與價值的平衡，而如果沒有刻意努力平衡的話，則會變成被專業人員的觀點所主導——未必都考量到孩子的最佳利

益。此時，家長的角色也有必要被擴充，發展出一些自我倡議與維權的技能。

● 發展行動自信／自我維權

慶幸的是，現代心理學提供了一個概念，這個概念可以讓我們在為特殊兒爭取服務時，能將憤怒轉化為有效的維權行動。問題解決的風格是一個連續性的變化，從被動（passive）到有行動自信（assertive），再到激進（aggressive）。羅伯特‧艾伯提（Robert Alberti）和麥可‧艾曼斯（Michael Emmons）在《你的完美權利》（*Your Perfect Right*）這本經典的自助書中，描述了這三種風格的特徵。

被動的問題解決模式，即是你允許別人用任何他們自認最佳的方式來對待你這個人、你的想法、你的感受，以及最重要的——你的孩子。在你設法取得服務之際，他們依當下環境對你最好的選擇來作決定。你所做的只不過是別人希望你去做的，卻非你認為對孩子最好的。你會避免解決問題過程中必要衝突的發生，而且你會放棄自己的權利，形成一種讓別人支配你的模式。你會容讓他人猜想你的想法與感覺，而長此以往，你心中會逐漸積累怨恨與氣憤。這一型的人對別人說話的態度都是畢恭畢敬，對自己較缺乏自信；也因此，只會等待與期望別人能提供你孩子最佳的服務。

激進的問題解決者，會為他們自身的需求挺身而出，卻不顧他人的權利、想法或感受。透過激進的方式，他們藉由攻擊他人來訴求自己的權利，將自己的權利視為優先於他人，並且製造讓他的「對手」都怕他、逃避他的局勢。激進的問題解決者在訴求自身權利時，一點也不懂得尊重對方；在與他人對話時態度驕傲、充滿敵意。這種人解決問題時該採取的目標態度，既非被動也非激進，而應是堅定、清楚且周到地向他人表達自己的觀點。

行動自信的問題解決者，如身為身心障礙孩子的家長，其所思所為都

是為了支持自己孩子的合法權利。一個有行動自信、懂得自我維權的家長，可以表達自己堅定的見解與感受，而不用貶損他人的見解與感受。他能在尊重他人專業知能的前提下批評一個問題，但也彼此尊重，藉此避免激化現場因為溝通誤會所引發的不滿情緒。當為孩子要求必要的服務之際，行動自信的家長既懂得尊重他人又充滿自信。

有一位母親告訴我，當專業人員聽不進去也無法理解她的話時，她是多麼生氣。這個問題讓她想起在成長過程中，她和母親艱難的相處過程。一旦她重新調整焦點，看到專業人員對她孩子的愛與奉獻之後，她就能冷靜清楚地表達她的想法，這樣往往也能讓問題獲得解決。

其實家長是自己孩子最佳的個案管理師，因為他最了解孩子。雖然將家長套上這個角色似乎不是很公平，但關鍵在於家長要能承認自己有這樣的責任，盡可能地為孩子爭取到最佳的方案與服務。特殊兒的家長如果能關心孩子每一個教育與處遇步驟的選擇，雖然偶爾會遇到挫折，但孩子所獲得的服務品質會比較好；相較之下，遇到挫折就沮喪不前的家長，他們會較難掌握孩子所獲得的服務及品質。家長若能投入孩子教育、尋求相關資訊，並且帶著行動自信與專業人員溝通，他們就是預備好與專業人員建立和維持良好的合作關係了。隨著孩子成長，孩子所需要的特殊需求會逐漸顯現，此時家長與專業人員之間的良好關係，更是無價之寶。

然而無奈的是，僅有行動自信是不夠的，還要能夠為孩子的權益進行倡議。家長要盡可能地了解孩子身心障礙的相關知識，並且學習在可得的服務中作抉擇。以下提供一些小技巧，幫助你解決在和機構或學校一起共事時面臨的困難。

收集資訊。至關重要的是，你必須從自己和其他人的角度出發，盡可能去了解你孩子的問題所在。要熟悉你所在地區及其他區域中，與你孩子有類似情況的孩子們都在接受哪些治療和教育方案。此外，要知道中央與地方的特殊教育法規，了解這些法規對你和你孩子的權益有什麼相關規

定。在此我們可以用一句 1960 年代的口號「知識就是自由」來比喻：當你知道得愈多，你和你的孩子就愈不容易在混亂中迷失。

制定計畫。當家長面對特殊教育服務系統時，宜記住你真正想為你的家庭與特殊議題取得什麼結果。建議你在每一次參加會議或電話討論之前，都先做一點筆記，仔細思考相關事項及可能可行的作法，以預備在會議或電話中與他人商討。聯繫家長組織或倡議團體，尋求他們的支持，並考慮邀請一位倡議者列席會議的可能性，他可以在會中協助你保持客觀，且也能讓與會者知道你對這個會議是認真的。

採取行動。當你打電話給機構或學校時，把你先寫好的筆記擺在你面前作參考。在每一次的聯繫中，額外記下當次的溝通內容，並且寫上當天日期。如果你無法聯絡上你要聯絡的人，宜先簡短留言給對方。不要假設對方一定會回電給你，要持續地隔幾天就打一次，直到你得到回應為止。當你真的與所要找的人聯繫上以後，宜簡單、直接、有行動自信地陳述你的問題。如果對方需要時間回覆你的問題，那麼可以問他大概何時能收到回覆；如果過了他所說的回覆日期後仍未收到通知，那麼就再打電話聯絡對方。你所要聯繫的人，他也許工作量真的過大，或者是在逃避你；如果是這樣的話，無論你花多長的時間，都必須持續、堅定且尊重地處理這件事。雖然這是不合理的，但「會吵的孩子有糖吃」的道理往往是真的。所以讓這個人和這個系統知道，你會一直努力到問題解決為止。

進一步採取行動。如果你對先前的結果不甚滿意，可要求與他的督導或小主管溝通。如果這招也行不通，那麼，可帶著你的問題去找他們機構的主管或學區的特殊教育行政主管。倘若這樣也失敗，那麼就打電話給了解法規權益或倡議的團體來代你發聲。如果你必須走到這一步，那麼所有你對問題的相關紀錄，包括所有聯繫人的日期、與你交談過的人姓名，以及你被告知的內容，都會非常有幫助。然而，其實只要你依循前面三大步驟，大部分的問題都可以在採取必要的法律程序之前就得到解決。

塔立克和柏特‧羅騰堡醫師(「聖誕爺爺」)

　　就像所有的長期關係一樣,特殊兒的家長與服務系統專業人員間的連結(包括醫生、機構和學校系統的人員),是不可或缺卻又充滿挑戰的。那份使你義憤填膺的怒氣,往往也和完美孩子的夢想一樣,都會讓你久久無法釋懷。然而,懷抱這不切實際的夢想太久,可是會讓你意志消沉的。當我們在哀傷至極的狀態下接觸到專業人員時,我們會被挑戰一件事,就是去重溫和爬梳自己童年時與父母及其他權威角色相處的經驗。我們學習成為一個學識豐富且有行動自信的權威角色,還有一個額外的好處,那就是能預備好自己與其他權威角色進行夥伴合作。這樣的學習將有助於我們修復自己的兒時經驗,並將它運用到眼前實際生活中,為孩子成為更好的自己作準備。

如果奇蹟從未降臨

Chapter 11

如果奇蹟從未降臨

重訪過去、展望未來

面對人生重重阻礙時不屈不撓，可以換來長遠的寧靜歲月。當世界邁入千禧年的二十一世紀，我父親的過世和兒子塔立克二十一歲的生日，都將我推進了另一個人生旅程，不論我是否已準備好。身為人子與人父，我的生活進入新的一章。當我試著寫這本書的最後一章時，正逢冬日時節，我和塔立克並肩牽著手散步，靜靜地享受這冬日景色。天空飄下的初雪，在我們腳下嘎吱作響。清晨的冷空氣，沁入我們的胸腔；腳下的小徑，蜿蜒著進入樹林。透過常青樹林的一隅，我可以看見雪白的湖面映射著陽光而閃閃發亮。人們拿著椅子坐在結冰的湖面上鑿洞垂釣。我們帶著佩服的心情望著他們，這是我們在賓州徹斯特郡的沼澤溪州立公園從未見過的景色。

接著，我感受到一位迎面走來男士的眼光，他帶著兩隻小獵犬出來遛遛，神色怪異，一瞬間我還自問，為什麼他會有這種眼神。然後，我很快恍然大悟，明白他怪異眼神的意思。因我和二十一歲的兒子手牽著手，而他表現得像個蹣跚學步的小男孩，仰著頭帶著愛慕的眼神望著我。這種互動模式對我們父子而言是很正常的，但對外人而言，卻是一種奇特的景象。就這樣，那無知的一眼，為我今天來到世外桃源欣賞美景的興致，畫下了休止符。

自從 1988 年夏天起，塔立克就不再與我住在一起了。此後，他住在

靠近西徹斯特的德弗羅基金會肯納中心。這一切緣於他的障礙需要二十四小時的照護。要是他沒有自閉症；要是他可以說話和閱讀寫字；要是我的兒子（現在已是個少年的他），不是重度智能障礙；要是他能理解什麼叫危險；要是他可以徹夜安全地熟睡；要是他未曾亂跑出去威脅公共安全。如果他不是這樣，那他就可以跟我們全家人同住了。有時候我忍不住想，過去可能還會發生什麼事情。

不要遺棄了我們的家

1999 年聖誕節過後的一天，在德拉瓦州威明頓郡（Delaware, Wilmington）的 A.I.杜邦兒童醫院（A.I. duPont Hospital for Children），一對夫妻將他們需要靠醫療器材維生的十歲兒子丟在醫院裡不管。那時，我正到佛羅里達州造訪親戚，當我在親戚家讀著這篇新聞報導時，這個小男孩坐在輪椅上需要人工呼吸器協助呼吸的景象，撼動了我。這對父母很快就被警方逮捕了，並被指控遺棄罪。這個消息很快就引起全國性的轟動；根據報導，孩子的父母曾經非常愛他。多年來，他們已經二十四小時在家照護這個孩子，他的母親還是一位身心障礙兒童與家庭權益的倡議者。對他們家而言，金錢不是問題；他的父親甚至是美國《財星》（*Fortune*）前五百大公司的執行長。這則新聞登上媒體之後，讓大眾感到十分疑惑。

有那麼一些時候，我心想，我在特殊孩子事情的處理上，可是做得比那些家長好吧。然而，我很快就打消了這種自以為義的念頭。接著，塔立克所帶給我的那些人生功課，一股腦兒地湧進了我的腦海裡。無數個無法成眠、直到筋疲力盡的夜晚，這些記憶再度被喚起。在還未了解整件事的細節之前，我很明白什麼事會把父母們逼上絕路。我希望有人可以阻止我這樣想。倘若我兒子是健康正常的，我就會站在他們的對立面。而且，我可能會觸犯道德的底線。然後我會認為既然這對父母犯下了罪行，就應該讓他們的大頭照刊登在報紙上，公諸於世。但恰恰相反，我認為對這對父

母的指控，似乎既不合理又不文明。

　　無論如何，真相不容否認，就讓細節來說話：根據孩子親友的陳述，這個孩子在他生命中的 120 個月裡，總共接受過 130 次重要的外科手術。當他的父母於 12 月 26 日拋棄他時，他們將孩子帶到 A.I. 杜邦兒童醫院，這是他在德拉瓦州接受治療的主要醫院。他們在家裡待了至少三天，都沒有居家照護人員到府協助孩子的狀況。醫院的醫護人員都認識且喜愛這個孩子，根據他們的說法，這孩子很討人喜歡且配合度高。然而，他的父母臨時被告知，在新年的一月份，他們將只能獲得總共五十小時的醫護照顧而已。而根據 1999 年 12 月 31 日的《華爾街日報》（*Wall Street Journal*）所刊登披露，這是因為全國性小兒居家照護護理師短缺所致。家庭健康照護服務不是有錢就可以買得到，即使你有意自付費用，仍缺乏醫療服務人員來支援。

　　當這對夫婦犯罪的指控被重新更審，他們自首了。後來他們被保釋，但條件是他們不得到醫院探望他們的兒子。直到 2000 年 1 月 14 日，德拉瓦州審理本案的法官才判決這對父母擁有他們兒子的探視權；但前提是必須在賓州兒童福利社工師的陪同監督下前往，因為他們夫妻已被視為對兒子安全造成威脅，他們所面臨的是遺棄罪與預謀犯罪的指控。此時，這名父親也被公司解僱了，最終，這對夫婦接受了認罪求情辯訴協議，此後才得以低調度過餘生，遠離媒體的關注。

　　我對這種快速判決的例子十分了解；因為在我心深處，早已習慣將我無法理解的事情歸咎於他人。幸運的是，我的兒子教會了我如何尋找另一條出路。的確，孩子需要具有權威性的法律以保護他們免於受虐與忽視，而且這些法律必須很謹慎地執行。從這個事件來看，也許我們必須控訴的是這個照護系統，是它忽視和遺棄了身心障礙者家庭的生理健康與情緒健康。以我自己的處境為例，許多年前，我也面臨了是否將塔立克全天候安置於住宿機構的抉擇。這個過程，許多讀過這本初版書的讀者都曾寫信告

訴我，他們很想知道更多這類極端案例的處理。

　　然而，假如你回想起當你的小嬰兒生病時，有時也會讓你整夜無法入眠的那種感覺，你就不難想見那種痛苦了。你整晚擔心著，時時查看孩子是否仍有呼吸。接著，要是孩子的狀況沒有好轉，那你會怎麼辦？要是你投入所有的愛與醫療照顧都無法治癒他的病——而你的孩子卻以這樣的狀態活著時，那你該怎麼辦？那時你會變成什麼樣子？我可以告訴你，這是你未曾經歷過的哀傷。這種悲傷驅使我驚恐莫名，將我逼到我所不願意到的地方去。那種感覺彷彿是我的孩子已經夭折了似的；然而，嬰兒床裡卻不是空蕩著，仍有一個生命躺在裡面。想當然耳，我期待擁有一個健康孩子的美夢隨之被粉碎，而我卻不能為他舉辦任何葬禮。也許這個美夢粉碎的哀傷，必須以某種儀式來哀悼；但矛盾荒謬的是，實際上什麼哀悼儀式也沒有，因為也沒有真正的遺體。在這種狀況下，父母仍被期待要能勇敢、堅毅不拔地活下去。由於這個美夢也無法被埋葬或火化，因此有好長的一段時間，大多數家長的心都只能選擇硬撐在那裡。

　　透過愛與支持，才可能讓你從這種哀傷中倖存下來，並活得更好。我們的生命力其實是強壯、堅韌的，儘管如此，你可能一輩子都不會放棄對健康的孩子的渴望。**我從未停止渴望能聽到我兒子說話的聲音。**然而，我並不會因為他的狀況而少愛他一點，說不定其實我愛他的方式遠比我想像的還要多。

　　就像許多父母一樣，我變得全神貫注地照顧我這個特殊兒子。因為怕他發生危險，有些時候我會睡在他房間外的地板上，徹夜看顧他。我很愛我的孩子，並且希望他能夠出現奇蹟或被治癒。然而，當什麼奇蹟也沒發生時，在我內心黑暗的角落，我暗自希望可以卸下這個重擔。我會試著戴上喜悅的面具，掩飾我的罪惡感和羞愧。然而，透過愛與支持，多數的父母走過來了，並且成為更好的人；但它所付出的代價極高，高到撼動你的理智與心神。

我們的孩子也許其實已快樂而滿足，但我們卻依然掙扎著不願放掉曾經擁有的美夢——不論是怎樣的夢。通常，這哀傷可能是為我們自己而哀悼的——因為身為父母，我們並沒有得到期望中的結果。但當我們學習去接納這個孩子，並且因他而喜樂時，我們就可以再編織另一個新夢想。現在我發現，這是每個家長都會有的掙扎，甚至一般孩子的家長也有。若能從以上這個觀點出發，我們就可以得著安慰。

特殊需求孩子非常討人喜歡，但假如他們帶給我們的挑戰是在行為層面的，就像塔立克一樣，我們必須追著他跑，情緒跟著他打轉，並且常失控到暈頭轉向。假如孩子帶給我們的挑戰是在醫療層面的，則我們又必須戒慎恐懼地照料他驚人的需求，因為他的每個呼吸都可能是最後一口氣。簡而言之，陪伴我們那可愛的孩子是非常耗費心力的。但是，**當你深愛著一個人，你會喜歡跟他（她）在一起**。當你並沒有很愛他，但理智上卻又知道必須愛他，那麼你就會感到難以承受的罪惡感。此時你的心會被撕裂，而且需要用時間來醫治。現在讓我們後退一步，正確看待整個歷程和我們個人的生命故事。

親職的起源

透過愛與生物學的奧祕結合，一個正常的男人與一個正常的女人創造出一個孩子。雖然不明顯但卻同樣深奧的是，一個孩子竟能創造兩位父母。在孩子誕生之際，一位女性成為了母親，一位男性成為了父親，造就兩個既重要又基本的身分。在正常的情況下，九個月的盼望、夢想和害怕，逐漸形成一份強度漸增的愛，這份愛帶來有力的驅力與近乎無限的能量，用以保護與教養這個新生兒。當女人變成孩子的主要照顧者時，她從此被改變了，一如男人也隨侍在她身旁，繼續肩負起新的責任。

《一位母親的誕生：為母經驗為你帶來的改變》（*The Birth of a Mother: How the Motherhood Experience Changes You Forever*）是由精神科醫師丹尼爾・史

登和兒科暨兒童身心科醫師娜迪亞・布魯士威樂—史登（Nadia Bruschwei-
ler-Stern）所撰寫的書，其為闡述親職作出了重要貢獻，非常難能可貴地
探討了母職（和父職）在特殊兒教養與情感連結的挑戰。這本書的核心在
於它生動描述一個女人從懷胎十月到嬰兒出生後變成母親，其母性心理的
生成歷程。

　　透過數百位新手母親的訪談和數十年的研究經驗，作者們最終證實一
個女人的心理如何因著新生兒的到來而產生實質的改變。最明顯的觀點變
化包括：從一個女兒轉變成一個母親；成為母親大群體的一份子；看著丈
夫變成了父親；建構母親—父親—孩子之間的三角連結；並且呈現整體感
官知覺上的變化，每一個景象、聲音和氣味，都會影響新手母親的知覺。
在現今的社會裡，新手母親仍可在育兒與職涯之間取得平衡，並在她的原
生家庭中發展新的角色。同時，在她的生命也開啟了一個新紀元，因為她
以自己心中的時間表來計算時間，這個時間表上註記著嬰兒的年齡和每個
發展的里程碑。

　　接著，嬰兒的誕生孕育了母職心理和父職心理的成形，真實存在的新
生兒成為他們的生活重心。帶著盼望、夢想與害怕的透鏡，母親持續照顧
著她的新生兒。可以理解的是，所有母親也許希望透過自己的新生兒，去
修復與重塑她的過去，例如上芭蕾舞課、參加科展，但這些不見得是這孩
子的願望。因此，將這些自我實現的預言擺一邊，並將這個新生兒視為一
個獨特的個體，才是為人父母的重心。

　　母親對新生兒的基本餵養與照顧，能確保他存活下來，並且鞏固自己
身為母親的新身分。當母親與新生兒之間開始學習回應彼此時，愛人與被
愛的基本角色便在親子之間上演。過程中，犯錯是無可避免的，但是，這
些錯誤需要被導正。新手母親與其原生家庭母親之間未解決的事情，或許
會在此過程中被顯明出來，並且或多或少必須加以解決才行。最後，每個
新手母親都得決定，在她與母親的關係中，有多少事情是她想在她與孩子

之間再複製或拒絕重蹈覆轍的——對新手母親而言，這會是不小的兩難抉擇。每一個新手父親也會經歷相似的過程，以他的原生父親為指標，在不同的時間點，向這個指標靠攏或遠離。

但是，一旦新手父母發現他們的新生兒並非完全健康時，那恐怕是最令人驚恐的阻礙了！由於如此急遽的失落，父母同時失去了想像孩子、自己與家人未來的自由；因為很難想像一幅未來孩子在學齡前、青少年和成人的明確圖像。就如史登二人在書中所言：

> 嚴重發展遲緩或是重度障礙孩子的出生，是一種精神創傷，它幾乎讓時間靜止了，……突然間，你的未來變得不可測，情緒也變得捉摸不定。同時，你曾經懷孕時那充滿豐富的盼望與想像都被抹滅，且痛苦得難以回憶。父母的靈魂彷彿被囚禁在一份長遠無法開啟的禮物中。

這條可預期有情緒創傷並通往未知未來的道路上，會牽涉到對這嬰孩問題的詳細認識，並且需要學會越過障礙與眼前的嬰孩建立連結。若在親子連結建立之前，父母就先得知孩子的問題了，那麼很顯然父母要建立連結可能更不容易，並可能會拒絕接受孩子。雖然一個健康孩子的誕生，能讓女人變成堅強的母親，讓男人變成堅強的父親，但一個沒那麼完美孩子的誕生，卻能傷他們的心。

就如許多讀者見證的，這是一個苦悶的過程。許多時候，孩子問題的本質並不容易看出；沒有人知道孩子將會如何發展，包括醫學專家。廣義來說，這個家庭會變得失能，因為他們無法預期孩子未來的發展，會感到孤立無援又不知所措。父母可以藉由探索這些痛苦經驗、與他人分享這些經驗，並且必要時尋求心理諮商等方式，來讓自己從痛苦的處境中轉移及重新過生活。父母可以而且通常真的可以學習用許多始料未及的美好方式來愛孩子。

我們這些特殊兒父母的育兒經歷確實有較廣的範圍。廣義來說，沒有孩子是完美的，親子之間依附關係的維繫，能支撐整個家庭長遠的發展。一般孩子的父母或特殊兒的父母，其親情的發展歷程都有其獨特性與相似性。但所有的父母都會認為，懷中的這個孩子或多或少，不論程度大小，都與自己想像中的夢幻孩子圖像不太一樣。所有的父母天天都在試圖調和這個想像的落差——從這個角度來說，我們都不是孤立的少數。

● 當枝幹斷裂時

以前我看待那些與塔立克類似孩子的家長社團，自認是一個「局外人」，但塔立克的狀況卻持續迫使我來到這些我以前從沒想過的地方。在塔立克過了第九個聖誕節之後，我終於面對現實，知道他需要的是全天候照顧。那一年，他推倒了聖誕樹，滿地散布著樹上的裝飾品與碎玻璃片。瞬間原本快樂的氣氛都凍結了，一直以來，我們試著像一般家庭一樣的過日子，如今結果證實，這幾乎不太可能。

我曾經以為我可以比其他安置在住宿學校的重度身心障礙孩子的父母，更能把事情掌控好，但現在我的生活教我了解到，我錯了。多年來，我的睡眠一直受打擾，日夜戒慎恐懼，這讓我有了驚人的頓悟，覺得極度疲乏。任何時刻只要無人看管塔立克，他就有可能釀成災禍，可能從衝出家門奔向川流不息的馬路，到渾身上下沾滿自己的排泄物，或是爬出窗外。事後我自己都感到驚訝的是，長期下來我居然還能把事情妥善處理好。但我認為我已沒有力氣再重新經歷這些過程。

有些時候的狀況比其他時候更艱難。十二月對很多人而言，可能是很不好受的一個月份，一如對德拉瓦州的那些父母來說，也是這樣，因為可能讓人睹物思情。當你有重度身心障礙孩子時，你是沒有假期可言的。為了因應孩子的狀況，你的內在能量從來沒有休假。於此同時，學校放假了，你孩子的保母也回家與家人團聚了，你必須每天二十四小時、每週七

天無休地和你孩子在一起。此時如果你沒有任何支援，你會感覺自己非常孤單疲累。正當全世界都在慶祝佳節的同時，你最痛苦的感受卻在此刻浮現。

　　以往常見的作法是，重度身心障礙孩子一旦被確診後，父母即被醫生勸告將孩子送往養護機構。但往往這樣一來，父母與孩子之間的情感便很難維繫，這讓他們覺得很沮喪。而這個作法後來也被認為對家長與孩子都有害。在那個年代裡，家長把孩子送到州立養護機構且再也沒有接回家裡，似乎是很常見的事。甚至有些家庭還會被專業人員建議不要去探望孩子，以免更傷心。家中孩子消失無蹤或被遺棄，變成那個家不可說的家醜祕密。

　　現今，這種趨勢已朝著另一個方向逆轉了，父母會期待自己能在家照顧孩子，無論孩子狀況有多嚴重——不管這樣做會不會影響其他的家庭成員。這種緊張壓力，是許多需要特殊照護孩子的父母每天都要面對的，它也會把你帶到瀕臨崩潰的邊緣。如果父母在這樣的狀況下有輕生意圖，也不是什麼轟動全國的大新聞了。事實上，我諮商過一位母親，她曾經兩次企圖輕生。她照顧著需要靠醫療器材才能活的兒子——他需要靠呼吸器才能呼吸。原本人們預期他不會活超過幼兒期，但現在他已活了十七年——而他母親卻失去了繼續照顧他的意志。我身為「特殊兒科照護中心」（Specare Pediatric Center for Children with Special Needs）團隊的一份子，我們為了這個家庭而成功倡議，增加他日夜不停歇的醫療照護時間；至少暫時會是這樣的服務，以解決類似這個母親所面臨的問題。

　　強調為孩子做更多的事，一直以來受到專業社群的鼓吹，和出於家長希望孩子恢復健康的天性的驅使。但因在家裡照顧此類身體病弱孩子，不見得都可行，也因此，有些家庭會需要採取其他方法來滿足孩子的特殊需求。在我的經驗裡，這種家庭很難找到支援，因為父母內心仍常暗自抗拒孩子安置在家中以外的地方。甚至在特殊需求孩子父母眼中，這個選項會

引發家庭中反對的聲音。過去人們傾向將重度身心障礙孩子安置在家的父母，視為比較盡責的父母；特殊教育系統與社區通常會將他們吹捧成模範父母，而看不起那些做了其他選擇的父母。基於這些多重因素，很多父母從未參考過其他安全又有尊嚴的照顧方式。

事實上，除了將孩子安置在家的選項外，還是有其他選項存在，而我很幸運的在自我崩潰以前，就發現了其他的安置方式。我的妻子辛蒂工作於紐澤西州班克洛弗特（Bancroft）的寄宿機構，這個機構的收容對象是身心障礙的孩子與成人。她幫助我跳脫 1970 年代所閱讀到的舊觀念，那時許多州立機構中，例如賓州的賓赫斯特（Pennhurst）與紐約州的威洛布洛克（Willowbrook），虐待、不人道對待等可怕的事件被披露出來，開啟了心智障礙、精神障礙孩子與成人「去機構化」（de-institutionalize）的風潮——讓狀況回歸應然面。然而事實上，許多身心障礙的孩子與成人是可以在社區機構中過得更好的。

話雖如此，當孩子的需求在一般家庭的住處無法被滿足時，孩子仍需要一些人道的選項。在我居住的區域裡，有很多優良的私立學校有附設住宿方案，例如班克洛弗特、德弗羅、艾爾溫（Elwyn）、梅爾馬克（Melmark）、伍茲學校（Woods School）等。這些學校的孩子來自各種家庭。我們很幸運能看到賓州東部至紐澤西州一帶，有這麼多名聞全國的學校。很多孩子都從其他州前來這裡，接受他們所需的特殊照護。

大多數身心障礙孩子和成人不喜歡住在寄宿機構，就像大多數老年人不喜歡住在安養院一樣。芬恩‧克普弗（Fern Kupfer）是一位疾病末期孩子的母親，她的孩子曾長住在機構中，她寫了《當撒加利亞來敲門：一個擁有另類勇氣的家庭故事》（*Before and After Zachariah: A Family Story About a Different Kind of Courage*）這本書，幫助我們其他的人了解孩子住宿的過程。也許家長們都有一種恐懼，就是哪一天當我們永遠無法再照顧自己時，那時會發生什麼事？在這個社會中，我們當然需要提供家庭補助與支援服

務，好讓家庭可以在家中照顧任何年紀需要贍養的人。同樣地，我們也需要提供可用的住宿空間以及好的團體家屋（group homes）與中途之家（halfway houses），讓較能獨立生活的身心障礙者安居。此外，我們還需要提供醫療輔具科技給有需求的孩子，並提供他們兒科照顧。另有些孩子則需要住在教育體系所附設的住宿設施裡。就如芬恩‧克普弗在 1982 年 12 月 13 日出版的《新聞週刊》（*Newsweek*）雜誌中所寫的：「住宿型安置，毋須成為一個眾所忌諱的字眼。」

在 1988 年初的一個晚上，我和塔立克在半夜醒來，當我設法再把他哄睡時，他的眼神看起來是那麼的天真無邪，終於他安詳平和地閉上眼睛睡著。此時我望著他想著，**要是他能說話和思考**，那麼他一定不希望我和其他家人在我們的餘生用這樣的方式過日子。他知道我愛他，我也知道他愛我。從過去就認識我們父子檔的人，應該都看得出來這一點。但他無法親口告訴我，他可以接受我把他送到住宿機構的決定。我必須獨自與自己角力，並且不得不在我的餘生裡，天天學習面對真實的自己。

漸漸地，藉由別人的支持使我了解到，對塔立克而言，住宿方案才是對他較少限制的環境。在有安全界線的環境中，他可以擁有更多的空間與自由去跑、玩、學習和成長。他不再需要一直被人牽著走路，也不會被我們「丟在一旁」和被遺棄或遺忘，因為我們都會定期去探訪他，而他也可以偶爾晚上回來家裡過夜。如果他在那環境中進步良好，就像某些孩子一樣，他也可以搬回家來與我們一起住。假如一個孩子需要這種層級的照護，那麼，家庭有權利為孩子爭取這類服務，並且可以申請州政府和聯邦政府的補助，因此費用不是最主要的問題。但無奈的是，在我經歷了親身痛苦得到這個結論的同時，大多數家長卻必須尋求法律途徑，才能為他們的孩子取得這個服務，讓家人也能有合宜的生活。

我的心不斷淌出淚水已好幾個月了。為了證明我家這位長不大的孩子的問題夠嚴重到應取得這樣的服務，這個過程非常煎熬。同樣地，特殊需

求孩子的家長常需長期努力地爭取，才能讓他們的孩子得到可能最佳的服務。若沒有辛蒂陪在我身邊；若沒有自閉症兒童發展中心支持塔立克的需求；若沒有律師的協助，我可能無法完成這項艱鉅的訴求。經過了正當的法律程序，在 1988 年 6 月我取得了德弗羅基金會提供給塔立克的機會與補助。我親手幫他打包了一些衣服和玩具，這是我所做過最難的事情。我記得我坐在他的床頭，沮喪地用雙手抱著頭，苦思著這經過深思熟慮卻又令人傷感的結果。想到我兒子以後不會在這間房子的庇護下長大成人，我就不覺得我是這場戰役的贏家。

住進機構後，因為塔立克嚴重的睡眠問題，他的房間被安排在值夜班輔導員的隔壁。如果他半夜跑出房間的話，房門上的警報器會發出響聲。在德弗羅肯納中心的老舊改裝倉房中，四周圍起六呎高的柵欄，裡面住著大約十五名其他的孩子。因此，那就是另一人的工作了——他在凌晨三點要保持清醒；那些人是受僱的員工，他們需要半夜值勤，直到清晨才下班回家補眠。

回首過去，我想毫無疑問的，這是我所做過對塔立克和我們這些愛他的人最好的一個決定。我知道這是我所能做的一切，不論我們每個人個別的處境為何。這樣的信念幫助我面對內心的罪惡感，到達傷心的彼岸。塔立克已住在德弗羅學校多年，且在自閉症伴隨嚴重智能障礙的孩子所期望發展的軌道上，他表現出緩慢但穩定的進步。他得以在安全的環境中長大，而我也定期去探望他，並且參與了關於照顧他的所有決策。他仍保持著一貫的快樂健康，卻不再每天明顯地困擾著我的想法與情緒。而他也仍和其他家人一樣，都是這個家的重要一份子。他更勝於任何人的是，他用生命幫助了我理解我的父親，和作為父親的我。

● 父子間的連結

人生總是要到事後回首過往，才能理解其意義。在我生命中仍有許多暗昧不明之處，讓我無法理解。但隨著光陰荏苒，有些事情也益發豁然開朗。古希臘詩人荷馬（Homer）寫道：「了解自己父親的人，才是明智的孩子。」確實如此，假如你不能理解你的父親，那你就更難認識自己。我孩提時代的生活，已經不像我父親童年那個年代那麼艱苦了；就如我父親也總想多認識我祖父一樣，我也從未停止試著了解我的父親。

當我自己成了父親，這幫助我去認識自己的父親。就如兒童節目主持人弗雷德·羅傑斯（Fred Rogers）在〈羅傑斯先生的鄰居〉（*Mr. Rogers' Neighborhood*）節目中所說的：「當你成為一名父親之後，這是你再次成長的最大機會，你有了另一個機會再探究你自己。」身為父母，我們將從上一代而來的過往，與下一代的未來編織在一起。在我歷經一段痛苦的離婚後，獨力養育著四個孩子，且多年來與我那自閉症伴隨嚴重智能障礙的兒子奮戰；直到中年，我的父親對我來說才更有意義。我終於能了解自己心中的哀傷了，因我發現原來我是在父親的哀傷陰影下長大的。

精神科醫師泰瑞斯·瑞爾（Terrence Real）的書《男人其實很憂鬱》（*I Don't Want to Talk About It: Overcoming the Secret Legacy of Male Depression*，張老師文化出版）解釋得很對，許多男人並不習慣談論他們的感受。這就是為何多數親友都不知道我祖母的障礙（她在一次中風後身體有一側癱瘓），直到透過我在父親葬禮時的悼念文才得知。同樣地，當孩子被診斷為終身障礙時，男人傾向於抑制他們的悲傷，藉由退縮孤立以及全心全意投入工作，來掩飾他失去健康孩子的哀傷。但我父親與他的哀傷共存的方式，並不適用於我；我發現我當時會脾氣暴躁、易怒與性格孤僻，且已停止享受生活，因此我必須有所成長了。這幫助我以嶄新的方式去認識父親，並且了解當時失去親人的悲傷，對他而言是多麼痛苦——他失去了他的父母，

而且在 1978 年又失去了我的弟弟唐恩。**對一個孩子而言，你所能想像最糟糕的失落，就是失去了他的父母；對父母而言，最害怕面對的失落，就是失去了你的孩子。**我父親忍受著這兩種驚人的悲劇，並且從中倖存了下來。

2000 年 1 月 15 日，我的父親過世，促使我思考身為人子與人父的不同。在準備他葬禮的悼念文時，我得以將他的一生與死亡拼湊起來。我的父親，艾伯特・納喜福（Albert K. Naseef）生於 1921 年，他是我祖母亞蜜拉（Amira）的第七個孩子，也是最小的一個孩子。他和其他四個兄弟姊妹活了下來，有兩個出生即夭折。當他七歲的時候，我祖母過世了，享年三十八歲；九個月後（1929 年），我祖父也過世了，享年五十八歲。我的父親在基拉得學院（Girard College）長大成人——那是個好地方，小時候當我父親與他們班同學團聚時，我們常去拜訪這個地方。事實上，這是一所收容窮苦喪父男孩們的機構。我父親與其他喪親的男孩們一起長大，這些男孩中有些人也有來參加他的葬禮。他們一起走過了人生的春夏秋冬，友誼超過七十年。就像我父親一樣，現在我自己的兒子也在機構中長大成人；此刻，我兒正與和他障礙相當的年輕孩子們住在一起。

當我還是小孩子時，我常聽到父親熱切地談論著他的父親，但從未談及他的母親。他常告訴我們，他會試著給予我們他從未得到過的東西。因我與外祖父母比較親近，所以我總是想再多認識我的祖父母；我覺得他們在我的生命中是缺席的。但在塔立克的障礙被診斷出來之前，我父親相當不願談論他自己的事情。直到幾年前，我不下第一百次地問他，我祖母究竟是怎樣的一個人。最後，他終於告訴我一些未講過的故事。

我的祖母在生我父親的時候就中風了，她從未康復過，就像我的孩子不可能康復一樣。祖母從未照顧過他，因為她也需要別人的照顧。我父親由他姊姊莎瑪（Selma）帶大；當我父親出生時，莎瑪也只有十三歲。他在八歲時就成了孤兒，從未受到他母親的照顧。自此，我能明白他內心哀

傷多深多廣了——這個陰影又籠罩著我們，也就是他的下一代。

就跟許多父母一樣，我父親下定決心要提供他的孩子們更好的生活。據大家的說法，他的確成功了。他因能養活我們八個孩子而感到驕傲，並且他希望我祖父也能活著看到他的成就。不像我一樣，不論我多麼努力、漫長地嘗試，我都不得不承認，我實在無法給塔立克一個很好的開始，至少從傳統上我渴望做到的父親角度而言是這樣。我發現詩人卡明斯（E. E. Cummings）有一首詩恰如其分地捕捉了我對父親的情感，因此我在父親的葬禮上唸了這首詩。卡明斯寫道，他的父親是一位真正的父親，因為他真的愛卡明斯；所以，卡明斯也愛他。孩提的時候，他崇拜他的父親；青少年的時候，他與父親爭辯；成為男人的時候，他們相互理解。透過這份理解，他們彼此愛著對方。

卡明斯的詩句對我而言再貼切不過了。當我還是個小男孩時，我崇拜著我的父親，就如塔立克依舊崇拜著我一般。在青少年時期，我與父親老是交戰著，我們在每件事情上都激烈地衝撞對方，從越戰到民權運動到立法議題，甚至到大麻是否應該合法，我們都會爭論。如果我們都贊同某一件事，我們各自都不會承認。這不像我和塔立克之間的戰爭，我永遠不可能驕傲地看到我兒子這樣發展他的心智。而老實說，有時候這個殘酷的事實仍會深深傷害我的心。

直到我父親年老且到了疾病晚期，我想我們終於才了解彼此。我真希望可以不用花那麼久的時間。我真希望我們以前對彼此可以不要那麼固執。雖然如此，但我仍覺得自己是有福的；因為我知道，有很多人終究不被他們的父親所了解，或並不了解他們的父親。當我父親在 1998 年夏天生病時，他發現他的一生中一直感到匱乏的時期，就是身為孤兒的那段日子。當我們都圍繞在他身邊時，他說，他從未覺得自己如此深切地被愛著。最後，他終於很肯定他的家人都愛他，並且不會離開他。當我還在與塔立克那極端且壓倒性的障礙搏鬥時，我的父親面對了最終的事實，接受

死亡的到來。

事實上，他活著的最後一年，是他人生中最美好的時光之一，對我們全家人來說也是一種欣慰。他的情緒比以前好了，他在我母親的支持下作了決定，不再接受任何外科手術。他希望能在臨終前盡其所能的享受這一切。最後命運之神很恩待他，他以如他所願的方式離開了我們——在家裡安詳地走了，躺在他的活動躺椅上，手裡還握著電視遙控器。那晚我們聚集在急診室圍繞著他，在他斷氣不久後，我的弟弟埃爾祈願我父親一路好走。在葬禮中，我懷著同樣的希望，用我祖父母的猶太母語為父親獻上祝福：「願平安與你同在」（Salaam aleikum; Shalom alechem）。

通往靈性的道路

孩子的障礙與慢性疾病會改變且轉化我們身為男人、父親和兒子的內在。其中有歡笑也有悲傷，但這都幫助特殊兒的父親去與其他相同處境的父親連結。當男人們聚在一起分享著教養特殊兒的經驗，我觀察到一個共通的型態。他們的故事都是發現孩子的狀況不對勁、得到診斷、開始尋求幫助、為獲得可能最佳的服務而奮戰，以及學習如何與妻子溝通。他們談論他們的害怕、氣憤與挫折。最後，他們終於得到個人內心、情緒與靈魂的平安。

說出我們的故事，並傾聽別的父親述說他們的故事，是我們學習如何當一位父親的方法之一。我聽到這些父親對故事的結語總是這些：他們已經學到了多少；他們如何成為一位活得更好的男人、丈夫和父親。在這些男人一貫強硬的外表下，他們的內心其實有著柔情、深情、幽默感與洞察力。讀者可以從網站（http://www.fathersnetwork.org）閱讀到許多特殊兒的父親激勵人心的話語，透過他們的掙扎與喜樂的故事來觸動你的人生。

在我父親過世後的第一個父親節，我很感念他，在我年輕時容許我在許多看法上與他針鋒相對。我想他最終會知道，也如我終於了解了一樣，

我們只是在藉由這樣的方式與對方相連而已。也只有在我們終於停止設法去改變對方時，我們才終於能了解彼此。我現在也設法讓我與孩子們的溝通能容易些，但我不確定我總是能做得好。就像所有的父親一樣，我想要給我孩子們比我當年更舒適、更好的童年。但假設我向我可愛的孩子們抱怨，說他們過得比我小時候還要好，那我會說，我希望小時候有人可以用平穩、舒服的方式搖搖我。

儘管塔立克的生命很艱難，但他也是發生在我身上最美好的事之一。當我再回首看這一切時，我的心充滿感恩。自從 1989 年我成為一名專業的心理學家以來，我試著幫助別人去理解一些有時候連我自己也不想知道的事。然而，我卻得到許多來自苦難的禮物。

事後回想起來，最驚人的事就是我起初曾慷慨激昂地下定決心要改變塔立克，讓他成為我心目中所希望的樣子。然而，這本我終於寫好的書，其內容竟都變成在寫我如何因他而被迫改變自己。不論我對這相反的結果有多抗拒，但我終究擁抱了塔立克原來的樣子。我希望在他還小的時候我就有機會讀到這本書，他真的幫助我成為一個我需要成為的男人。他也幫助我助人，並從助人中持續得到慰藉與療癒，以及體驗人生與工作的價值。塔立克所帶給我的禮物，並不是完整包裝好的，反而是一件件不斷拆開來，並隨著時間推移而呈現不同的樣貌。好比一棵樹，這些禮物已經在我心中生根長大了。

塔立克也教導我何謂無條件的愛。我已學會看重他那神聖的被愛的權利，愛著他本來的樣子。我對他成就的看重，已隨著時間淡化；這在世俗看重外表與財富的眼光下是很難放手的。塔立克在過去幾年已經進步很多了，他在 2001 年 6 月從學校畢業以後，可能會進到庇護工場。曾幾何時，這幾乎是不可能辦到的事情。但現在他卻能安靜坐好，有足夠的專注力去做生產性的工作，例如封包、分類整理。

這些年下來，我已經學會接納他盡他所能的結果，並慶祝他的成就。

在他二十一歲生日時，當我帶他到浴室，我發現他已經學會扣好自己褲頭上的鈕釦，再也不需我協助他做這些事時，我高興得愣住了。即使我們對生活的期望受到如此嚴重障礙的限制，但或許正因為如此，我們才能從每個孩子存在本質上的美善，得到寶貴的靈性啟發！

過去我不免會拿兒子與健康正常的孩子相較，但這也是我痛苦的來源。每當看到朋友的孩子、我的姪子姪女、外甥與外甥女達到某一個發展的里程碑，我就會畏縮退卻，因為塔立克可能永遠也無法達到這些目標——例如騎腳踏車、游泳、從小學到大學畢業，或找到一份工作等。但現在，我可以坦然享受地見證他們成長的喜悅，並且，這是一份從平安而來的美好禮物。

塔立克也教會了我如何接納他與接納我自己。我想，我們孩子所帶來的挑戰，在我們內心引發了覺得自己不夠完美的感受。我必須接納自己的不完美、瑕疵和一切。

有了障礙孩子以後，為了去愛我們的孩子，我們必須放棄許多原本對他的期望。如果你無法愛當下的他，那麼你就無法享受生活。有一些夢想會慢一點實現，而有些夢想需要再被造。如今塔立克已可以和我一起慢跑，這是我夢想中想要與我兒子一起做的事情。我們也會一起划獨木舟，這也是我夢想中的事情。在那些父子時刻中，我們兩個都相安無事。

我最近得到的禮物，就是學習不要隱藏塔立克的與眾不同。有好些年，我都只願將塔立克看起來正常的照片保留下來或放入我的書中。如今，我終於學會接受塔立克不斷拍手且看起來似乎正常的樣子。現在，這些形象對我來說都是可愛的，不論他在拍手或看起來正常的時候，兩種其實都很好。本地攝影家湯米・隆納迪（Tommie Leonardi）認為塔立克原本的樣子，本身就是很好的攝影題材了。多麼美妙的啟發啊！我內心某種程度的羞愧消逝了，我的內心變得更加明亮。

塔立克也持續教導我要為自己而活。因他需要我，並且依賴我而活。

當我變老或變屠弱時,他無法給我任何幫助。甚至,在我離開人世前,我必須確保他的需求能被滿足。而當我了解到,我的感受都只是我自己想出來的時候,我就更能看清現實。實際上塔立克在大部分時間都過得很快樂。

讓我驚訝的是,兒子的無口語也幫助了我發展出自己另類的獨特語言。當我回想成長過程中,自己原是多麼害羞內向,我更覺得不可思議。在我小學八年中(譯註:美國的八年制學校),我只敢在遊樂場的角落玩。但今天,我卻能藉由不同形式的專業工作,如寫作、公開演說、課程培訓和心理治療等,練習用自己的語言傳遞想法。

身心障礙孩子也是我們靈性的催化劑。他們挑戰著我們,有時迫使我們去省察自己。他們幫助我們接納自身的不完美與他人的不完美。從這個觀點來看,塔立克並沒有受到損傷,因為他照他本來的樣子而活,就是完美的。他與其他身心障礙孩子和成人一起,見證了人類的多元性,以及我們共同集氣所帶出的復原力。

1999 年我們的全家福合照(湯米‧隆納迪拍攝)

　　我還學習到我們不要欺騙自己。你可以憂傷，你可以抱怨，你可以哀悼，你可以繼續走下去和享受生活；你並不需要騙自己這個歷程不辛苦，那樣只會讓你花更長的時間走過來。即使我死而復活，我也不會騙你，但我真的不想再有自閉症的孩子，我想要一個會跟我說話的兒子。我已有三個女兒，她們都能和我說話，我非常愛她們，她們也非常愛塔立克。

　　1999 年 11 月，塔立克二十歲時，我們為他開了一場盛大的生日派對。很特別的是，在他生日的幾個月前，有一天早上我醒來後，對著妻子辛蒂說：「今年是他二十歲的生日，我們來辦個派對慶祝吧！」辛蒂為他舉辦了一場盛大的派對，參加的人包括家人、朋友及一些他現在和以前的老師與治療師。自從他一歲以後，我們就再也沒有辦過這樣的慶祝會了，這一點也不值得自豪。但是，眼前我們還有許多里程碑尚未達成，也有一些遺憾要消化。這都需要時間，我們也只能盡力而為。

塔立克仍會依偎在我的肩頭（湯米・隆納迪拍攝）

　　我很感恩能有此機會透過這本書說出我的故事。這是我生命意義中一個迷人的部分，因為在這個世界的各個角落，還有許多人正在忍受著無力回天的悲劇。就如專業說故事家理查‧史東（Richard Stone）在《沙發上的說話課》（*The Healing Art of Storytelling: A Sacred Journey of Personal Discovery*，經典傳訊出版）書中所述，個人故事的敘說是自我探索的媒介，運用一些新奇的方法來認識自己。在此過程中，我們暴露出內心對他人最深、最真摯的情感，並與他人建立持久的連結。敘說個人真實故事的行動是一種解方，緩解現代人生活極度孤立的問題。

　　我們的故事能幫助我們明白所遭遇的事情，這是一種覺察時間的方法。對許多人來說，當他們發現自己孩子有身心障礙時，時間就靜止了。說故事成了使我們發掘人生意義的途徑。因此，這不只是一本關於我與我兒子的故事，每位讀者都可以找到本書與你生活事件的共鳴，並用統整、邏輯和情感的方式將它們整合在一起，成為你自己的助益。

　　在《塊肉餘生記》（*David Copperfield*）一書中的開場白，查爾斯‧狄更斯（Charles Dickens）寫道：「無論我是否會成為自己生命中的英雄，或這個位置將被人取代，這些篇章都必會展現。」在我兒子誕生之際，我就想像他能成為我生命中的英雄。藉由這本書峰迴路轉的描繪，塔立克幫助我發現了我內心的英雄。因此，我很感謝他。

　　塔立克現在已經是個年輕人了。對我而言，我很難啟口說我的寶貝兒子已經是一位青年了。我仍會想要聽到他開口說話，想知道他會對我說什麼。塔立克對我而言，仍是我的小男孩，他到現在依然會自然地將頭靠在我的肩膀上。他把許多善心人士帶進我的生命中，這些經驗使我成為一個更好的父親與更好的人。至今我所收過最棒的禮物，就是我因這些經驗而得以明白：人心的可貴之處，不是你認識誰或懂些什麼，而是你能認識你自己。

後記

給我兒的信

第一封信

親愛的塔立克：

　　過了一個溼熱的夏天，秋天的落葉一如往常閃閃發亮，變換著不同的顏色，當落葉在腳下發出沙沙聲響的季節，我終於完成了這本從 1990 年冬天開始著手寫的書。咱們的父子關係已經真正來到了詩人羅伯·佛洛斯特（Robert Frost）所描繪的「少有人走的路上」。這不是一條我想走或我選擇的路，卻是一條被命運之神推著走的人生之路。打從你還在學走路、不能再說話以後，我和其他溝通障礙者的父母一樣，不知不覺已經習慣在自己心中對你說話了。

　　當我第一次想到要寫這本書時，我所勾勒出的結尾與目前所完成的結尾大不相同；原本計畫中的結尾，是想要去改變你，這樣一來，你就可以像我對自己和對你的期待一樣，能夠做任何事和說話；我甚至希望有一天，你會有能力讀這本書，並且因為我的努力，而感謝我把你從自閉症中解救出來。經過這趟寫作旅程，卻變成你以一種我從未想過的方式改變了我。

　　為了更了解你，我試著調整自己，從你的需求、想望，以及情感所透

露的所有細微訊息去認識全部的你。為此，我必須繼續了解我自己，才能接納和疼愛原本的你——而非我所期望的你，或我希望你做到的事情。整個過程濃縮記錄在這本書中，這本書也造就了今日的我。事實上，假如你不是現在的你，你就不是我的兒子塔立克了，而我也不是現在的我。我不要另一個不是你的兒子。而且，這本書並不是談自閉症奇蹟好轉的書，而是一個「人性內在自我衝突」、倖存下來，並戰勝自我的故事。這是文學家威廉‧福克納（William Faulkner）的名言。

當我在寫這本書的過程中，我們家裡也成長許多並歷經很大的改變。你的大妹安東妮特已經高二了，她現在與媽媽住在一起，正體驗著十幾歲青少女每天心情高低起伏的時光。上個月，她的藝術創作在費城的「摸摸看兒童博物館」（Please Touch Museum）展出，她現在正在規劃上大學的事。她過兩年就會畢業，並成為本世紀最後一屆高中畢業生。當你還在幼兒園搖搖晃晃學走路時，你所穿的一件 T 恤上印著「1997 年畢業班」，我看到你穿這件衣服的照片時，想起許多回憶。對你我而言，那是一段天真無邪的時光，而現在，我們都變成熟了。

你的二妹卡拉現在五歲了，她也很喜歡藝術，常常說她長大後要開一家書店。三妹柔兒也快要三歲了，她抱著她的米妮玩具，一個勁兒地跟著卡拉到處跑，總是要別人一直朗讀故事書給她聽。她們二人很享受跟你在一起的時光（除了你突然搶走他們的食物時例外），她們在用自己的方式漸漸地學習認識你，以及這件事對她們的意義。

安東妮特在讀這本書的幾個章節時哭了——她錯過了你當她「哥哥」的日子，雖然你依然是她哥哥，你對她還是很重要。卡拉已經迫不及待想要看見她的名字被印在這本書上，她還問我，這本書是不是會出現在我們常去逛的那家書店裡。柔兒現在已經會認自己的名字了，也一樣期待著書出版後趕快上架。我很高興她們都長大了些，真希望時間過得慢一點，也希望她們在讀這本書時，能夠認識真正內在的我，知道我有多愛她們，以

及你媽媽辛蒂和我如何一路帶領這個家。

塔立克，這一路走來這麼長的時間，咱們都被推著往岔路走，如果你是一個正常的孩子，那我真不知道今天的我會變成什麼樣子。佛洛斯特說過：「每條路都有它的下一步」（way leads on to way），並且懷疑他是否還能再回到過去。我們的共同經歷改變了我，並且成為我生命的一部分，我性格的一部分，我高自尊的一部分，以及我怕失去的一部分。在我的心中，我已接納了你的樣子，但我仍希望我們能好好坐下來聊天。雖然那是不可能發生的事，但很真實的是，沒有別的兒子能像你這樣對待我，你活在我生命的最深處，活在我的每一刻，我不希望它改變。

我從你那裡學到了許多方法，教我如何溝通、傾聽、觀察和行動。**「擁有不同的能力」**（differently abled）這個說法確實有道理；並且，就如其他家長從他們的經驗中學到的，擁有一個身心障礙孩子，讓家長也變得特別了。我很感謝有你這樣的兒子，沒有比你這個兒子更好的了。在現代化的世界中，許多人在尋找天使，而你向我顯現的一切，你就是我的守護天使，是我永遠的心靈導師。

當生活的挑戰愈多，我就愈想對你說更多我心裡的話。所以，我用寫信給你的方式作為這本書的開頭與結尾。多年來，我一直期盼你能與我對話或回應我，但事實上我只能在自己心中、從別人那裡或從書中找到答案。有時候，我仍然會想，如果你能說話，那麼一切將會變成什麼樣子。有些人也許會說，他們已經從傷痛中走過來了；但直到現在為止，我還沒有。海倫·凱勒（Helen Keller）在她的散文〈假如給我三天光明〉（Three Days to See）中寫到，假如她有三天的視力，她要如何善用她的時間。讀那篇文章讓我感到釋放；即使是像她這樣有能力的人，她仍然希望擁有她所沒有的東西。我能夠明白，有時候你真的努力想讓別人了解你。也因此，我不難想見，如果你今天有口語能力，那麼你一定也會盡力用說話的方式讓我們了解你。

在過去的一年中，你常跑出照顧中心，那已經變成前所未有的大問題了。有時候，他們無法抓住你；有時候，你設法掙脫他們，並且趁他們不備之時，逃離他們一段時間。其中有兩件突發事件很嚴重，有一次，你從學校的宿舍逃跑，或者用行為術語說，叫做「私自潛逃」，結果在半哩外人家家裡的浴缸中被發現。那時，你正打開浴缸的水龍頭，不停放水。幸運的是，住家的主人打電話報警了，警察知道他們必須立即通知德弗羅肯納中心來處理。幾個月後，你半夜又穿著睡衣從學校跑出去，來到快一哩外遠的便利商店。那條路上，既沒有路肩又沒有人行道，這使你的逃脫路程更顯得驚險。也許真的有位天使在守護著你吧！

即使在最高層級的監管之下，這些事還是發生了；你有一種能力，就是會利用周遭稍有不注意的機會跑走。以前我總希望你能運用那些觀察力來做點不同的事。在這些事件發生後，著急又擔憂的中心人員打電話來告訴我發生了什麼事。我們很快就碰面了，他們臉上流露出沉痛的擔憂，他們被你的行為嚇壞了。他們害怕失去你的恐懼，使我想起在你很小的時候也要照顧半夜不睡覺的你，那是我不想再回憶的事情。我可以清楚想像自己參加你的葬禮，內心正因你的喪生而墜入無比深淵。那是我長久以來最大的恐懼：沒有父母想要白髮人送黑髮人。

在我們重新考量所有的選項後，仍覺得沒有比德弗羅肯納中心所提供的照護更安全的了。他們為了你而提高了防範措施的層級，而當地的雪頓罕學區（Cheltenham）也提撥了一對一監護的經費以監管你的行動，並且希望教導你更有效與人溝通，以便防止將來有問題發生。我就此鬆了一口氣，因為我希望你就近安置在我們居住的區域。然而，對你安全上的擔憂，從不曾稍減。

如果你的障礙不是這麼嚴重，並且跟我們同住，那麼我猜我可能無法集中時間心力來完成這本書了。儘管這只是那些苦樂參半的束縛的其中之一，也許不止這樣，但這本書所發出的聲音，能為先前家長們與專業前輩

們所譜出的交響樂，再加上一點新的樂章。

這是一首交響樂，說出了許多其他人的心聲，那些人可能沒有時間、沒有興趣，或沒有能力用文字寫出來。塔立克，或許你將來不會生小孩，但這本書會是傳家寶，能感動許多人；一如猶太法典《塔木德》當中所說的世代傳承方式：「生子、種樹、寫書」。

我認識許多自閉症孩子的父親，通常我們會在午餐或晚餐後碰面。多年前，當「木偶奇遇記」（Pinocchio）的錄影帶發售時，有些人說他們很能體會老木匠吉貝托（Geppetto）的心情。我必須承認，你的障礙也喚起了我心中跟吉貝托相同的渴望，渴望擁有一個「真實的男孩」。葛雷葛利·伯恩斯（Gregory Burns）是一位罕見染色體異常女孩的父親，他恰好在 1995 年 10 月號的《非常父母》（Exceptional Parent）雜誌發表了相同主題的文章。他寫道：「上天保佑」，他的女兒讓他變成了一位真男人。在《絨毛兔》（The Velveteen Rabbit）故事中也圍繞著這個理念，那就是迎接生命中的打擊並展現耐力，至終會使你變得真摯可愛。

所以，塔立克，我希望我可以盡快學會一個功課──就是明白一直以來你早已是我擁有的真孩子。這條真實的道路是「一條少有人走的路，但它卻改變了一切」。你的障礙雖然剝奪了我們父子之間某些正常的互動，但卻帶給我們一份不同的禮物，這份禮物像雪一樣珍貴而純淨。總之，你也可以來讀讀這本書，因我知道你也能感受到，當我寫到這裡時，我的內心是如此平安。

我為此而愛你

老爸
1996 年秋天

● 第二封信

親愛的塔立克：

　　過去這五年來的生活有許多變化。在這個陰雨濛濛的早晨，我們家的金銀花叢開了黃花，象徵春天已經降臨了。看起來，我們家的黃水仙花也隨時都可能開花。今天的天氣實際感覺更冷。今年六月你馬上就要從德弗羅基金會的學校畢業了。自從 1988 年以來，你就在那兒安全地成長學習，也因此，我好像不太期待這一天到來。我已被邀請要在你畢業典禮上代表畢業生家長致詞。當你還是個小寶寶時，我總是會想像有一天你會代表畢業生致謝詞，但現在反而換成我被邀請了。

　　兩年前，當安東妮特高中畢業時，她被選為在典禮上獻唱。最近卡拉參加的一個「解題」團隊也在一場比賽獲獎。柔兒則剛剛結束她在籃球小聯盟第一季的活動，並且獲得「品格優良獎」，因為她非常認真比賽並且大力支援隊友。看到你的妹妹們都受到表揚，我非常開心，她們都很聰明而且積極主動。這些年卡拉和柔兒在學校表現突飛猛進，我相信未來她們的努力與成就也會繼續受到肯定。

　　對你而言，塔立克，情況就不一樣了。當你出生時，我想像著你以後會清晰地對我說話。但現在，就如在許多場合所看到的，我知道我必須為你和我自己發聲。這次，我要在你同學與他們的家人面前演講，我還不確定要說什麼好，但兒子啊，我會全力以赴的。我有點兒緊張，但是當時候到了，我會克服那種緊張的。

　　當我告訴一位朋友，我將在你的畢業典禮致詞，他認為這件工作實在太難了。但我真心覺得如果不接下這任務是更難的，因我不想單單坐在台下忍著淚水而不作聲。對家庭來說，小孩畢業是一個情緒滿載的時刻。在典禮過程中，淚水交織著喜樂與憂愁，一方面慶賀家庭成員的成就，但又

要將孩子放飛到家庭溫暖巢穴外另一個不確定的未來。

我很清楚我將會昭告在場所有的人，你這一路是如何教我為自己發聲的。我一直很訝異，因為你可以不費一言一語就把我教會。能為自己發聲真好，因為當你會發聲，你就能得到尊嚴；當你會發聲，你就能讓自己被了解；當你會發聲，就能與人建立連結，就可以耐心地與配偶聊天，互相傾聽。能表達心聲，你就不再是孤單的一個人；能表達心聲，你就能贏得尊重。也許最重要的是，當你能表達心聲時，你就會開始安撫與醫治內心的傷痛。雖然我永遠期待有一天你能為自己發聲，但我會一直用我自己的聲音來為你發聲。

當你還是個小男孩時，我對於我們今天能走到的這一步，曾感到絕望、不可能。那時你看似無法學會長久坐定來完成任何任務。過去這幾年來，我已心滿意足。我很喜歡看到你完成一件件事情後的表情，我感謝所有曾經照顧、教導和引導過你的人，那對我來說真是一大寬慰。現在，我們要告別兒童時代，戰戰兢兢地邁入成人階段了。我們雖然還不知道將來你會住哪裡或在哪兒工作，但我們知道你會有轉銜協助。

我們盡全力走到了今天。當我看著你以及鏡中的自己，我很確信一件事，就是我們將會義無反顧地用同樣的態度邁向下一段旅程，並繼續運用先前幫我們走到今日的技

父子倆一起跑步

能來面對。我一直在練習接納與愛你本來的樣子。我們將帶著勇氣繼續去面對未來,同時用我們所擁有的一切盡力去做。這遠比二十一年前我所想像的目標好很多了。無論如何,在接納、勇氣與堅持下,這條歷經艱辛的道路帶來的是平安與愛。謝謝你一路照亮這條路。

愛你的老爸
2001 年春天

〔國內相關資源網站〕

財團法人中華民國自閉症基金會
https://www.fact.org.tw/

財團法人台灣肯納自閉症基金會
https://www.kanner.org.tw/

社團法人中華民國自閉症總會
https://www.autism.org.tw/

中華民國身心障礙聯盟
https://www.enable.org.tw/

身心障礙者服務資訊網
https://disable.yam.org.tw/

財團法人發展遲緩兒童基金會
https://www.fcdd.org.tw/

臺灣兒童發展早期療育協會
https://www.tacdei.org.tw/

社團法人中華民國學習障礙協會
http://www.ald.org.tw/ap/index.aspx

有愛無礙融合教育網站
https://www.dale.nthu.edu.tw/

亞斯柏格與高功能自閉之家（臉書）
https://www.facebook.com/Asperger.HFA

國家圖書館出版品預行編目（CIP）資料

如果奇蹟從未降臨：一位心理學家教養自閉兒的掙扎與
甘甜／羅伯・納喜福（Robert A. Naseef）著；吳怡慧,
張陳慨麗, 陳冠杏, Esther Dawen Yu 譯. -- 初版. -- 新北
市：心理出版社股份有限公司, 2024.04
　　面；　公分. --（障礙教育系列；63179）
　　譯自：Special children, challenged parents: the struggles
and rewards of raising a child with a disability
　　ISBN 978-626-7447-08-6（平裝）

　　1. CST：家庭關係　2. CST：自閉症

544.14　　　　　　　　　　　　　　　　113002830

障礙教育系列 63179

如果奇蹟從未降臨：
一位心理學家教養自閉兒的掙扎與甘甜

作　　者：Robert A. Naseef

總校閱者：吳怡慧

譯　　者：吳怡慧、張陳慨麗、陳冠杏、Esther Dawen Yu

執行編輯：林汝穎

總 編 輯：林敬堯

發 行 人：洪有義

出 版 者：心理出版社股份有限公司

地　　址：231026 新北市新店區光明街 288 號 7 樓

電　　話：(02) 29150566

傳　　真：(02) 29152928

郵撥帳號：19293172 心理出版社股份有限公司

網　　址：https://www.psy.com.tw

電子信箱：psychoco@ms15.hinet.net

排 版 者：菩薩蠻數位文化有限公司

印 刷 者：辰皓國際出版製作有限公司

初版一刷：2024 年 4 月

I S B N：978-626-7447-08-6

定　　價：新台幣 400 元